本书受“南开大学文科发展基金项目（ZB22BZ0104）”和
南开大学经济行为与政策模拟实验室的资助

现代财政制度与国家治理前沿文库

丛书主编　马蔡琛

Contemporary Tax Reform towards High-Quality Development

面向高质量发展的当代税制改革

马蔡琛　等著

山西出版传媒集团
SHANXI PUBLISHING MEDIA GROUP
山西经济出版社

总　序

21 世纪的现代财政制度向何处去

尽管 21 世纪的宏伟画卷才仅仅展开了大约五分之一的序章，但每当我们思考 21 世纪的现代财政制度最终将走向何方的时候，都不禁感慨吾生有涯。

其实，何谓现代预算或现代财政制度，本身就是一个颇难界定的范畴。在现时的中国，涉及财税改革的诸多话题，往往言及所谓的美国“进步时代”，甚或上溯至英国光荣革命以来的财政传统。然而，历史并不重复，它只是押韵而已。其实，就常识而言，数百年前英美诸国的财政预算改革，大体属于“近代财政制度”，而非“现代财政制度”。近百年来，各国的财政制度已然从早期更具控制性的约束工具，逐渐转化为国家治理的重要制度载体与支撑平台。现代各国的财政改革与制度建设，在追求决策理性化的过程中，逐渐演化出一系列更具绩效导向性与财政问责性的管理工具。对于现代财政制度的认识，也大体可以循着当今世界的财政改革潮流、中国传统理财经验的斟酌取舍、中国现实国情的沧桑正道，这样三个维度来加以界定。

始于 21 世纪第一个十年之末的这一轮全球性金融危机，导致公共财政资源进一步匮乏，这也触发了当代政府理财者对于财政预算管理范式的反思与自省，世界各国政府都在不断地探寻改进公共财政管理体系的方法。我相信，这套《现代财政制度与国家治理前沿文库》的出版，对于现代财政制度多维度的探索与分析，对于正在积极推进中的中国现代财政制度建设，应该具有非常重要的启示性价值。

“如何用好百姓的钱”作为人类文明史演进中不得不回应的一个重要命题，从理论上说，应该是可以找到一条理性、审慎且和谐地配置公共资源的路径。这应该是21世纪我们这个星球上的一个发展潮流，尽管难免会有所波折，但仍旧是初心不变。最后，我想借用一位百岁棋圣对21世纪围棋的展望，就其句式略加改动，以为结语和期许：现代财政制度本应是一种调和、均衡、和谐的状态。21世纪的财政预算应该是重视整体的和谐的财政制度。中国的财政改革生机盎然，前途无量！

马蔡琛

2023年6月于南开园

目录

第1章 导论

- 问题的提出
- 本书的结构安排与主要内容

党的十九大报告提出“高质量发展”这一重要论断，表明“我国经济已由高速增长阶段转向高质量发展阶段”。党的二十大报告进一步强调“高质量发展是全面建设社会主义现代化国家的首要任务”。进入高质量发展阶段，面临着来自国内外复杂的发展环境。一方面，我国经济历经改革开放40多年的高速增长，治理效能提升，经济长期向好，但发展不平衡不充分问题仍然突出，重点领域关键环节的改革任务仍然艰巨。另一方面，当今世界正经历百年未有之大变局，国际环境日趋复杂，不稳定性不确定性明显增加。因此，深刻认识新发展阶段社会主要矛盾变化带来的新特征新要求，深刻认识错综复杂的国际环境带来的新矛盾新挑战，是当前和今后一个时期经济社会以及财政税收发展的重要方向。

1.1 问题的提出

税制改革长期以来一直是财税体制改革的重要内容。党的十八届三中全会发布的《中共中央关于全面深化改革若干重大问题的决定》中明确指出，“财政是国家治理的基础和重要支柱”。随后《深化财税体制改革总体方案》、党的十九大报告、二十大报告以及“十四五”规划等重大会议和政策战略文件，均强调了深化税收制度改革这一重要战略命题。进一步优化和改革税制结构，对于在高质量发展的新时期深化财税体制改革、健全现代财政制度，加快推进国家治理体系和治理能力现代化具有重要的理论价值和现实意义。

合理的税制可以有效调节资源配置，涵养税源，调动各方积极性，促进经济社会运转效率与效益的提高。通过构建更加合理的税制，促进市场主体持续强化效益和绿色发展理念，集约节约利用有限资源，鼓励科技创新，推动产业转型升级，提升社会生产力和投入产出率。并且有效调节收入分配，缩小收入分配差距，充分保障民生，促进经济社会的和谐稳定与可持续发展。同时，在对外开放和“一带一路”倡议的建设要求下，合理的税制结构能够提高“走出去”企业的税收竞争力，有效降低税务风险，进一步加强国际税收合作，参与全球税收治理和国际税收规则的制定，推动更高水平的开放。

税制改革作为财税体制改革的重要内容，对于有效推动供给侧结构性改革、提升国际竞争力、破解不平衡不充分发展问题，都具有非常重要的作用。2020 年 10 月，党的十九届五中全会提出，“十四五”时期经济社会发展要以推动高质量发展为主题。高质量发展阶段的国内外发展环境和现实要求，为税制改革带来了新的机遇和挑战。

1.2 本书的结构安排与主要内容

本书的研究不是简单地将“税制改革”笼统地作为一个孤立的元素来加以考察，而是将其置于市场经济高质量发展的宏阔背景之下，分别从高质量发展的不同维度来界定现代税收体系建设的基本思路，进而探寻当代税制改革的路径选择与制度安排。

面向高质量发展，税制改革应从更深层次和更广范围展开，为了不至于茫无头绪，本书在结构安排上分为八章，各章的主要内容如下：

第 1 章“导论”。本章重点考察本书的写作背景，以及本书的基本研究思路与主要内容。

第 2 章“相关文献述评”。本章对于国内外相关研究状况的学术史进行梳理，主要循着高质量发展—高质量发展与税制结构—最优税制改革的理论与实践，这样一条逐层递进、环环相扣的逻辑线索加以展开，以期对已有代表性成果及观点做出科学、客观、切实的分析评价，寻求进一步探讨、发展或突破的研究空间。

第 3 章“面向高质量发展的主要税种改革”。本章从高质量发展的基本要求出发，分析消费税、企业所得税、个人所得税、房产税、资源税等主要税种的理论与实践演进，提出高质量发展对不同税种改革带来的挑战，进而针对不同税种提出面向高质量发展的税制改革路径。

第 4 章“面向民生幸福的税制结构优化”。本章从公平的发展视角出发，考察税制公平的国际实践和经验，并探讨个人所得税促进性别平等的制度安排，从而进一步以促进民生幸福和社会公平为目标，优化税制结构，推进税制改革。

第 5 章“面向环境保护的绿色税收体系建设”。本章从绿色发展的角度出发，探讨“后哥本哈根时代”各国环境保护税收体系的建设，并在碳达峰、碳中和的整体目标下，研究基于绿色发展的环境保护税和烟草税的税收制度建设，从而通过税制改革进一步推动生态文明建设。

第 6 章“面向‘一带一路’倡议的税收政策协调”。本章以“一带一路”倡议为核心，分析“一带一路”沿线各国的不同税收制度，从而提出税收政策协调、税收风险防范、税收征管合作等方面的具体政策建议。

第 7 章“面向税收法治化的税务法庭建设”。税收司法是保护纳税人合法权益和国家征税权力的必要屏障，本章从依法治税的角度出发，分析税务法庭制度的国际经验，提出我国税务法庭建设的政策建议。

第 8 章“面向信息化时代的税收征管模式变革”。互联网、大数据以及相关技术的出现，倒逼着税收征管模式必须不断适应技术变革。本章梳理了税收征管模式的演进过程，并从公共产品边界、可税边界移动以及税收征管的多元治理出发，进而探讨在信息化时代背景下税收征管模式应该怎样面对变革。

第2章　相关文献述评

- 高质量发展与税制结构改革新方向
- 最优税制结构的理论分析

目前，对于税制改革的理论与实践研究，已经较为丰富，既有研究进展可以提供借鉴和理论切入点。本章从高质量发展下的税制改革、最优税制结构的理论研究、当代税制改革实践等方面出发，进行相关学术史梳理，以期为后续研究奠定较为坚实的基础。

新中国成立以来特别是改革开放以来，中国共产党带领人民坚定不移解放和发展社会生产力，走完了西方几百年的发展历程，推动我国快速成为世界第二大经济体。马克思的历史唯物主义认为，物质生产力是全部社会生活的物质前提，同生产力发展一定阶段相适应的生产关系的总和构成社会经济基础，生产力是推动社会进步的最活跃、最革命的要素。

新中国成立之初，毛泽东同志就曾指出，“社会主义革命的目的是为了解放生产力”。通过不断发展生产力，使人民不断增长的物质文化生活需要能够得到满足，是较长一段时间我国经济发展的目标所在。邓小平同志深刻认识到，经济发展的最终落脚点是为了改善和提高广大人民群众的生活水平，“社会主义的本质，是解放生产力，发展生产力，消灭剥削，消除两极分化，最终达到共同富裕”。党的十一届三中全会开启了改革开放历史新征程，并提出“以经济建设为中心，大力发展生产力”的重要论断，中国从此进入了改革开放和社会主义现代化建设的历史新时期，开始了建设中国特色社会主义的新探索。

2.1 高质量发展与税制结构改革新方向①

2.1.1 高质量发展的基本要素分析

改革开放40多年来，中国经济实现了持续的高速增长，创造了举世瞩目的“中国奇迹”。但是随着经济的长期高速增长，发展不平衡不充分的问题也逐渐显现，经济增长从高速增长走向中高速的新常态，对我国经济高质量发展提出了新要求。梳理经济发展形势和客观需要，分析高质量发展的内涵和特征，明确我国高质量发展的目标，成为研究者们重点关注的领域。

①本节由马蔡琛和赵笛合作完成。

1. 经济增长的极限及高质量发展的提出

“经济增长是否存在极限”，是经济学研究者一直以来研究和探索的重要命题。新古典经济增长模型就曾提出，在长期中，产出增长会停止，经济会趋于稳态，而经济的长期增长率是由劳动力增加（劳动力素质和能力的提升）和技术进步决定的。对经济增长存在限制的最有名的表述是罗马俱乐部的报告——《增长的极限》。该报告提出，人口增长和经济增长都呈现指数型增长的特征，如果增长导致需求的扩张超出了地球资源所能维持的水平，那么，崩溃必然紧随而来（Meadows 等，1972①）。《增长的极限》报告引发了激烈而两极分化的辩论，这种辩论在随后关于经济增长极限的讨论中一直很活跃。解决经济增长限制的任务，已成为众多研究者解决可持续性问题的最终目标（Gardner，2004②）。

地球资源消耗的增加及其对环境的负面影响，使许多研究者得出结论，经济增长是不可能无限持续的。无论是在国家之间还是在一国内部，人均能源使用量与人均国内生产总值之间都存在正比例关系，资源、气候等全球化生态问题限制了经济增长（Burlando 和 Tartaglia，2017③）。社会经济状况和生态影响的其他指标同能源使用和 GDP 相关（Brown 等，2011④）。而信息技术的发展以及劳动力技术教育投资的增加，则有可能突破原有的增长极限（Hanushek 和 Kim，1995⑤；Jorgenson 等，2017⑥；

---

①Meadows D H, Meadows D L, Randers J. The Limits to Growth[M]. New York: Universe Books, 1972.

②Gardner T. Limits to Growth?–A Perspective on the Perpetual Debate[J]. Environmental Sciences, 2004(2).

③ Burlando, R., & Tartaglia, A. Physical Limits to Economic Growth: Perspectives of Economic, Social, and Complexity Science[M]. Routledge, 2017.

④ Brown J H, Burnside W R, Davidson A D, et al. Energetic Limits to Economic Growth [J]. BioScience, 2011, 61(1).

⑤Hanushek E A, Kim D. Schooling, Labor Force Quality, and Economic Growth[R], NBER Working paper. 1995.

⑥Jorgenson D W, Stiroh K J. Raising the Speed Limit: US Economic Growth in the Information Age [M]//Knowledge Economy, Information Technologies and Growth. Routledge, 2017: 335–424.

Daly，2018[①]）。

面对改革开放以来的经济高速增长，自20世纪80年代中期开始，便有研究者关注经济发展如何从“数量型”向“质量型”转变（郭茜琪，1984[②]；刘思华，1986[③]；邓耕生，1991[④]）。经历过“挤压式”的经济高速增长，旧制度红利逐渐消失，资本回报率整体下降，“刘易斯拐点”悄然到来，居民收入分配差距也在扩大（沈坤荣、滕永乐，2013[⑤]；杨耀武、张平，2021[⑥]）。全要素生产率偏低，以及经济发展中的体制性、结构性和时效性问题，对发展方式转型、突破结构性矛盾和资源环境瓶颈，提出了紧迫要求（刘世锦，2012[⑦]；林兆木，2018[⑧]；贺晓宇、沈坤荣，2018[⑨]）。在此基础上，我国社会主要矛盾变化（苗勃然、周文，2021[⑩]）以及新一轮科技革命和产业变革带来的全球经济形势、价值链分工体系以及国际竞争格局的变化（刘志彪，2018[⑪]；王一鸣，2020[⑫]；郭周明、张晓磊，2019[⑬]），也成为要求经济发展不断进行“结构性”调整的关键因素。

2.高质量发展的内涵及特征

党的十九大报告指出：“我国经济已由高速增长阶段转向高质量发展阶段，正处在转变发展方式、优化经济结构、转换增长动力的攻关期，建设现代化经济体系是跨越关口的迫切要求和我国发展的战略目标。”

---

①Daly M C. Raising the Speed Limit on Future Growth [R]. Federal Reserve Bank of San Francisco. 2018: 09.

②郭茜琪. 略论经济发展从数量型向质量型的转化[J]. 赣江经济，1984(9).

③刘思华. 我国经济和社会发展战略目标理论的新发展[J]. 生态经济，1986(2).

④邓耕生. 质量是我国经济发展的战略要素[J]. 中国储运，1991(3).

⑤沈坤荣，滕永乐. “结构性”减速下的中国经济增长[J]. 经济学家，2013(8).

⑥杨耀武，张平. 中国经济高质量发展的逻辑、测度与治理[J] .经济研究，2021(1).

⑦刘世锦. 我国增长阶段转换与发展方式转型[J]. 国家行政学院学报，2012(2).

⑧林兆木. 关于中国经济高质量发展的几点认识[N]. 人民日报，2018-1-17.

⑨贺晓宇，沈坤荣. 现代化经济体系、全要素生产率与高质量发展[J]. 上海经济研究，2018(6).

⑩苗勃然，周文. 经济高质量发展：理论内涵与实践路径[J]. 改革与战略，2021(1).

⑪刘志彪. 理解高质量发展：基本特征、支撑要素与当前重点问题[J]. 学术月刊，2018(7).

⑫王一鸣. 百年大变局、高质量发展与构建新发展格局[J]. 管理世界，2020(12).

⑬郭周明，张晓磊. 高质量开放型经济发展的内涵与关键任务[J]. 改革，2019(1).

这标志着我国进入经济高质量发展的新阶段。党的二十大报告明确指出，经济高质量发展取得新突破是全面建设社会主义现代化国家的首要目标任务。

对于经济增长的质量这一概念，“质量”的理解包括了更多来自人的主观因素，当事物在朝着能使人们认同的方向展开时，就可以说事物的发展质量较高，反之则相反（金碚，2018①；张俊山，2019②）。从政治经济学的角度来看，马克思所提出的“新的更高的生产关系”，便是在生产力发展中的一个由量变到质变的过程（许毅，1984③）。经济发展的质量从微观层面可理解为产品质量与使用价值、价值之间的关系问题；从中观层面可理解为结构质量，即使得经济结构实现平衡；从宏观层面可理解为生产过程的质量循环链、生产力质量和经济增长质量等问题（钞小静、薛志欣，2018④；任保平，2018⑤）。

就像西方马克思主义所预测的那样，经济发展是建立一种新的社会形态的过程（王今朝、萨米，2019⑥），高质量发展的社会性质是不可忽视的（Mlachila 等，2015⑦）。经济高质量增长是一个多维度的概念，虽然国际货币基金组织（IMF）自20世纪90年代以来一直在谈论增长质量，但令人惊讶的是，增长质量仍旧是一个没有严格定义的概念（Martinez 和 Mlachila，2013⑧）。对于经济方面而言，高质量发展代表着经济发展目标由经济增长

---

①金碚. 关于“高质量发展”的经济学研究[J]. 中国工业经济，2018(4).

②张俊山. 对经济高质量发展的马克思主义政治经济学解析[J]. 经济纵横，2019(1).

③许毅. 计划经济与经济体制——生产方式、经济规律和经济体制的关系［J］. 财政研究，1984(1).

④钞小静，薛志欣. 新时代中国经济高质量发展的理论逻辑与实践机制[J]. 西北大学学报：哲学社会科学版，2018(6).

⑤任保平. 新时代高质量发展的政治经济学理论逻辑及其现实性[J]. 人文杂志，2018(2).

⑥王今朝，萨米. 西方发展经济学的三大范式比较（下）[J]. 当代经济研究，2019(12).

⑦Mlachila M，Tapsoba R，Tapsoba S J. A Quest for Quality: High Growth Alone will not Improve Social Conditions[J]. Finance & Development，2015(2).

⑧ Martinez M M，Mlachila M M. The Quality of the Recent High-growth Episode in Sub-Saharan Africa[M]. International Monetary Fund，2013.

速度转向经济发展质量，不仅关注经济总量，还需要依靠科技进步、改善管理、提高劳动者素质（Hong，1994①；焦国栋，2017②）。许多研究者提出，可持续的经济增长需要“包容性”增长，也就是说，经济增长既要注重速度也要注重模式（Ianchovichina 和 Lundström，2009③）。社会公平分配（Anand 等，2013④）、城乡统筹发展、社会环境（安树伟、李瑞鹏，2020⑤）、自然资源、管理风险和改善治理（Thomas 等，2000⑥）等方面，都是高质量发展的重要内容。西方马克思主义学者所提倡的马克思生态—环境伦理学、生态学马克思主义也是宝贵的经济发展质量思想（颜鹏飞、李酣，2014⑦），而高质量发展的终极目标则是满足人民日益增长的美好生活需要（赵剑波等，2019⑧）。社会主要矛盾的变化，随着我国经济高质量发展的概念同时提出，而社会主要矛盾的变化也表现为供需体系的总量性矛盾转化为结构性矛盾，需求体系的结构发生了范围的拓展和层次的提升，这就要求高质量发展对民主、法治、公平、健康等更加关注（高培勇等，2019⑨）。

---

①Hong Y. The Quality of Economic Growth and the Effect of Population [J]. Chinese Journal of Population Science，1994(1).

②焦国栋. 中国经济发展路径由高速增长向高质量发展转变[J]. 农村·农业·农民(A 版)，2017(11).

③Ianchovichina E，Lundström S. Inclusive Growth Analytics：Framework and Application[J]. World Bank Policy Research Working Paper，2009(4851).

④ Anand R，Mishra M S，Peiris M S J. Inclusive Growth: Measurement and Determinants [R]. International Monetary Fund，2013.

⑤安树伟，李瑞鹏. 黄河流域高质量发展的内涵与推进方略[J]. 改革，2020(1).

⑥Thomas V. The Quality of Growth[M]. World Bank Publications，2000.

⑦颜鹏飞，李酣. 以人为本、内涵增长和世界发展——马克思主义关于经济发展质量的思想[J]. 宏观质量研究，2014(2).

⑧赵剑波，史丹，邓洲. 高质量发展的内涵研究[J].经济与管理研究，2019(1).

⑨高培勇，杜创，刘霞辉，袁富华，汤铎铎. 高质量发展背景下的现代化经济体系建设：一个逻辑框架[J].经济研究，2019(4).

3.新时代高质量发展的新要求

站在“两个一百年”的历史交汇点，新的形势和经济社会发展目标对新时代高质量发展提出了新的要求。“十四五”规划提出，“我国发展不平衡不充分问题仍然突出，重点领域关键环节改革任务仍然艰巨，创新能力不适应高质量发展要求，农业基础还不稳固，城乡区域发展和收入分配差距较大，生态环保任重道远，民生保障存在短板，社会治理还有弱项。”立足新发展阶段，应坚定不移贯彻创新、协调、绿色、开放、共享的新发展理念，加快构建以国内大循环为主体、国内国际双循环相互促进的新发展格局。

当前正进入数字经济快速发展期，数字产业化、产业数字化趋势日益明显，服务贸易的数字化步伐不断加快（丁茜茜，2021[①]），全球经济更加脆弱，国际经贸活动受阻，各国加快了产业链、供应链布局的调整，国际经济竞争进一步加剧（沈坤荣、赵倩，2020[②]；干春晖，2016[③]；赵丽娜，2021[④]）。数字经济作为驱动经济高质量发展的新动能（任保平、李禹墨，2019[⑤]；刘淑春，2019[⑥]），一方面可以形成兼具规模经济、范围经济及长尾效应的经济环境，另一方面可以创造新的投入要素、新的资源配置效率和新的全要素生产率，从而促进经济增长（荆文君、孙宝文，2019[⑦]）。此外，数字经济在提高创新能力、推动就业结构优化、推进生态文明、提升

①丁茜茜. 拥抱数字经济，共促服贸发展高质量[N]. 新华日报，2021-09-03(009).

②沈坤荣，赵倩. 以双循环新发展格局推动“十四五”时期经济高质量发展[J]. 经济纵横，2020(10).

③干春晖. 新常态下中国经济转型与产业升级[J]. 南京财经大学学报，2016(2).

④赵丽娜. 世界经济格局大调整与我国外贸高质量发展[J]. 理论学刊，2021(1).

⑤任保平，李禹墨. 新时代我国经济从高速增长转向高质量发展的动力转换[J]. 经济与管理评论，2019(1).

⑥刘淑春. 中国数字经济高质量发展的靶向路径与政策供给[J]. 经济学家，2019(6).

⑦荆文君，孙宝文. 数字经济促进经济高质量发展：一个理论分析框架[J]. 经济学家，2019(2).

公共服务质量和提高生活水平等多方面，都在推动高质量发展（龚六堂，2021[①]；宋洋，2019[②]）。面对复杂多变的新时代高质量发展形势，实现经济由高速增长阶段向高质量发展阶段的转变，措施有很多，而当务之急是要建设现代化经济体系（逄锦聚等，2019[③]）。

2.1.2 高质量发展的政治经济学分析

经济发展问题历来是经济学关注的核心问题，马克思主义政治经济学包含着丰富的经济发展思想，较长时期以来，已然成为研究者探索经济增长、经济发展以及高质量发展的重要理论基础。1962 年，毛泽东同志在中共八届十中全会上提出“以农业为基础，以工业为主导”的中国发展国民经济的总方针。这一方针便是马克思再生产理论在我国社会主义条件下的具体应用和发展（曾启贤，1963[④]；吴文晖，1977[⑤]）。多年来，中国道路恪守辩证唯物主义和历史唯物主义的理论本原、坚持科学社会主义基本原则的理论定力、促进理论创新与实践创新良性互动的理论活力（祝黄河，2020[⑥]）。研究者也充分分析了经济发展方针与马克思两大部类理论之间的关系（邱丹，1963[⑦]），不断探索马克思主义政治经济学在扩大再生产方式（安体富，1982[⑧]）、扩大内需（蔡宇平、高放，2000[⑨]）、促进第三产业和

①龚六堂. 数字经济就业的特征、影响及应对策略[J]. 国家治理，2021(23).

②宋洋. 经济发展质量理论视角下的数字经济与高质量发展[J]. 贵州社会科学，2019(11).

③逄锦聚，林岗，杨瑞龙，黄泰岩. 促进经济高质量发展笔谈[J]. 经济学动态，2019(7).

④曾启贤. 我国发展国民经济总方针与马克思的再生产理论[J]. 江汉学报，1963(2).

⑤吴文晖. 农业是我国社会主义国民经济发展的基础 [J]. 中山大学学报（哲学社会科学版），1977(6).

⑥祝黄河. 中国道路的理论基础、历史进程与价值维度[J]. 马克思主义研究，2020(1).

⑦邱丹. 农业是基础、工业是主导和马克思关于两大部类的原理[J]. 江汉学报，1963(2).

⑧安体富. 扩大再生产的外延和内含同基本建设的关系——兼论“把国民经济转到以内含为主的扩大再生产轨道上来”[J]. 经济理论与经济管理，1982(3).

⑨蔡宇平，高放. 马克思两大部类原理对当前我国扩大内需的启示[J]. 黄河科技大学学报，2000(2).

服务业发展（郑志国，2017[①]）、推动供给侧结构性改革以及经济双循环发展的应用（蔡贵丽，2021[②]）。

1.马克思主义的技术创新理论为发展动力提供了依据

技术的发展从一开始就在马克思和恩格斯的历史唯物主义思想中发挥着重要作用，直接影响经济增长质量变化的主要动力，就是通过科技进步实现生产力的创新发展（Streeck，2020[③]；Popkova 和 Tinyakova，2013[④]）。社会生产，特别是经济生产的需要，推动了科学技术的产生和发展；而科学技术创新推动生产力和生产方式的变革，进而推动社会经济结构转型和产业结构优化升级，成为推动社会发展的革命力量（崔泽田、李庆杨，2015[⑤]；张存刚、王传智，2021[⑥]；Nikolaos 和 Tsaliki，2021[⑦]）。在新中国成立之后，结合社会主义建设与改革开放的进程，在1964 年第三届全国人民代表大会第一次会议上，四个现代化正式确定为国家发展的总体战略目标，其中便包括全面实现科学技术的现代化的要求。1978 年 3 月，邓小平同志《在全国科学大会开幕式上的讲话》中提出“科学技术是生产力”的重要论断，正确认识科学技术是生产力，正确认识为社会主义服务的

①郑志国. 国民经济三大部类结构演化规律——马克思的社会再生产理论继承与创新[J]. 马克思主义研究,2017(2).

②蔡贵丽. 基于马克思两大部类视角下我国经济双循环的发展研究［J]. 中小企业管理与科技(下旬刊),2021(5).

③Streeck W. Engels's Second Theory: Technology,Warfare and the Growth of the State[J]. New Left Review,2020(123).

④ Popkova E G,Tinyakova V I. New Quality of Economic Growth at the Present Stage of Development of the World Economy[J]. World Applied Sciences Journal,2013(1).

⑤崔泽田,李庆杨. 马克思科技创新驱动生产力发展思想及其当代价值[J]. 理论月刊,2015(5).

⑥张存刚,王传智. 经济高质量发展的内涵、基本要求与着力点———个马克思主义政治经济学的分析视角[J].兰州文理学院学报(社会科学版),2021(1).

⑦Nikolaos C,Tsaliki P. The Dynamics of Capital Accumulation in Marx and Solow ［J］. Structural Change and Economic Dynamics,2021,57: 148-158.

脑力劳动者是劳动人民的一部分，这对于迅速发展我们的科学事业有极其密切的关系（《邓小平文选》第2卷①）。面对当前新发展理念和高质量发展的时代要求，“必须深入实施科教兴国战略、人才强国战略、创新驱动发展战略，完善国家创新体系，加快建设科技强国，实现高水平科技自立自强”。②

马克思总结的决定劳动生产率的诸因素，每一项都涉及科学技术的作用。其中，经济发展质量提高的两种方式中的内涵扩大再生产，更加注重技术研发投入以及管理效率的提升（李浩民，2019③）。“知识性生产资料”（张圣兵等，2018④）、“科技劳动”（谢莹萍，2020⑤）等概念被引入到研究中，分析了科学知识作为生产资料的出现，对生产方式的巨大影响，科技进步使劳动者的身份从直接参与生产者转变为生产调节者，劳动者在价值分配中的地位得到提高。技术支出特别是产品创新的支出，具有较强的劳动友好性质（Piva 和 Vivarelli，2017⑥）。

2.马克思主义的社会再生产理论阐释了结构平衡的重要性

马克思在政治经济学的发展历史上第一次把社会产品分为截然不同的两大部类（即生产资料和消费资料），从而建立了全新的再生产理论（奚兆

①邓小平.邓小平文选：第二卷[M].北京：人民出版社，1993.

②新华网.(受权发布) 中国共产党第十九届中央委员会第五次全体会议公报 [EB/OL].(2020-10-29)[2021-11-23].http://www.xinhuanet.com/politics/2020-10/29/c_1126674147.htm.

③李浩民. 新时代高质量发展框架再探讨：理论内涵、制度保障与实践路径[J]. 现代管理科学，2019(2).

④张圣兵，刘伟杰，周绍东. 新科技革命推动的生产方式演进——基于马克思主义政治经济学视角的解读[J]. 改革与战略，2018(6).

⑤谢莹萍. 新科技革命下的马克思劳动价值论再认识[J]. 经济研究导刊，2020(33).

⑥Piva M，Vivarelli M. Technological Change and Employment: Were Ricardo and Marx Right?[R]. Institute of Labor Economics (IZA)，2017.

永，1980[①]）。而任何社会发展，若想顺利地向前发展运动，其两大部类必须按比例平衡地发展，这也同样属于一种国民经济结构学的问题，得到了我国长期以来经济建设经验的肯定（潘石，1982[②]；李世清，1990[③]）。这被认为是经济分析史上最早描述的平衡或稳态增长路径（Gehrke，2018[④]）。

随着第三产业的蓬勃发展，许多研究者开始从马克思主义政治经济学关于资本主义扩大再生产理论出发，来探讨服务业的发展方向。部分研究者将非物质生产资料划分为第三大部类，从而构建三大部类协调均衡发展结构（刘都庆，1988[⑤]；郑志国，2017[⑥]）。也有部分研究者否定了这种做法，将第三产业分解到第一部类与第二部类之中（李江帆，1986[⑦]；吴维嵩，1986[⑧]）。第三产业和两大部类生产相互依赖相互影响，第三产业引入第一部类和第二部类也会促进市场经济的健康发展和服务业自身的良性循环发展（胡怀邦，1986[⑨]；韩飞，2014[⑩]）。此外，在高质量发展领域，再生产理论充分阐述了在社会再生产过程中，供求平衡和结构均衡的重要

①奚兆永. 正确理解两大部类的划分——学习马克思主义再生产理论札记［J］. 财经问题研究，1980(4).

②潘石. 关于社会生产两大部类的平衡发展问题——学习马克思《资本论》第二卷的体会[J]. 社会科学战线，1982(2).

③李世清. 坚持马克思的社会生产两大部类平衡理论[J]. 江汉论坛，1990(5).

④Gehrke C. Marx's Reproduction Schemes and Multi-sector Growth Models ［J］. The European Journal of the History of Economic Thought，2018(5).

⑤刘都庆. 三大部类关系探讨——学习马克思再生产理论一得[J]. 中南财经大学学报，1988(4).

⑥郑志国. 国民经济三大部类结构演化规律——马克思的社会再生产理论继承与创新[J]. 马克思主义研究，2017(2).

⑦李江帆. 第三产业与两大部类的关系试析[J]. 改革，1986(3).

⑧吴维嵩. 第三产业的兴起和社会再生产两大部类理论的发展[J]. 福建师范大学学报（哲学社会科学版），1986(2).

⑨胡怀邦. 第三产业与两大部类之间的关系初探[J]. 陕西财经学院学报，1986(2).

⑩韩飞. 服务业与马克思社会生产两大部类的关系[J]. 南华大学学报（社会科学版），2014(6).

性，该理论也成为当前供给侧结构性改革的理论指导。两大部类供需的失衡以及复杂劳动如何有效形成、“异化”现象如何节制等问题，对经济结构调整和优化提出了新要求（盖凯程、冉梨，2019①；朱珍、郑云峰，2021②）。

3.马克思主义的生产力理论阐述了实现经济高质量发展的要求

马克思认为，生产力的发展是衡量社会发展水平的基本尺度，且生产力具有质量特征，它取决于从事生产活动过程中的效率（钞小静、薛志欣，2018③）。一套生产关系的性质，是由它所包含的生产力发展水平来解释的，而社会生产关系的总和，则构成了经济结构（Miller，1981④）。高质量发展一方面要求解决生产力内部诸要素的矛盾，以推进生产力自身的发展；另一方面要通过不断深化变革和调整生产关系，以适应并促进生产力的发展（周文、李思思，2019⑤；朱方明、刘丸源，2019⑥）。

2.1.3 高质量发展下税制结构改革的新要求

财政作为经济的内在因素，是社会再生产的一个特殊环节（陈共，1982⑦）。社会主义财政是社会主义国家实现其职能、发展国民经济的重要分配工具（邓子基，1982⑧）。财政职能是财政范畴在社会再生产中的固有

①盖凯程，冉梨.《资本论》视域下的供给侧结构性改革——基于马克思社会总资本再生产理论[J].财经科学，2019(8).

②朱珍，郑云峰.构建新发展格局的政治经济学逻辑[J].经济问题，2021(3).

③钞小静，薛志欣.新时代中国经济高质量发展的理论逻辑与实践机制[J].西北大学学报(哲学社会科学版)，2018(6).

④Miller R W. Productive Forces and the Forces of Change: A Review of Gerald A. Cohen, Karl Marx's Theory of History: A Defense[J]. The Philosophical Review, 1981(1).

⑤周文，李思思.高质量发展的政治经济学阐释[J].政治经济学评论，2019(4).

⑥朱方明，刘丸源.马克思的经济发展理论与西方经济发展理论比较——兼论中国经济高质量发展的路径[J].政治经济学评论，2019(1).

⑦陈共.论以再生产为前提建立社会主义财政学[J].财政研究，1982(3).

⑧邓子基.马克思的再生产理论与社会主义财政——读《资本论》第二卷札记[J].厦门大学学报(哲学社会科学版)，1982(2).

功能（何振一，2005[①]），其区别于其他分配环节的基本特征，便是以国家为主导的一方而形成的分配活动和分配关系。在中国特色社会主义新时代，财政形态走向“国家治理型财政”，这是国家治理现代化的必然要求（郭庆旺，2017[②]），财税改革也成为促进经济高质量发展的重要一环。一旦立足于高质量发展阶段而非停留于高速增长阶段来讨论税制改革，肯定会得出大不相同于以往的结论（高培勇，2019[③]）。

一方面，税收制度作为一种预设制度，应该在促进经济发展方式转变方面发挥引导和促进作用（陈少克，2019[④]）。随着国民收入水平的提高，提高税制结构中的财产税比例，对于经济增长的促进作用愈发明显。此外，税制结构的优化可以提升国际竞争力、破解不平衡不充分发展问题、支撑经济高质量发展战略（席七万，2018[⑤]），也能够消化部分财政风险，提高财政可持续发展能力（闫坤、鲍曙光，2020[⑥]），促进社会公平、推进企业投资和创新、提高人民整体生活水平（Johansson 等，2009[⑦]），有效推动供给侧结构性改革（曹润林、陈海林，2021[⑧]；林亚清，2017[⑨]）。

另一方面，经济由高速发展阶段迈入高质量发展阶段，对政府履行职责以及税收发挥职能作用提出了更高的要求。当今世界正面临百年未有之大变局，要求财税体制要适应大国经济地位、科技革命和产业变革、国际

①何振一. 理论财政学（第二版）[M]. 北京：中国财政经济出版社，2005.

②郭庆旺. 论加快建立现代财政制度[J]. 经济研究，2017(12).

③高培勇. 站在新时代的平台上讨论直接税改革[J]. 河北大学学报(哲学社会科学版)，2019(1).

④陈少克. 税制结构转型与经济发展方式转变——中国税制与经济发展方式转变的协调性研究[M]. 北京：中国经济出版社，2019.

⑤席七万. 新时代税制改革:现实最需与理论最优的双重考量[J]. 税务研究，2018(2).

⑥闫坤，鲍曙光. “十四五”时期我国财政可持续发展研究[J]. 财贸经济，2020(8).

⑦Johansson Å，Arnold J，Brys B，et al. Tax and Economic Growth. Summary and Main Findings[R]. OECD，2009.

⑧曹润林，陈海林. 税收负担、税制结构对经济高质量发展的影响[J]. 税务研究，2021(1).

⑨林亚清，等. 供给侧结构性改革:现实依据与财税政策选择[J]. 财政研究，2017(4).

格局不断变化，以及开放型世界经济的需要（许生、张霞，2018[①]）。不能仅着眼于配合经济体制改革步伐，而同时要与政治体制改革、社会体制改革、生态文明建设等相匹配，在“五大发展理念”的指导下，形成创新驱动、协调发展、创业鼓励、持续发展、共享发展、开放发展的税制体系（李华，2019[②]）。深化税制改革，建立现代税收制度，使其真正成为国家治理的基础和重要支柱，从更深层次、更广范围服务于经济社会发展（李香菊、杨欢，2019[③]）。总的来看，随着当前经济社会发展转移到以人民为中心，经济社会发展战略面临重大转型，这将会带来税制结构转型和完善现代税收制度的关键期，建立面向国家治理现代化的现代税收制度，是加快建立现代财政制度的重要战略目标（马珺、杜爽，2021[④]）。

2.2 最优税制结构的理论分析[⑤]

税收问题，上涉国计，下及民生，自古对于一国治理而言举足轻重。“夫财赋，邦国之大本，生民之喉命，天下理乱轻重，皆由焉”。论及现代社会，税收作为实现广泛的经济和社会目标之重要工具，更是如此。现代税收制度是现代财政理论的核心与基础。而税制结构问题，更是其中不可或缺的重要领域（王雍君，1995[⑥]）。从漫长的实践历程来看，对于税制结构的优化之理论探讨，与经济发展的历程相生相伴，从未停止。课税会对经济和社会产生影响，而最优税制理论就是对“公平”和“效率”等税收原则进行全面权衡和抉择，运用社会福利函数工具，寻求让税收扭曲效应

①许生，张霞. 改革财税体制 促进经济高质量发展[J]. 财政科学，2018(12).

②李华. 高质量发展目标下税收体系构建与减税降费再推进[J]. 税务研究，2019(5).

③李香菊，杨欢. 助推我国经济高质量发展的税收优化研究[J]. 税务研究，2019(5).

④马珺，杜爽. “十四五”时期的税制结构转型[J]. 税务研究，2021(2).

⑤本节由马蔡琛和桂梓椋合作完成。

⑥王雍君. 税制优化原理[M]. 北京：中国财政经济出版社，1995.

最小化的思路和方法（陈松青，2003[①]；杨斌，2005[②]）。最优税制结构的相关理论研究，可以为税制改革提供基础性的理论指导，从基本原理的层面提供技术支撑。本部分主要从思想理论发展和具体技术支撑两个角度，对于最优税制结构的相关理论进行阐释。

2.2.1 最优税制结构的思想、方法与理论发展

1.最优税制研究的基本思想、三大支柱和三条主线

税收制度的优化问题长期以来是研究者关注和讨论的重要话题，对于最优税收理论的研究，一直是以一种规范的分析方式来进行的。1897 年，英国经济学家 Edgeworth 最早考察了最优税收问题，而后逐渐形成了最优税收的三大支柱：拉姆齐、庇古和莫里斯理论。Ramsey（1927）提出的拉姆齐反弹性规则指出，单人经济情况下，商品的需求相互独立时，最优税率与商品的价格弹性成反比。[③]Pigou（1932）指出，多人经济情况下，商品的最优税率不仅取决于其需求价格的逆弹性，还取决于其收入弹性，进而构建起了最优商品税理论的基本框架。[④]Mirrlees（1971）指出，最优所得税的边际税率应在 0 与 1 之间，且最优税率是近似线性的，从而构建起了最优所得税理论框架。[⑤]这三种理论实际上奠定了现代税收理论的基础，并且不同税种之间也存在着相互作用，譬如，最优商品税的拉姆齐规则等式，只有在既定所得税约束下才会有意义。但是，也需要注意到，西方最优税收理论的结论均存在严格假定条件，仅在严格假定条件下结论才大体成立。因此，这一理论的所有结论或定理均是特殊的、个别的，而不是普

①陈松青. 西方最优税收理论对我国税制设计的启示[J]. 财经研究，2003(1).

②杨斌. 对西方最优税收理论之实践价值的质疑[J]. 管理世界，2005(8).

③Ramsey F P. A Contribution to the Theory of Taxation[J]. The Economic Journal, 1927(145).

④Pigou A C. The Economics of Welfare(4th ed.)[M]. London: Macmillan, 1932.

⑤Mirrlees J A. An Exploration in the Theory of Optimum Income Taxation [J]. The Review of Economic Studies, 1971(2).

遍的、一般的，不能直接作为一个国家进行具体税制改革实践的指导思想（杨斌，2005①）。

研究者在最优税制理论的研究中，探讨了税制结构及其效率和福利影响的关联性，以及不同税制结构的经济影响（Zodrow 和 Mieszkowski，1986②；Lai，2019③）。不过，此种分析大多在静态均衡框架内进行，从社会经济发展的视角来看，探讨动态情况下的最优税收显然是必要的（Zhang，2020④）。现代最优税收理论通过不断扩展基本假设条件而形成新的研究框架，从理论发展的脉络来看，动态最优税收理论的研究形成了三条主线（程宇丹、龚六堂，2016⑤；金戈，2013⑥）：

第一条研究主线以 Chamley（1986）为代表，在外生增长模型中引入公共支出，来研究最优线性税收与经济增长的关系。研究发现，在一个有限的时期内，最优资本税率是 100%，而后均衡状态的最优资本收入税率为零。⑦新动态财政理论框架就是在 Chamley 最优所得税框架下，运用 Mirrlees 动态优化分析方法，来研究政府如何设计最优税率和税制结构问题。虽然 Chamley 关于最优资本收入税率为零的结论是基于一系列严格假定而得到的，但同样具有一定的现实经济含义（严成樑、龚六堂，2009⑧）。围绕着这些基本假设，部分研究者认为，放宽假设条件后，最优

①杨斌. 对西方最优税收理论之实践价值的质疑[J]. 管理世界，2005(8).

②Zodrow G R，Mieszkowski P. Pigou，Tiebout，Property Taxation，and the Underprovision of Local Public Goods[J]. Journal Of Urban Economics，1986(19).

③Lai Y B. Environmental Policy Competition and Heterogeneous Capital Endowments [J]. Regional Science and Urban Economics，2019(C).

④Zhang W B. Ramsey Taxation in the Solow-Uzawa Growth Model with Public Goods[J]. Review of Politics and Public Policy in Emerging Economies，2020(2).

⑤程宇丹，龚六堂. 财政分权框架下的最优税收结构[J]. 金融研究，2016(5).

⑥金戈. 最优税收与经济增长：一个文献综述[J]. 经济研究，2013(7).

⑦Chamley C. Optimal Taxation of Capital Income in General Equilibrium with Infinite Lives[J]. Econometrica: Journal of the Econometric Society，1986(3).

⑧严成樑，龚六堂. 最优资本税收研究评述[J]. 经济学动态，2009(12).

资本所得税为零（Atkeson 等，1999[①]），而另外一些研究者认为，放宽假设条件后最优资本所得税大于零（Abel，2007[②]）。

第二条研究主线以 Barro（1990）为代表，在一个内生增长的 AK 模型中引入政府生产性公共支出，考察最优公共支出与最优线性税收问题，研究发现收入税率与经济增长率之间存在“倒 U 形”关系。[③]Devereux 和 Love（1995）通过引入人力资本和劳动所得税，对该模型进一步拓展，并研究得出公共支出的永久增加会降低生产要素的长期增长。[④]该模型的增长动力是生产性公共支出，可将内生劳动力供应（Turnovsky，2000[⑤]）和内生人口（Spataro 和 Renström，2012[⑥]；Renström 和 Spataro，2019[⑦]）包含于一个模型中加以分析。

第三条研究主线则以 Golosov 等（2003）为核心，在包含异质性行为人和非对称信息的动态框架之中，重点研究最优非线性税收问题。[⑧]Kocherlakota（2005）进一步考虑了最优税收的性质和结构，认为资本税仅具有再分配性质，最优期望资本边际税率随收入的增加而下降，而最优期

①Atkeson A, Chari V V, Kehoe P J. Taxing Capital Income: A Bad Idea [J]. Federal Reserve Bank of Minneapolis Quarterly Review, 1999(3).

②Abel A.B. Optimal Capital Income Taxation[R]. NBER Working Papers, 2007.

③Barro R O J. Government Spending in a Simple Model of Endogenous Growth [J]. Journal of Political Economy, 1990(5).

④Devereux M B, Love D R F. The Dynamic Effects of Government Spending Policies in a Two-Sector Endogenous Growth Model[J]. Journal of Money, Credit, and Banking, 1995(1).

⑤Turnovsky S J. Fiscal Policy, Elastic Labor Supply, and Endogenous Growth [J]. Journal of Monetary Economics, 2000(1).

⑥Spataro L, Renström T I. Optimal Taxation, Critical-level Utilitarianism and Economic Growth[J]. Journal of Public Economics, 2012(9-10).

⑦Renström T I, Spataro L. Population Growth: A Pure Welfarist Approach [J]. Journal of Public Economic Theory, 2019(1).

⑧Golosov M, Kocherlakota N, Tsyvinski A. Optimal Indirect and Capital Taxation[J]. The Review of Economic Studies, 2003(3).

望劳动所得税率则随收入增加而上升。[①]Costa 和 Werning（2008）进一步认为，在异质代表性消费者假设条件下，最优的通货膨胀税为零。[②]

不过，考虑到税收遵从的因素，最优税制理论具有一定的理想主义色彩。Slemrod（1990）就曾指出，“在目前的状态下，最优税收理论作为关于税收政策关键问题的行动指南是不完整的。因为它尚未考虑到税收其实是一种与个人意愿相悖的强制征收制度。”[③]并且，最优税收理论甚少强调人们纳税的内在动机，即税收道德（Güth 和 Sausgruber，2004[④]；Torgler 和 Schaltegger，2005[⑤]）。高税收道德（个人态度）并不一定转化为高水平的税收合规性（个人行为）。尽管如此，一些研究表明，税收道德对税收合规决策具有显著的积极影响（Cummings 等，2009[⑥]；Horodnic，2018[⑦]）。因此，需要将税收遵从的行为，纳入关于最优税收的讨论之中（Torgler 和 Schaltegger，2005[⑧]；黄凤羽等，2017[⑨]；Bruno，2019[⑩]）。

① Kocherlakota N R. Zero Expected Wealth Taxes: A Mirrlees Approach to Dynamic Optimal Taxation[J]. Econometrica,2005(5).

②Da Costa C E,Werning I. On the Optimality of the Friedman Rule with Heterogeneous Agents and Nonlinear Income Taxation[J]. Journal of Political Economy,2008(1).

③Slemrod J. Optimal Taxation and Optimal Tax Systems[J]. Journal of Economic Perspectives,1990(1).

④Güth W,Sausgruber R. Tax Morale and Optimal Taxation[R]. CESifo Working Paper,2004.

⑤Torgler B,Schaltegger C A. Tax Morale and Fiscal Policy[R]. CREMA Working Paper,2005.

⑥ Cummings R G,Martinez-Vazquez J,McKee M,et al. Tax Morale Affects Tax Compliance: Evidence from Surveys and an Artefactual Field Experiment [J]. Journal of Economic Behavior & Organization,2009(3).

⑦Horodnic I A. Tax Morale and Institutional Theory: A Systematic Review[J]. International Journal of Sociology and Social Policy,2018(9/10).

⑧Torgler B,Schaltegger C A. Tax Morale and Fiscal Policy[R]. CREMA Working Paper,2005.

⑨黄凤羽,刘维彬,张瑞红. 个人所得税预缴税款制度对纳税遵从的影响研究——基于前景理论的心理效应分析[J]. 当代经济科学,2017(1).

⑩ Bruno R L. Tax Enforcement,Tax Compliance and Tax Morale in Transition Economies: A Theoretical Model[J]. European Journal of Political Economy,2019(C).

2.最优税制研究的基本方法与思路：基于福利与效用的税制结构设计

最优税收理论研究借助现代经济学分析方法，运用个人效用和社会福利的概念，通过对不同效应影响进行赋权，来形成统一的衡量标准。也就是说，总体上是在福利经济学的分析框架下，对于税制结构问题进行考察的。从财政职能的角度来看，政府主要承担资源配置、收入再分配和宏观经济稳定这三项功能（Musgrave，1959①）。类似地，理想的最优税制设计通常相应涉及三种效应的权衡：收入效应与替代效应、激励效应与阻碍效应、中性效应与非中性效应（Mankiw等，2009②）。

具体来说，以Pareto标准为代表的新福利经济学，是以序数效用方法来分析不同税制结构下的社会福利最大化状态，以功利主义(Utilitarianism)标准、Pigou标准、Pareto标准、Kaldor-Hicks标准、Scitovszky标准等福利补偿检验标准，来评判社会福利状态的（郝春虹，2017③）。然而，帕累托效率并不能保证竞争过程导致的分配与广为接受的公平概念相一致，这就涉及税收结构设计之公平与效率的权衡问题。无论是何种最优税制框架，其共同之处在于，最终目的都是实现社会福利最大化（闫威，2002④）。不过，当偏离标准的福利经济范式时，应该使用哪种福利标准就不确定了。

事实上，自Barro（1990）以内生增长的AK模型，发现资本收入税对经济增长存在两种影响这一开创性研究以来，内生增长理论一直强调财政政策与长期经济增长之间的关系。但是，大多数研究未能同时考虑税收和

---

①Musgrave R A. The Theory of Public Finance: A Study in Public Economy [M]. Kogakusha Co., 1959.

②Mankiw N G, Weinzierl M, Yagan D. Optimal Taxation in Theory and Practice [J]. Journal of Economic Perspectives, 2009(4).

③郝春虹. 税收分配伦理、福利命题评价与社会福利最优状态研究[J]. 财经理论研究，2017(3).

④闫威. 公平、效率与最优税收理论[J]. 财经科学，2002(6).

支出结构对于财政政策之增长效应的影响（Benos，2009[①]）。换言之，这些研究要么关注公共支出的影响，要么关注税收对增长的影响，没有同时考虑收支两翼的影响（Marrero，2010[②]）。而研究表明，在内生增长模型的框架内来考察税制结构与经济增长之间的联系时，任何可能扭曲要素积累激励的税收政策，或许都会对经济增长产生永久性影响（Barro，1992[③]；Jones 等，1993[④]）。尽管大多数文献侧重于研究税收结构的选择如何影响增长的问题，但这些研究往往并未考虑在不同的公共产品之间如何分配公共支出的问题，仅有少数文献关注了最优支出构成与税收结构之间的关系（Ghosh 和 Roy，2004[⑤]；Irmen 和 Kuehnel，2009[⑥]；王宏杰，2016[⑦]）。Zhang 等（2016）同时考察了公共资源的最优构成和最优税收结构，明确表达了税收收入构成与公共支出分配之间的内在关系。[⑧]王增文等（2021）以政府公共支出的消费性与生产性为切入点，将资本课税与劳动课税的最优税制结构作为结合点，分析了经济增长效率机制与社会福利共享机制之间的均衡性问题。[⑨]

---

①Benos N. Fiscal Policy and Economic Growth: Empirical Evidence From EU Countries[R]. University Library of Munich, Germany, 2009.

②Marrero G A. Tax-mix, Public Spending Composition and Growth [J]. Journal of Economics, 2010 (1).

③Barro R J. On the Determination of the Public Debt[J]. Journal of Political Economy, 1979(5).

④Jones L E, Manuelli R E, Rossi P E. Optimal Taxation in Models of Endogenous Growth[J]. Journal of Political Economy, 1993(3).

⑤Ghosh S, Roy U. Fiscal Policy, Long-run Growth, and Welfare in a Stock - flow Model of Public Goods[J]. Canadian Journal of Economics, 2004(3).

⑥Irmen A, Kuehnel J. Productive Government Expenditure and Economic Growth [J]. Journal of Economic Surveys, 2009(4).

⑦王宏杰. 最优税收结构选择及其经济效应[J]. 河北科技师范学院学报, 2016(1).

⑧Zhang L, Ru Y, Li J. Optimal Tax Structure and Public Expenditure Composition in a Simple Model of Endogenous Growth[J]. Economic Modelling, 2016(59).

⑨王增文, 管理定, 胡国恒. 经济增长效率机制与社会福利共享机制均衡的结构性分析——资本课税与劳动课税的最优税制结构[J]. 财政研究, 2021(6).

此外，还有一些研究者采用财政分权的框架，来研究多级政府的财政政策和税收结构问题。譬如，Persson 和 Tabellini（1996）研究了两级政府的构架下财政政策的集体选择，并比较了垂直有序的系统（如欧盟）与水平有序的联邦系统（如美国）。[①]Gong 和 Zou（2002）刻画了地方政府和中央政府的财政关系，同时融合了税收和政府公共支出对经济的影响。[②]吕冰洋（2009）研究了在地方财政、中央财政和国家财政收入最大化目标下，中央政府和地方政府关于税收努力和最优税权配置选择。[③]程宇丹、龚六堂（2016）对模型进行了拓展，假设中央政府和地方政府均征收消费税、收入税以及资本税，分别研究中央政府和地方政府的最优税收选择，试图得到财政分权框架下的最优税收结构。[④]

2.2.2 最优税制结构的技术支撑

1.最优商品税理论研究：效率损失最小化的实现

最优商品税理论研究的是，当政府通过商品税筹集既定规模的财政收入时，如何设计商品税收制度使税收超额负担最小化，以实现税制的效率与公平。也就是说，最优商品税研究的起点是效率损失最小化（冯秀娟，2014[⑤]）。从拉姆齐模型（Ramsey Model）、科利特—黑格模型（Corlett & Hague Rule）、哈伯格三角形模型（Harberger Triangle）、马歇尔税额负担模型（Marshall Tax Burden）以及希克斯超额负担模型（Hicksian Excess Burden）可以看出，各种最优商品税模型都是以税收超额负担最小化作为

---

① Persson T,Tabellini G. Federal Fiscal Constitutions: Risk Sharing and Moral Hazard[J]. Econometrica,1996(3).

② Gong L,Zou H. Optimal Taxation and Intergovernmental Transfer in a Dynamic Model with Multiple Levels of Government[J]. Journal of Economic Dynamics and Control,2002(12).

③吕冰洋. 政府间税收分权的配置选择和财政影响[J]. 经济研究,2009(6).

④程宇丹,龚六堂. 财政分权框架下的最优税收结构[J]. 金融研究,2016(5).

⑤冯秀娟. 卡普洛关于异质性偏好下的最优商品税理论及启示[J]. 税务与经济,2014(5).

判断理想商品税的准则（李永刚，2009[①]）。大多数研究者关于多人经济中最优税收的研究，主要集中在非线性所得税与非线性（或线性）商品税的组合上（Del Portal，2020[②]）。当个人在两个维度的特征上都不相同时，诸多研究者对于征收线性商品税的最佳形式进行了讨论（Cremer 等，2001[③]，2003[④]；Saez，2002[⑤]；Blomquist 和 Christiansen，2008；Golosov 等，2013）。这些文献表明，商品税在放松激励约束方面的作用，总体上是具有普适性的。

然而，这种假设也是存在缺陷的。无论是以单一消费者为研究对象的最优商品税理论，还是以多个消费者为研究对象的最优商品税理论，乃至考虑了与其他税种搭配的最优商品税理论，其研究前提无一不是消费者偏好的同质性，并未解释收入等其他未观察到的异质性之存在，这也成为实证文献中普遍关注的问题。如 Saez（2002）指出，在实践中人们的偏好是异质性的，随后首次引入消费者偏好异质性来研究商品税的目标，使最优商品税的研究进入一个新的阶段。[⑥]Blomquist 和 Christiansen（2008）指出，具有不同偏好的代理人可能会被归入同一收入阶层，所得税能够解决收入类别之间的异质性，但对于收入类别内的再分配却无法起到作用，而商品税可以承担这一角色。[⑦]

①李永刚. 最优商品税理论与我国商品税设计实践[J]. 税务研究，2009(11).

②Del Portal X R. Two Reasons for not Using Commodity Taxation in the Presence of an Optimal Income Tax[J]. Hacienda Publica Espanola，2020(1).

③Cremer H，Pestieau P，Rochet J C. Direct versus Indirect Taxation: the Design of the Tax Structure Revisited[J]. International Economic Review，2001(3).

④Cremer H，Pestieau P. Wealth Transfer Taxation: A Survey[R]. CESifo Working Paper，2003.

⑤Saez E. Optimal Progressive Capital Income Taxes in the Infinite Horizon Model [R]. NBER Working Paper 2002.

⑥ Saez E. The Desirability of Commodity Taxation under Non -linear Income Taxation and Heterogeneous Tastes[J]. Journal of Public Economics，2002(2).

⑦Blomquist S，Christiansen V. Taxation and Heterogeneous Preferences [J]. FinanzArchiv/Public Finance Analysis，2008：218-244.

2.最优所得税理论研究：社会福利最大化的实现

最优所得税理论最早始于 Edgeworth（1897）的研究，假定个人效用完全相同，政府征税额一定，定义社会效用最大条件下的税收为最优所得税，其结论是最优所得税下的人均税后财富相等。[①]这种分析思路实际上主要考虑的是公平原则，而最优所得税必须同时考虑公平与效率，税率结构的变化某种程度上都源自两者的权衡（彭海艳，2014[②]）。Saez（2001）在非线性所得税理论基础上，提出将实证研究中通常采用的弹性方法，引入最优个人所得税最高税率的计算，引入了劳动供给的非补偿弹性和补偿弹性，以此兼顾公平与效率。[③]

而论及最优所得税模型，研究者主要针对干预模型相关参数的不同值，基于特殊假设来进行数值模拟，譬如 Mirrlees（1971）使用汉密尔顿（Hamilton）优化方程组来解决一维的最优所得税问题。[④]汉密尔顿方法不仅可以应用于具有一维异质性的最优所得税，还可以应用于具有多维代理异质性的最优所得税问题。譬如，贾俊雪、孙传辉（2019）在考虑居民异质性和收入分配后，将其拓展为异质性居民模型，利用数值模拟考察垄断引致的公平与效率的权衡，及其对最优的劳动所得税和货币政策以及宏观经济（产出、居民收入差距和社会总福利）的影响[⑤]。其中劳动力供应决策可以写为一维参数的函数（Choné 和 Laroque，2010[⑥]；Lockwood 和

---

①Edgeworth F Y.The Pure Theory of Taxation[J].The Economic Journal,1897(28).

②彭海艳. 最优非线性所得税率结构影响因素:论争焦点及评析[J]. 财经论丛,2014(4).

③Saez E. Using Elasticities to Derive Optimal Income Tax Rates [J]. The Review of Economic Studies,2001(1).

④Mirrlees J A. An Exploration in the Theory of Optimum Income Taxation [J]. The Review of Economic Studies,1971(2).

⑤贾俊雪,孙传辉. 公平与效率权衡:垄断、居民收入分配与最优财政货币政策[J]. 管理世界,2019(3).

⑥Choné P,Laroque G. Negative Marginal Tax Rates and Heterogeneity [J]. American Economic Review,2010(5).

Weinzierl，2015[①]），也有研究者使用迭代模型来研究最优税收计划（Mankiw 等，2009[②]；刘元生等，2017[③]；Jacquet 和 Lehmann，2021[④]）。相比之下，在没有对所涉及的函数（即社会福利函数、效用函数、生产函数和密度函数等）采用特定规范的情况下，关于最优税收的定性研究很少。

着眼于当前经济社会发展转型、追求经济高质量发展的需要，现代税收制度改革必须充分考虑国家治理体系和治理能力现代化的要求，从“贯彻新发展理念、构建新发展格局、实现高质量发展”的总体格局出发，全局性、系统化地考量最优税制结构问题。党的十九大报告明确提出了“深化税收制度改革，健全地方税体系”的总要求，直指新时代税收领域的重大命题。党的二十大报告进一步强调“优化税制结构”，指明了税制改革的重点方向。新时代税制改革，一方面要适应我国经济社会发展的现实需要，立足于国际环境、经济社会发展水平、征管能力等现实条件；另一方面要着眼于理想的税制模式，寻求现实约束条件下的理论“最优解”（刘峰，2018[⑤]；席七万，2018[⑥]）。最优税制理论探讨了税收分配中公平与效率原则的最佳组合方式，尽管带有一定的理想化色彩，但其基本原理和技术工具，依旧提供了某些启示借鉴。

①Lockwood B B, Weinzierl M, Lockwood B B, et al. De Gustibus non est Taxandum: Heterogeneity in Preferences and Optimal Redistribution[J]. Journal of Public Economics, 2015 (124).

②Mankiw N G, Weinzierl M, Yagan D. Optimal Taxation in Theory and Practice [J]. Journal of Economic Perspectives, 2009(4).

③刘元生，杨澄宇，李建军. 基于异质性世代交替模型数值模拟的个人所得税改革分析[J]. 财政研究，2017(5).

④Jacquet L, Lehmann E. Optimal Income Taxation with Composition Effects [J]. Journal of the European Economic Association, 2021(2).

⑤刘峰. 税改：寻求现实约束下的理论“最优解”[N]. 中国财经报，2018-02-13(006).

⑥席七万. 新时代税制改革：现实最需与理论最优的双重考量[J]. 税务研究，2018(2).

2.2.3 当代税制结构改革的主要实践[①]

近半个多世纪以来，世界各国都推行过不同程度的税制结构改革。发达经济体因其在世界经济中举足轻重的地位，其税制结构改革很大程度上带动了其他国家相应的改革（刘军、郭庆旺，2001[②]）。尽管各国税制结构迥异，启动税制改革的原因也各有不同，但从主体税种来看，税制结构的演进历程大体呈现以下规律：从以原始直接税为主体，到以间接税为主体，再到以现代直接税为主体。当然部分研究者认为，还应该在最后补充现代直接税与间接税并重这一发展过程（施本植、梁柯，2004[③]）。

1.各国直接税与间接税结构的发展与演变

（1）以原始直接税为主体的税制结构

纵观各国税制结构的改革史，有一个漫长的演进过程。据说最早的西方税收源自公元前3500年美索不达米亚和古埃及的农业税（Salanie，2003[④]）。在中世纪时代，自然经济处于统治地位，而商品经济处于从属地位。税收来源主要是对土地、人和财产征税。这种较为原始的直接税构成了其税制结构的主体，其中人头税直到19世纪末才废除（Smith，1991[⑤]），此外还有关税和商品税等，但不占重要地位。英国作为征收直接税较早的国家，18世纪以前，其税收主要来源就是人头税、土地税（什一税、十五抽一税）、房产税（灶税、窗户税等）。这一阶段的后期，雅典和罗马还试图对资本和财产课税，但多数以失败告终，税收收入的主体仍然是原始的对生产条件进行课征的直接税（尹吉明，2012[⑥]）。

---

①本节由马蔡琛和白铂合作完成。

②刘军，郭庆旺. 世界性税制改革理论与实践研究[M]. 北京：中国人民大学出版社，2001：151.

③施本植，梁柯. 西方国家税制结构的演变及其对我国的启示[J]. 财贸经济，2004(12).

④Salanie B. The Economics of Taxation[M]. USA: The MIT Press，2003.

⑤Smith P. Lessons from the British Poll Tax Disaster[J]. National Tax Journal，1991(4).

⑥尹吉明. OECD国家的经济增长与税收结构变化[J]. 湖北经济学院学报，2012(2).

(2) 以间接税为主体的税制结构

随着人均收入水平和经济结构进化程度的不断提高，尤其是18世纪中叶工业革命以后，大量的产品作为商品涌入市场，商品生产和流通规模不断扩大，出现了新的可供课税的对象，为广泛地开征间接税制创造了条件。在这种背景下，各国一方面对国内生产和销售的消费品征收国内消费税，促进资本形成（Goldberg，2003[①]），另一方面，为保护本国资本主义工商业的发展，对国外制造和输送进口的产品征收高额关税（马蔡琛、尚妍，2012[②]）。因此，以商品流转额为课税对象的关税和国内商品税，逐渐取代原始直接税，成为各国税制结构的主体（吕炜，2004[③]）。例如，经济处于刚刚起步阶段的美国，在这一时期工业生产量有较大增加，商品经济逐渐兴旺，不断扩大国内消费税的课征范围，1902年，美国的流转税（包括货物税与关税）收入在总税收收入中占37.5%，且在很长的一段时间内，美国的主体税种均为关税。英国1750年的税收收入为750万英镑，其中关税和消费税这两项占到税收收入的67%。但随着社会经济的进步，这种税制结构的弊端也逐渐显现出来，其一，这种情况下，绝大部分税收收入来源于国民收入的初次分配领域，且税收负担较易转嫁到整体国民身上，容易引起国民的不满（曾康华，2011[④]）；其二，各国普遍推行的保护性关税政策，也较大程度地制约了对外贸易的扩张。

(3) 以现代直接税为主体的税制结构

以关税为中心、间接税为主体的税收收入结构同资产阶级利益之间的冲突不断凸显，使得各国不得不考虑建立一种新的税制结构，以期实现并保持稳健的财政状况。这对于宏观经济稳定和持续增长是至关重要的

①Goldberg D S. The US Consumption Tax: Evolution, Not Revolution[J]. Tax Law., 2003(1).

②马蔡琛，尚妍. 关税政策演变的反思及其启示[J]. 税务研究，2012(5).

③吕炜. 市场化进程与税制结构变动[J]. 世界经济，2004(11).

④曾康华. 当代西方税收理论与税制改革研究[M]. 北京：中国税务出版社，2011：327.

(Stotsky，2002[①])。随着人均收入水平和经济结构演化程度的提高，带来了个人和公司所得税额的稳定上升，形成了一种更为丰裕的税源，这为实行所得税创造了前提条件。两次世界大战带来的军费开支大幅增长，为所得税发展带来了重要转机，使其一跃成为财政收入的主要来源。基于对战争经费的渴求，美国将个人所得税作为有效的聚财手段，不断提高税率甚至最高达至 94%，个人所得税的开征，使其同公司所得税一起扭转了美国税制结构的格局。1945 年，美国包括个人所得税、公司所得税和社会保障税在内的直接税收入，在政府税收收入中所占的比重达到了 83.7%，远远高于间接税（Shin，1969[②]）。

20 世纪 70 年代以后，新自由主义理论成为一些国家政府制定经济政策的主要理论指导，各国纷纷把税收政策的首要目标重新转向了经济效率。个人和企业所得税税基被扩大，人们对税收体系的信心被削弱(Pechman，1987[③])，同时“地下经济”活跃，阻碍了资本积累和技术进步，造成对经济效率的损害。基于这种认识，很多国家进行了效率优先、兼顾公平的大规模税制改革。1986 年美国的《税收改革法案》推出了降低税率、拓宽税基的改革，税收改革者承诺在税收方面实现更大的公平、效率和简单性（Slemrod，2018[④]）。到 20 世纪 80 年代末，许多发达国家先后降低了个人所得税的边际税率和公司所得税的平均税率。此外，20 世纪80 年代中期之后，多数国家先后开征了增值税并逐步拓展其课征范围(Messere，1998[⑤])，直接税间接税的比例逐步趋向合理，但

---

①Stotsky J, Mariam A W. Central American Tax Reform: Trends and Possibilities[R]. IMF Working Paper, 2002.

②Shin,K. International Differences in Tax Ratio[J].Review of Economics and Statistics,1969(5).

③Pechman J A. Tax Reform: Theory and Practice[J]. Journal of Economic Perspectives, 1987(1).

④Slemrod J. Is this Tax Reform, or Just Confusion?[J]. Journal of Economic Perspectives, 2018(4).

⑤Messere, K. The Tax System in Industrialized Countries[M]. New York：Oxford University, 1998.

主要仍以直接税为主。

2.21 世纪以来各国税制结构的改革趋势

进入21世纪以来，在经济全球化的背景下，为了健全本国财税体制并提高企业竞争力，各国纷纷加快推进税制结构改革。对于这些年来的世界税制改革发展趋势，研究者认为税制改革需要实现三方面的目标：经济增长、促进公平和提高收入（Gale 和 Brown，2012①），并从多个角度把握世界税制结构改革的发展方向，例如，从主要税种的变化角度，站在历史发展与制度变迁的角度，以及从直接税与间接税的比重角度等，更有研究从重大经济事件角度，来探究其对世界税制结构发展走向带来的冲击性影响。

（1）发达国家与发展中国家的税制结构存在趋同现象

从直接税和间接税的比重来看，目前发达国家和发展中国家存在趋同发展的态势。2008 年全球金融危机爆发后，发达国家为了弥补财政缺口，拓展财政政策空间，同时应对国际税收竞争，采取了提高间接税比重、降低直接税比重的反向操作措施（Nenkova 和 Metalova，2019②），其中表现最明显的是，所得税税率（尤其是公司所得税税率）持续保持下降态势（国家税务总局税收科学研究所课题组，2017③）。而与此同时，以增值税、消费税为代表的间接税则呈现出增税趋势，增值税标准税率和消费税税率也在逐步提高（Albi 和 Martinez-Vazquez，2011④）。近年来，OECD 和欧盟大部分成员国都在不同程度地提高标准税率，OECD 成员国增值税平均标

①Gale W G, Brown S. Tax Reform for Growth, Equity, and Revenue [J]. Public Finance Review, 2013 (6).

②Nenkova P S, Metalova D S. An Overview of Tax Policy and Taxation Trends in Bulgaria During the Period 2005-2017[J]. Научные вести, 2019 (7).

③国家税务总局税收科学研究所课题组. 国际金融危机以来的世界税收发展趋势 [J]. 税务研究, 2017(10).

④Albi E, Martinez-Vazquez J. The Elgar Guide to Tax Systems[M]. UK: MPG Books Group, 2011: 37.

准税率从 2008 年的 17.7%提高到 2018 年的 19.2%。就发展中国家而言，与发达国家相比，直接税比重偏低。随着社会经济的发展与科学技术的进步，为了满足对于社会财富再分配的需求，实现高经济增长的目标，发展中经济体表现出来的趋势，与发达国家正好相反（Ahmad 等，2018①）：以增值税为代表的间接税比重在下降，直接税比重在上升，特别是社会保障税比重持续上升。

（2）各国中央税与地方税的划分形式各具特色

许多国家将税收权力和税收管理集中在中央政府。然而随着经济的发展，各国地方政府也在“成长”（Bahl，1999②），地方政府能够对公共服务承担更多责任，并做出更贴近公众需要的决定。

中央和地方政府之间的收支划分，取决于各种历史、经济和政治因素（Pokrovskaia 和 Belov，2020③），近年来，各国中央税与地方税结构呈现出不同的特点，大体可以分为以下几类：首先，是以美国这类联邦制国家为代表的“地方分权型”，美国各级政府实行“分别立法、分别征管、互不干扰、税源共享”为特征的分税制财税体制（高亚军，2012④）。从税收收入的角度来讲，2020 年联邦税收占全国总税收约为63.4%，州和地方政府税收占比分别为 21.1%和 15.5%。第二种是以英法为代表的“税权集中型”国家，中央政府控制着全部的税收立法权和税收征管权（Mikesell，2003⑤）。在收入分享方面，央地划分明确，税源稳定且充足的税种归中央

①Ahmad S，Sial H M，Ahmad N. Indirect Taxes and Economic Growth: An Empirical Analysis of Pakistan[J]. Pakistan Journal of Applied Economics，2018(1).

②Bahl R. Fiscal Decentralization as Development Policy[J]. Public Budgeting & Finance，1999(2).

③Pokrovskaia N V，Belov A V. Tax Revenues of Local Budgets in Unitary States: A Case Study of Japan[J]. Journal of Tax Reform，2020(1).

④高亚军. 中国地方税研究[M]. 北京：中国社会科学出版社，2012：135.

⑤Mikesell J L. International Experiences with Administration of Local Taxes: A Review of Practices and Issues[J]. Tax Policy and Administration Thematic Group, The World Bank, 2003: 1-44.

政府，占税收总收入的90%左右，而收入不稳定、不充足的小税种归地方政府。此外，还有以德日两国为代表的“适度分权型”，这是介于集中化模式和分散化模式之间的一种税权划分模式（Shoup 等，1949①），体现为中央政府控制着全部或大部分的税收立法权，但中央和地方分设两套征管机构。全部税收分为中央税、地方税以及共享税。

而在我国，地方税就是在中央和地方分权基础上，为实现地方政府履职需要，由中央统一立法或授权地方立法，收入划归地方的税收。1994 年分税制改革后，我国曾分设国家税务局和地方税务局两套税务系统。税收立法权集中于中央，但在税收征管方面有所变动。2018 年国地税机构合并的改革方案通过后，税务机构采取中央和地方双重领导以中央政府领导为主的管理体制，其管理绩效仍旧有待改革实践给出进一步的答案。

(3) 所得税税率降低，税基扩大的趋势明显

从主要税种的角度来把握改革趋势，可以发现，继英国 1984 年和美国 1986 年税制改革带头实施后，进入 21 世纪，各国减税的步伐加快，税基拓展的范围也在不断扩大（Brys 等，2011②）。首先，一个显著的全球特征是所有区域集团的企业税收法定税率稳步下降，尽管程度差异很大（Norregaard 和 Khan，2007③），英国在 2017 财年中，将企业所得税税率降为 19%。法国计划在 2018 年至 2022 年逐步将税率从 33.3%降至 25%。而这种企业所得税税率下调，不可避免地带来收入下降，为了减轻财政压力，有关国家通过扩大预提所得税征税范围等拓宽税基的措施来应对（张健等，2018④）。

---

①Shoup C S. Tax Reform in Japan[C]//Proceedings of the Annual Conference on Taxation under the Auspices of the National Tax Association. National Tax Association,1949,42: 400-413.

②Brys B,Matthews S,Owens J. Tax Reform Trends in OECD Countries[R].OECD,2011.

③Norregaard J,Khan T S. Tax Policy: Recent Trends and Coming Challenges [R].IMF Working Paper,2017.

④张健,钱震,陈玉武,董洋. 企业所得税改革的国际趋势研究与借鉴[J]. 国际税收,2018(5).

其次，个人所得税逐渐向综合税制转化，起始税率也有下降的趋势。捷克2021 年的实际税率相比于 2020 年，在任何情况下都下降了（Krajňák，2021①）。很多国家为这一改革陈述的理由之一是支持就业和中低收入群体。这一局面的形成，与经济全球化的深入发展、国际税制竞争以及国家经济与预算情况等密切相关（García-Miralles 等，2019②）。

（4）所得税比重不断下降，社会保障税比重不断上升

近年来，各国主要税种的收入占比基本维持原有的格局，但所得税和社会保障税的比重呈现出新动向。根据 OECD 税收政策改革报告，其成员国近年来税收收入结构方面比较明显的变化，就是社会保障税份额的提升（杜莉，2021③）。2008 年至 2016 年，OECD 成员国社会保障税比重基本保持在 26% 以上，2016 年比 2008 年提高了 0.69 个百分点。与此同时，许多国家都在合理化和简化其所得税税率，2005 至 2015 年期间，澳大利亚税收政策变化主要为降低税率和提高社会保障税比重（Phillips 和 Gray，2017④），这部分是为了创造一个更加税收友好的劳动力市场环境，部分反映了降低资本所得税税率以应对全球竞争的压力（Dziemianowicz，2019⑤）。从公司所得税的角度来讲，总体上呈现逐年降低趋势，2016 年相较于2008 年下降了 1.3 个百分点。2019 年，在美国征收公司所得税的 44 个州中，

①Krajňák M. Evaluation the Impact of the Personal Income Tax Reform in the Czech Republic in 2021 on Effective Tax Rate and Tax Progressivity[J]. Journal of Tax Reform,2021(2).

②García-Miralles E,Guner N,Ramos R. The Spanish Personal Income Tax: Facts and Parametric Estimates[J]. SERIEs,2019(3).

③杜莉. 世界主要国家税制改革述评——基于近五年 OECD 税收政策改革报告［J］. 国际税收，2021(5).

④Phillips B,Gray M. Distributional Modelling of the Australian Tax and Social Security System Changes: 2005 - 2015 and beyond[R]. ANU Centre for Social Research and Methods,Australian National University,2017.

⑤Dziemianowicz R. Tax Policy in OECD Countries in 2007 - 2016: Trends and Challenges[J]. Economics and Law,2019(4).

多数地区税率有下降趋势，例如，印第安纳州的州公司所得税税率于2019年降为5.5%，2022年将进一步降至4.9%（Cammenga和Walczak，2021[①]）。从个人所得税角度来讲，OECD成员国个人所得税收入占GDP的平均比重，从2000年的8.25%降至2010年的7.24%，2010年起又开始上升，2019年升至8.04%。[②]当前，世界税制结构中双主体税种的特征明显，即流转税和所得税共同成为主要税种。在税制结构总体比较稳定的情况下，发达国家和发展中国家都呈现出公司所得税比重不断下降、社会保障税比重不断上升的发展态势。

3.我国税制结构的主要特征

（1）税种组合方式：间接税占比较高，直接税占比较低

我国现行税制结构是不同历史时期为适应客观形势的变化发展，经过多次改革后形成的，尤其是1994年税制改革对税收制度进行了较大程度的完善和修正。刘佐（2010）[③]、李升（2017）[④]等研究者考察了我国直接税与间接税的比重特征，发现间接税和直接税之间存在着“此消彼长”的关系，其比重变化主要取决于税制改革。2020年，我国税收收入中的直接税（主要指企业所得税与个人所得税等）所占比重接近40%，间接税（主要指增值税与消费税等）所占比重近50%。间接税在税收收入中的比重大于直接税所占比重，这一比例远远超过发达国家（沈娅莉等，2018[⑤]）。分析世界各国的税制结构，尤其是经济合作与发展组织成员国的税制结构，可以更清晰地看出我国税制结构中间接税比例较高的特点。根据OECD统

①Cammenga J, Walczak J. 2022 State Business Tax Climate Index[R]. Tax Foundation, 2021:14.

②OECD. Revenue Statistics - Tax Structures［EB/OL］.［2022-04-26］. https://www.oecd.org/ctp/tax-policy/revenue-statistics-tax-structures.htm.

③刘佐. 中国直接税与间接税比重变化趋势研究[J]. 财贸经济,2010(7).

④李升. 直接税与间接税改革的难点解析及对策思考[J]. 中央财经大学学报,2017(12).

⑤沈娅莉,李小梦,杨国军.税制结构研究演进脉络及对我国税制结构改革的启示[J].税务研究,2018(10).

计数据，在2014年发达国家税收收入中，仅有33%左右来源于间接税（货物与劳务税），约有60%左右来源于直接税（企业所得税及个人所得税），5.5%左右来源于财产税（樊丽明、李昕凝，2015[①]）。进一步看，如果将所得税与资本利得税、社会保障税和财产税加总得到直接税占比，再与单一的商品劳务税比较可以发现，间接税与直接税之比为3:7，与我国的7:3几乎正好相反。

（2）税基结构：以消费课税为主的税收收入来源

当经济结构随经济发展而变化时，税基结构也会发生变化。其变化反映在两个方面，一是消费、劳动和资本的平均税率，反映税率变动趋势；二是消费、劳动和资本课税的各项收入占税收收入总额比重，反映税收收入结构变动趋势（许晖，2020[②]）。研究早期，岳树民和李静（2011）基于Mendoza等（1994）的方法，对消费、劳动和资本课税收入占税收总收入的比重进行了研究和测算并得出结论：与发达国家相比，我国的劳动税负明显偏低，消费税负和资本税负总体上处于中等偏下水平。[③]许晖（2020）结合近年来的税制改革情况，对各项税收收入的测算方式进行修正，并计算了1994年至2017年我国消费、劳动、资本三大税基的税收收入占比情况。综合而言，从税基结构上看，我国消费和资本课税收入占税收收入总额比重转折明显，劳动课税收入占税收收入总额比重总体呈上升趋势，目前消费课税的税收收入是税收收入的主要来源。[④]此外，从国际趋势上分析，OECD税收收入统计（2018）指出，OECD成员国的税制结构呈现出税收收入越来越依赖于增值税、社会保险费，以及少部分国家也依赖企业所得税的特征。因此，我国消费、劳动和资本课税占比的

①樊丽明，李昕凝. 世界各国税制结构变化趋向及思考[J]. 税务研究，2015(1).

②许晖. 税制结构分析：以消费、劳动和资本课税为视角[J]. 国际税收，2020(6).

③岳树民，李静. 对我国劳动、资本、消费课税的比较及分析[J]. 涉外税务，2011(6).

④许晖. 税制结构分析：以消费、劳动和资本课税为视角[J]. 国际税收，2020(6).

变动特征，与当前税制改革的国际趋势大体一致。

总体来看，在人类社会的发展过程中，税制结构的变迁和演化大致经历了这样三个逐次推进的发展阶段：第一阶段主要是在传统的农业社会。因生产力发展水平的局限，往往采用原始直接税（也就是土地税和人头税）。由于社会剩余产品的有限，在很长的历史时期内，也只能采用“量入为出”的财政预算管理原则。第二阶段是工业化阶段。自工业革命以来，随着社会分工的深化和各种专业化管理手段不断涌现，以流转税为代表的现代间接税成为工业文明的标志性税种，其中，最为典型的就是增值税。增值税在生产和销售过程中的各环节，分阶段仅就其增值额课税，至少从理论上避免了传统营业税的重复征税弊端，[①]适应了社会化大生产所体现的社会分工日益精细化、生产和流转环节非常清晰的特点。[②]第三阶段是信息化阶段。[③]在一个信息爆炸的时代，各种新兴业态目不暇接，各种服务性产品的供给方式千变万化，各种新兴交易手段层出不穷，各种信息存储量和数据处理能力远远快于经济的增长速度。[④]从这个意义上讲，传统的商品流转环节变得越来越模糊，征税节点变得越来越难以捕捉，税源结构越来越复杂多样，以增值税为代表的现代间接税体系，日渐难

①各国税制比较研究课题组. 增值税制国际比较[M]. 北京：中国财政经济出版社，1996：5.

②随着社会剩余产品的极大丰富，在财政预算管理原则上，也具备了从“量入为出”转向“以支定收”的可能性。通过界定政府与市场的边界，确定政府公共服务供给的资金需求，进而通过税收的方式为政府预算支出筹资。这或许也解释了为什么各种主流经济学（尤其是公共经济学）教科书在开篇中大多会论及“市场与政府之间界定的划分”。而在这种分析框架下，不同税种的设置，仅仅是将公共产品成本在不同利益主体之间、在不同收入流（或所得来源）之间，进行“分摊”的具体方式选择而已。这就为后续税制演化转向以所得或财产作为税收筹集与分摊之标的物，提供了理论上的可行性和社会财富上的现实积累。

③自从1980年美国未来学家阿尔温·托夫勒出版《第三次浪潮》一书的40多年间，人类社会已然全面进入信息化（或者服务业）阶段。

④人类存储信息量的增长速度比世界经济的增长速度快4倍，而计算机数据处理能力的增长速度比世界经济的增长速度快9倍。资料来源：[英]迈尔-舍恩伯格，[英]库克耶. 大数据时代[M]. 杭州：浙江人民出版社，2013：13。

以适应信息化时代的税制改革诉求。[①]这或许已然不仅是一种理论上的探讨，很可能成为当代各国税制变革中不可抗拒的一种发展趋势。因此，尽管所得税（尤其是个人所得税）存在着侵犯个人隐私信息、征收成本相对较高、申报程序烦琐等内生缺陷，但也不得不成为一种“只能如此”的妥协选择。也就是说，任凭信息化时代的新兴产业和新型业态层出不穷，交易工具和交易方式千变万化，但各种资金流转终究会有“落袋为安”的时候，这或许就是所得税代表了未来税制演化趋势的内在原因与可能解释。

①尽管增值税不同于传统意义上的流转税或周转税，已然具有针对毛所得课税的所得税性质，但增值税依托于产品或服务在不同加工环节的增值部分征税，内生蕴含了工业化时代的税收特点，使得该税种在后工业化时代的长期发展过程中，将会表现出越来越多的不适应性。

第3章　面向高质量发展的主要税种改革

- 消费税改革：特别消费税，还是一般消费税
- 企业所得税与个人所得税的衔接：基于法人拟制说与法人实在说
- 房产税：基于调控房价与充实地方税的斟酌取舍
- 面向高质量发展的资源税改革研究

高质量发展作为当代经济社会发展的主旋律，对各主要税种的改革都提出了新的要求。本章将从消费税、企业所得税、个人所得税、房产税、资源税等主要税种出发，分析不同税种在高质量发展要求下所面临的理论和实践问题，进而提出主要税种的具体改革方向。

3.1 消费税改革：特别消费税，还是一般消费税[①]

消费税是一个源远流长的税种。在几千年的漫漫历史长河中，消费税很早就以“山泽之赋”“官山海”等各种形式出现，并发挥了筹集财政收入的重要功能。早在20世纪70年代，阿特金森和斯蒂格利茨就曾指出，如果政府能够选择最优的所得税，那么在公平合理的前提下，社会福利不会通过对商品征收消费税而提高，但如果所得税不是最优的，消费税就具有很大的作用。[②]

2013年11月通过的《中共中央关于全面深化改革若干重大问题的决定》进一步明确了消费税改革的方向：调整消费税征收范围、环节、税率，把高耗能、高污染产品及部分高档消费品纳入征收范围。因此，全面辨析消费税改革的目标定位与改革路径，对于进一步完善现代税收制度，具有非常重要的理论价值与现实意义。

3.1.1 消费税的发展与演进

消费税作为最古老的课税形式之一，通常是对一些商品和劳务有选择地征税。总体而言，消费税有广义消费税和狭义消费税两种类型。广义的消费税，是对以消费品或消费行为作为课税对象的各种税收的统称，通常也被称作一般消费税或普通消费税（general consumption tax），包括增值税（value added tax）、销售税（sales tax）、零售税（retail sales tax）等多种形式。[③]狭义的消费税，是指以特定消费品或消费行为作为课税对象而征收

①本节由马蔡琛和赵青合作完成。

② Atkinson A.B.,Stiglitz J.E. The Design of Tax Structure: Direct versus Indirect Taxation［J］. Journal of Public Economics,1976(6).

③朱为群. 消费课税的经济分析［M］. 上海：上海财经大学出版社，2001：7.

的一种税，通常被称作选择性消费税（selective consumption tax）或特别消费税。[①]与广义消费税相比，狭义消费税的征税范围有限、征税环节相对单一、征收方法灵活且多实行差别税率。

回顾消费税的历史，在19世纪的欧洲，大多数“小型”消费税（之所以这样称呼，是因为其产生的税收相对较少）被废除了，或者被纳入对商品和劳务的一般课税体系当中，也就是通常所说的销售税。这种销售税在20世纪的前25年被大范围引进，并在20世纪七八十年代转型为一般的消费税或者增值税，但对烟草产品、酒类和石油产品征收的“大型”消费税仍然保留。[②]消费税也是现代各国普遍开征的税种，据统计已有120多个国家开征了消费税。但随着时间的推移，源于专门商品和服务税的收入（主要为选择性消费税）占GDP的比重逐渐下降（从1975年的4.6%降到了2018年的3.2%），占税收总收入的比重也相应下降（从1975年的17.7%降至2018年的9.6%）。[③]

在各国的税收实践中，根据应税商品的数量，特别消费税大体可以划分为三类：[④]第一，有限型特别消费税，其课征范围主要包括烟、酒、机动车、石油等传统应税消费品，应税消费品一般不超过10~15种；第二，中间型特别消费税，其课税范围进一步扩展至食品（如牛奶、谷物制品等），应税消费品一般不超过15~30种；第三，扩展型特别消费税，其课税范围更加广泛，应税消费品往往超过30种，涉及更多的消费品及生产资料。

①选择性消费税在实践中也往往被形象地称为特别消费税（special consumption tax），在有些国家名为excise tax。

②[荷]塞伯仁·科诺森. 消费税理论与实践——对烟、酒、赌博、污染和驾驶车辆征税[M]. 李维萍，译.北京：中国税务出版社，2010：1.

③OECD. Consumption Tax Trends 2020 [R/OL].（2020-12-03）[2022-11-16]. https://www.oecd-ilibrary.org/sites/152def2d-en/1/3/1/index.html?itemId=/content/publication/152def2d-en&_csp_=c74456d46ecc7b2f6fd3352bb00363ec&itemIGO=oecd&itemContentType=book#se.

④孟莹莹. 我国消费税的经济效应分析[M]. 北京：经济科学出版社，2018：30.

3.1.2 我国消费税的类型选择辨析

1.我国消费税的现状与设计初衷

就我国消费税的实践而言，以全国重点税源企业为样本，2019 年各行业消费税共实现 12130.56 亿元税额。其中，来自卷烟行业的税额为 6452.28 亿元，来自酒行业的税额为 440.25 亿元，来自汽车行业的税额为 908.32 亿元，来自成品油行业的税额为 4279.62 亿元。由此看出，卷烟、酒、汽车、成品油行业贡献的消费税税额占全部行业消费税税额的比重高达 99.59%（参见表 3.1）。

表 3.1　2019 年全国重点税源企业分行业消费税情况

行业	户数	实现税额（亿元）
卷烟	546	6452.28
酒	693	440.25
汽车	200	908.32
摩托车	29	1.27
成品油	294	4279.62
贵重首饰	170	6.20
化妆品	38	0.49
高尔夫球及球具	2	0.00
高档手表	6	0.01
游艇	2	0.03
木地板	13	1.18
电池制造	237	36.40
涂料制造	206	4.51
合计	2436	12130.56

数据来源：《中国税务年鉴（2020）》。

根据消费税的税制设计初衷与运行轨迹综合判断，不论是新中国成立之初的特种消费行为税（包括筵席、娱乐、冷饮、旅店），还是改革开放初期的特别消费税（主要针对彩色电视机、小轿车），乃至当前的消费税（涵盖大约十多个税目），均呈现较为显著的有限型选择性消费税的特点。即便根据全面深化税制改革的要求，今后将高耗能、高污染产品及部分高档消费品进一步纳入消费税征收范围，其涵盖的税目翻一番，也不过30种上下，成为介于中间型和扩展型之间的一种选择性消费税模式。

在1994年税制改革之际，考虑到具有中性特征的增值税有时难以发挥对经济的调控作用，而政府又必须通过税收来对某些产品的生产和消费方向施加影响，那么就必须启用新的税种，于是消费税就应运而生了。当时，在课税范围的选择上，也是经过斟酌考虑的，范围过宽就会失去特殊调节的功能，范围过窄则不能发挥“寓禁于征”的调节作用。①尽管消费税的课税范围和计税方式在此后的20多年间颇多变化，但这一总体设计思路时至今日也仍旧是颇多启迪的。

2.我国消费税定位的辩证思考

在当前的消费税改革设计思路中，不乏这样的观点，那就是将目前作为中央税的消费税，经过扩大税基、前移至零售环节征收等一系列改造，转作地方税或共享税，以抵充“营改增”之后留下的地方税收缺口。②某些研究者甚至将这种调整的好处也进行了归纳，譬如，消费税划给地方政府后，地方政府将会更加注重鼓励消费拉动经济；生产环节征收的消费税将转向在消费环节征收，成为名副其实的消费税；等等。如果我们坚持选择性消费税仅呈现有限覆盖范围的税制构建原理，那么，这种选择性消费税如果作为地方税，到底会如何使地方政府“鼓励消费拉动经济”？在地

---

①郝昭成，等. 财税：体制突破与利益重组[M]. 北京：中国财政经济出版社，1993：169-170.

②考虑到学术界的探索与争鸣氛围，为避免引致不必要的纠葛，本小节所引用之观点，不再逐一标注。

方政府投资冲动与税源培植冲动的导向下，这是否会误导地方产业结构的升级与优化，形成“遍地烟厂、酒厂、鞭炮厂”的局面？这些事情想起来也是颇值得玩味的。

如果将选择性消费税改为一般消费税，更加需要加以审慎考量。近年来，类似的观点也同样不少，甚至还具体设计了相应的改动方案：大改方案——开征新的零售税，作为地方税的主要税种；中改方案——把特别消费税改造为一般消费税，将消费税征收环节改为零售环节，将其作为地方税的主体税种之一。

综观当代世界各国的流转税，大体有两种模式：一种以欧洲国家为代表，在普遍征收增值税的基础上，对于有限的商品和劳务选择性地课征消费税，以实现增值税税收中性与消费税体现政策调节意图的有效结合，我国现行的消费税也大体类似于这种情形。另一种以美国为代表，普遍地征收销售税，同时对为数不多的限制性产品规定较高税率或单独设立税种（如烟草税、酒税、燃油税等）。①但不论怎样，在当代各国的税收实践中，似乎甚少在普遍征收增值税的同时又普遍征收一般消费税的情形。也就是说，那些选择了以增值税作为流转税之主体税种的国家，大多将消费税作为一种政策调节工具有限使用，而不能（也不应）普遍性地再征收一道零售税或一般消费税，从而避免对于同一课税商品构成经济性重复征税。正如本节前面论证的，我国的消费税不论怎么改动，仅仅是从“有限型”走向“中间型”或者“扩展型”而已，总体上仍旧是一种选择性消费税。与其开征一般消费税作为地方税的主体税种之一，不如适当加大增值税的地方分享比例更为省事。

①美国的销售税是典型的地方税，所有的收入都属于州以下各级政府。不仅如此，消费税的税率也是由州及州以下政府自行制定的，因此不仅各州的税率各不相同，即使是同一个州的不同县，税率也会不同。在美国，对商品零售所征收的销售税几乎是无所不在，大到林林总总的各类电器，小到学校书店里出售的各种书籍和学习用品，但是对于食品和药品，大多数州的政府都给予了相对宽松的政策。进一步论述可以参阅：黄凤羽. 亲历美国销售税[J]. 新理财（政府理财），2009(1).

至于如何破解“营改增”后的地方财力缺口，似乎可以从这样的角度加以考虑：在合理确定相应事权与支出责任的前提下，在适当调高增值税地方分享比例的基础上，将地方分享部分的增值税收入，根据人口、社会商品零售额等客观因素在各地区之间重新分配。在此基础上，针对地方政府因履行特定支出责任而产生的财力缺口，可以通过完善一般性转移支付增长机制以及相应的转移支付预算加以解决。一般性转移支付的增长机制，需要根据人口等客观因素，设计统一公式进行分配，真正实现转移支付资金分配的公开透明。①在大数据时代，这种操作方法在技术上也逐渐具备了可行性。

3.1.3 我国消费税改革的政策建议

1.税种名称之辩证思考

长期以来，或许源于“重积累、轻消费”的影响，消费一词并非一个完全意义上的中性词汇，而难免带有一些“消耗”“耗费”的含义。在古典经济学中，也不乏类似的观点，认为“消费可以被看作是负的生产，人所能消费的也只是效用而已，消费只不过是人们对其效用的减少或破坏”。②消费主义作为当代西方发达国家的一种社会思潮，早在 19 世纪末，美国社会经济学家凡勃仑（Thorstein Veblen）就提出了“炫耀性消费”的概念。法国社会学家让·波德里亚在其代表作《消费社会》中也认为，消费主义的一个标志就是其目的并非是为了满足人类的实际需求，而是在不断追求人类被刺激起来的各种欲望。③当这种对于消费主义的反思延伸到税收领域的时候，消费税就成了财政工具箱中用来同外部性和不道

①马蔡琛，黄凤羽. 国家治理视野中的现代财政制度——解读十八届三中全会《决定》中的深化财税体制改革问题[J].理论与现代化，2014(3).

②[英]马歇尔. 经济学原理(上)[M]. 朱志泰，译. 北京：商务印书馆，1964：82.

③蒋震. 中国消费税改革研究[M]. 北京：中国税务出版社，2017：21.

德做斗争的一种工具，在通过课税谴责一种行为的同时，也颁发了一种"可以这样去做的特许证"，从而减少对社会不利行为的发生。[①]

就我国的消费税而言，也确实体现出某种惩罚性消费税的特点。在现实中，我国的消费税尽管实际上是特别消费税，但仅仅从字面上看，对于非专业人士而言，很容易产生"只要消费就要缴纳消费税"的误解。在未来的消费税改革中，对于如何扩大消费税的征收范围，理论界和实务部门也未能完全达成一致，这就容易使得对于凡是期望通过税收加以抑制的行为或需求，均有可能纳入消费税的征收范围，从而使得消费税存在着变成一种"箩筐税"的可能。因此，可以考虑的思路是，循着为消费税"正名"的思路，将现行消费税更名为"特别消费税"。

其实，在各国税收实践中，尽管特别消费税的名称可能各异，但其所覆盖的课税对象却具有很强的一致性，这也构成了征收消费税的主要理由：[②]第一，对奢侈品课征消费税，相当于对高所得者课税；第二，对一般认为对社会有害的商品如酒、烟草等课征消费税，可以减少人们对这些有害品的消费；第三，根据受益原则，对汽油和汽车等应当课征较重的税收，并将取得的资金用于建造和维护道路；第四，随着环境意识的提高，污染课税成为一个重要的问题。就消费税体系而言，主要包括对烟草、酒类、博彩、污染、车辆驾驶以及其他特定货物、劳务和活动选择性征税(或收费)。[③]较之特别消费税的课税对象之范围与边界，特别消费税的名称至少在理论上是相对清晰的。在各国实践中，也时而有废止消费税这一指向含混之称谓的做法，而直接根据具体课税指向来设置烟草税、酒税、

①[荷]塞伯仁·科诺森. 消费税理论与实践——对烟、酒、赌博、污染和驾驶车辆征税[M]. 李维萍，译.北京：中国税务出版社，2010：16，263，273.

②[荷]塞伯仁·科诺森. 消费税理论与实践——对烟、酒、赌博、污染和驾驶车辆征税[M]. 李维萍，译.北京：中国税务出版社，2010. 参见马国强为该书撰写的中译本序言。

③[荷]塞伯仁·科诺森. 消费税理论与实践——对烟、酒、赌博、污染和驾驶车辆征税[M]. 李维萍，译.北京：中国税务出版社，2010：3.

环境保护税（或污染税）、燃油税、奢侈品税等税种，从而更加明确地突出选择性消费税"寓禁于征"的调节功能。这也是未来我国消费税改革中一个值得考虑的方案。

2.我国消费税改革之具体设想

(1) 将涉及环境保护的税目调整至环境保护税

我国1994年税制改革之际，环境保护税尚未开征，故而将可能造成生态环境危害、高耗能或不可再生的资源消费品，诸如鞭炮、焰火、成品油、小汽车等纳入消费税的课征范围，这在当时是一种符合实际的选择。近年来，环境保护已然成为广泛的社会共识，《中华人民共和国环境保护税法》已自2018年1月1日起施行。

我国目前的环境保护税仍旧属于狭义上的环境保护税，主要针对企业排放的应税污染物（大气污染物、水污染物、固体废物和噪声）征税。但从未来发展看，有必要逐步扩大环境保护税的覆盖范围。从可操作性而言，可以考虑将现行消费税中涉及环境保护的税目，先行纳入环境保护税的征收范围。这种税收平移的做法，可以较好地体现税制改革的稳健性与渐进性。也就是说，将现行消费税中涉及环境问题的税目，诸如木制一次性筷子、[①]实木地板、涂料、电池等应税项目，调整到环境保护税之中，具体纳税规定可以暂时维持消费税之课税规定不变，从而使得环境保护税的覆盖范围更加完整，更加有利于统筹考虑环境治理问题。同时，还可以考虑将城市垃圾等废弃物纳入环境保护税的征收范围。（关于环境保护税

①需要说明的是，木制一次性筷子是否应该征收消费税，在理论上存在分歧。[可参阅：田明华.征收一次性木筷消费税的政策分析[J].中国人口资源与环境，2011(3)。]其实，就常识而言，木制一次性筷子的使用，往往是在外出就餐或外出旅行过程中，不得已而为之的法子。如果不允许使用一次性筷子的话，就餐者出于卫生安全的考虑，或许不得不自备可以多次使用的筷子。由于外出期间难以及时冲洗餐具，往往会造成后续自来水和洗涤剂的使用增加，这种次生性环境污染的成本，也是需要加以考虑的因素。因此，可以通过一次性筷子国家标准的制定，规定相应的材质选择，鼓励使用一次性竹制筷子或者可降解一次性塑料筷子，以实现促进环境保护的目的。这样逐步取消木制一次性筷子的消费税征收，也不失为一个可以考虑的选项。

的进一步论述，可以参阅本书第 5 章）。

（2）将消费税中的成品油税目单独设置燃油税

考虑成品油课征消费税的技术已然相对成熟，开征燃油税也有颇多较为成熟的国际经验可资借鉴，故而可以将消费税中的成品油税目独立出来，单独设置燃油税，其具体纳税规定暂维持消费税之课税规定不变。这也不失为一个可以考虑的选项。“营改增”以后，我国的工商税收已然不足 20 种，就世界范围而言，税种数量总体上并不算多。在未来的税制改革中，如果能够考虑将烟叶税并入烟草税，将单纯涉及房地产的契税、土地增值税整合纳入拟议中的房地产税，税种的数量还有可能进一步减少，因此单独设立燃油税、烟草税等绿色税种，并不会导致税种数量的过度膨胀，也并不违背“简化税制”的总体税制建设思路。

（3）将消费税中的烟税目与烟叶税合并，设置统一的烟草税

在各种控烟政策中，烟草税是相对行之有效的一种政策选择。2008 年全球金融危机以来，一次性或逐步提升烟草消费税来增加财政收入，也成为各国的一种普遍性选择。譬如，德国 2011—2015 年分步提高了烟草消费税，第一次调整从 2011 年 5 月 1 日起，每盒香烟增加 4~8 欧分。[①]又如，英国早在1993 年就引入了烟草消费税自动调节机制，以每年高于通货膨胀率 3%的标准来提高烟草消费税（2012 年改为高于通胀率 5%）。通过这一举措，英国的烟草价格在近 20 年内增加了 200%，烟草消费税占烟草制品价格的比例达到 82%。[②]目前，几乎所有经济合作与发展组织（OECD）成员国，香烟的总税负均超过了香烟价格的 50%，有 8 个国家已经超过了 80%。[③]多年来，世界卫生组织也一直倡导通过烟草税的单独设计来提升禁

①龚辉文. 后金融危机时代世界税收政策比较研究［M］. 北京：中国税务出版社，2012：55.

②Campaign for Tobacco-Free Kids. Tobacco Tax Success Story: United Kingdom ［EB/OL］.(2012-10)［2019-05-06］.http://global.tobaccofreekids.org/files/pdfs/en/success_UK_en.pdf.

③张文春. 发达国家消费税变化呈九大趋势［EB/OL］.（2019-02-27）［2019-05-06］.http://www.cssn.cn/jjx_yyjjx/yyjjx_ssx/201902/t20190227_4837839.html.

烟效果。这种单独课征烟草税的禁烟效应以及税制设计的针对性，都要优于将烟草税收内嵌于消费税之中。

在我国的烟草税制中，还有一个名为烟叶税的独立税种，并作为地方税而存在。但是，由于烟叶税收入归属地方财政，烟叶的种植面积、产量、收购数量与地方财政紧密相关。基于财政增收的激励，个别地方政府往往会鼓励农民种植烟叶，甚至会出现强制农民种烟的现象。[①]这也从一个侧面说明，大凡具有惩罚性和抑制性的消费税，不管如何加以改造(在生产抑或批发、零售环节征收)，都是不大适宜作为地方税或中央地方共享税的。[②]因此，从“简化税制”的角度看，可以考虑将消费税中的烟税目与烟叶税合并，设置统一的烟草税，并作为中央税。对于中西部地区因烟叶税改征烟草税而损失的税收收入，可以从烟草税中提取一定的比例，设立专项转移支付补助资金加以解决。（关于烟草税制改革的进一步论述，可以参阅本书5.4节）。

(4) 将现行消费税改造为对奢侈品与高档消费征收的“特别消费税”

近年来，关于奢侈品价格的国内外“倒挂”问题（即从国外购买奢侈品的价格，远远低于国内同类进口奢侈品的价格），某些舆论一度认为，此系奢侈品的关税及国内流转税负担过重所致。其实，在各国实践中，对于奢侈品从重课税，也是符合国际税收惯例的。所谓“价格倒挂”，很大程度上，系因出国人员带回的物品（主要是奢侈品），已然远超进境物品进口税（行邮税）规定的免税额度，但却未依法报关完税。针对这一问题，应进一步加大进境物品的海关稽查力度，严厉打击偷逃税行为，而不能简单地降低奢侈品的关税和消费税水平。[③]

因此，可以考虑针对现行消费税中的贵重首饰及珠宝玉石、高档化妆

①吴道科. 县政府强制农民种烟当被告[J]. 山东人大工作,2006(5).

②马蔡琛,朱旭阳. “以税控烟”视角的烟草税制改革[J]. 税务研究,2017(9).

③马蔡琛,尚妍. 关税政策演变的反思及其启示[J]. 税务研究,2012(5).

品、高尔夫球及球具、高档手表、高档酒、游艇等税目，改为征收“特别消费税”。同时，增加高档酒店消费、高档娱乐场所消费、私人飞机、私人健身顾问等传统的和新兴的奢侈性消费税目。以高档酒店消费为例，在具体操作中，结合新中国成立初期对于酒店业开征特别消费税的经验，参考各国对于热门景点和旅游景区开征酒店税的做法，从促进理性旅游和征收便利的角度，在条件成熟的地区，根据酒店的星级评定与住宿费价格，对于超过规定标准的豪华酒店和豪华度假民宿等高档旅游消费，可以单独开征高档酒店特别消费税。高档酒店特别消费税可以作为地方税，将其部分征管权限，譬如高档酒店的具体标准界定、征收时间段（可以在旅游旺季开征，淡季停征）、规定幅度内的具体税率设定等权限下放给省级政府，从而更好地发挥促进绿色旅游产业健康发展的作用。

3.2 企业所得税与个人所得税的衔接：基于法人拟制说与法人实在说①

我国企业所得税标准税率已于2008年下调至25%，近年来小型微利企业年应纳税所得额不超过100万元、超过100万元但不超过300万元的部分，分别减按12.5%、25%计入应纳税所得额，按20%的税率缴纳企业所得税，执行期限为2022—2024年，高新技术企业所得税率仅为15%。相关调查显示，在2021年接受调查的全球225个独立管辖区中，平均税率为23.54%。有140个管辖区的公司税率在25%以下，115个国家的税率为20%~30%。②可见，我国企业所得税税率已经处在一个较为合理的区间，普遍降低税率的空间有限，而应该有针对性地降低那些制约

①本节由李宛姝和马蔡琛合作完成。

②Sean Bray. Corporate Tax Rates around the World, 2021[EB/OL]. (2021-12-09)[2022-04-15]. https://taxfoundation.org/corporate-tax-rates-by-country-2021/#_ftn10.

企业发展的税收负担。其中，公司已分配利润作为企业利润的重要组成以及企业与股东间的重要纽带，需要在不同纳税主体层面分别缴纳企业所得税和个人所得税，这一经济性重复征税问题难免会制约企业发展，应当受到应有的关注。

3.2.1 公司法人本质的争论与经济性重复征税

根据传统的公司所得税课征方式，对经营所得在公司层面课征公司所得税，对已分配的利润在自然人股东层面还要课征个人所得税，这种对公司法人与自然人分别课征所得税的方式被称为古典制（classic system）。在古典制下，对股利征收两道所得税是否构成经济性重复征税，实际上受到对法人本质认识不断更新的影响，而大陆法系国家和英美法系国家对不同法人本质学说的吸收，也影响了其各自所得税制度的设计形式。

1.两大法人本质学说与所得税税制设计

（1）法人拟制说与法人实在说

近代公司的经营活动和近代国家对公司活动的立法举措，促使人类对法人本质①的认识走向系统化和理论化。②19世纪初期，以萨维尼（Savigny）为代表的法人拟制说（或法人虚拟说）认为，只有自然人才具有完全行为能力，法人不过是运用法律手段人为拟制而成，由于法人资格是人为设定的，法人并没有自主意志，其一切行为是由一个（或若干个）自然人行使的。③因此，公司法人是通过自然人的意志实现营利，其自身

①关于法人本质，学界主要有三种观点：法人拟制说、法人否认说和法人实在说。由于法人否认说否认法人的存在，难以适应社会经济生活的需要，因而，在公司法人存在的既成事实下，法人实在说和法人拟制说更具有探讨意义。

②左婧. 法哲学视界下的法人本质理论——兼论多重法人本质说的法哲学依据[J]. 沈阳工业大学学报（社会科学版），2017(4).

③龙卫球. 民法总论[M]. 北京：中国法制出版社，2001：360.

并无营利的完全行为能力，仅是将利益传送给股东的导管（pass-through），对这一利益应该只征收一次所得税。对法人本质的争议始于1868年，[①]以基尔克（Gierke）为代表的法人实在说认为，法人并非法律拟制出来的主体，而是一种客观存在的实体，同自然人一样，具有自主意志，可以依法独立享有民事权利和承担民事义务，是一种独立的民事权利主体。[②]基于这一观点，公司法人的意志与其股东的意志是分开的，具有追逐利润的完全行为能力，因而公司法人具有独立纳税能力，应对公司法人与作为自然人的股东分别征税，并不存在股利的重复征税问题。

不同的法系对公司法律性质的发展认识根植于不同学说，其中，英美法系受法人拟制说的影响更大，而大陆法系则受到法人实在说的影响程度更深。[③]这种影响直接导致各国最初引入所得税制度时，对公司已分配利润采取了不同的处理方式。

（2）法人本质学说影响下的所得税制度设计

作为英美法系的重要代表，英国于18世纪末初创所得税，随后几十年间时征时停，后来英国政府为了实现鼓励自由贸易与保持财政收入的双重目标，使用所得税替代关税，英国于1842年将所得税以法案的形式永久确定下来。[④]当时英国所得税的课税对象包括个人和公司，并没有专门的公司所得税，但是，如果公司发放给股东的利润在公司层面已然缴纳了所得税，这部分税收可以在缴纳个人所得税时予以扣除。[⑤]现在看来，英国当时使用的方法类似于归集抵免制方法。可见，在法人拟制说的影响下，英国在最初设计所得税制度时，充分考虑了公司传递给股东之利润的

①谢鸿飞. 论民法典法人性质的定位:法律历史社会学与法教义学分析[J]. 中外法学,2015(6).

②江平. 民法学[M]. 北京:中国政法大学出版社,2000:131-134.

③焦娇. 论公司代表人的法律性质[J]. 河南财经政法大学学报,2014(2).

④庞凤喜. 税收原理与中国税制(第五版)[M]. 北京:中国财政经济出版社,2017:135.

⑤Walsh A,Sanger C. The Historical Development and International Context of the Irish Corporate Tax System[R]. EY Financial Services Ireland,2014.

重复征税问题。1920年，英国引入了“公司利润税”（corporation profits tax），但并非现代意义上的公司所得税，此外，公司仍然需要缴纳所得税（income tax），这时，所得税扮演的实际上是一种附加税（surtax）的角色。[①]1947年，英国公司所得税正式成为独立税种，并在1973年重新回归到归集抵免制，[②]在此之前，英国公司所得税采行过一段时间的古典制模式。[③]

作为英美法系的另一个代表国家，美国所得税的发展路径较为特别，1909年首先对公司课征所得税，不久之后，1913年对个人所得和公司所得均课征所得税，公司所得适用1%的税率，个人所得的边际税率从1%到6%不等，从公司取得的股利可以在个人层面进行一定比例的抵免。可见，同属英美法系，美国的公司所得税在最初设计时已开始注意到经济性重复征税问题。但是，经过20世纪30年代的一系列制度调整，美国的公司所得税从归集抵免制转为古典制，对于这一变化的原因，在学界尚未达成一致意见。[④]不过，有研究者认为，这种变化是由于美国法学界逐渐不再认可法人拟制说这一理论。[⑤]

作为大陆法系的典型代表，德国于1891年引入所得税制度，对公司和自然人分别征税，属于古典制模式，[⑥]但在公司申报所得时，可以减去

①Cogan D. The Wartime Origins of the Irish Corporation Tax [J]. Irish Journal of Legal Studies, 2013(3).

②Kay J A, King M A. The British Tax System[M]. Oxford: Oxford University Press, 1990:164.

③Prest A R. The Royal Commission on the Taxation of Profits and Income [J]. Economica, 1956 (23).

④ Bank S A. Anglo-American Corporate Taxation: Tracing the Common Roots of Divergent Approaches[M]. New York: Cambridge University Press, 2011.

⑤ Bank S A. Anglo-American Corporate Taxation: Tracing the Common Roots of Divergent Approaches[M]. New York: Cambridge University Press, 2011: 5.

⑥Walsh A, Sanger C. The Historical Development and International Context of the Irish Corporate Tax System[J]. A report commissioned by the Irish Department of Finance, EY, 2014.

所得的3.5%，以试图避免在公司和股东之间的重复征税。1906年，公司所得税扩展至新的公司类型——有限责任公司（GmbH），[①]由于GmbH这类公司更多体现了人合性的特点，德国对这类公司股东的股利所得免税。[②]可见，在法人实在说的影响下，德国对更具人合性的公司类型只征收一道所得税。1953年，德国开始对所有公司的已分配利润征收较低的公司所得税，[③]同时取消公司股东之股利所得免税的做法，为不同类型的公司提供了相对平等的税收环境。

2.两大法人本质学说的调和以及对股利经济性重复征税的肯定

事实上，法人拟制说和法人实在说并非是对立而不可调和的，两大学说分别适应了所处的社会背景。某些情况下，公司的完全行为能力可能是由于法律拟制使然，二者并非是绝对对立的，法学界对于两大学说的分歧和统一也始终存在着争论。

例如，在美国，两种学说各有其适用的时代。整个19世纪，美国法学界普遍认同法人拟制说，当时政府允许每设立一个公司，就对其各方面颁布专门的法令，凸显了公司被法律“拟制”的特点。[④]这一时期的公司虽然是独立实体，但公司仍然属于其投资者，[⑤]公司的行为是股东行为的构成。后来，法人实在说在美国法学界得到过短暂的认可，随着

---

①1892年，德国《有限责任公司法》造就了这一新的公司类型，德国的有限责任公司比股份公司拥有更紧密的股东与公司之间的关系，是经过改良的资合性公司，融合了人合性的特征，并且，大概70%的有限责任公司是由3到5名股东组成的，人合性的特点极为突出。资料来源：胡晓静. 德国商事公司法[M].北京: 法律出版社，2014: 5-6.

② Hallerberg M. The Political Economy of Taxation in Prussia, 1871-1914 [J]. Jahrbuch fur Wirtschaftsgeschichte. 2002(2).

③即分离税率制，未分配的利润适用较高的税率，已分配的利润适用较低的税率。

④施晓红. 公司法人的法人所有权探讨——以英美法系公司法人本质理论为视角[J]. 武汉大学学报：哲学社会科学版，2008(5).

⑤Bratton Jr W W. The New Economic Theory of the Firm: Critical Perspectives from History[J]. Stanford Law Review, 1989(6).

由专门经理人管理的公司出现，作为自然人的股东将公司管理的权利让渡给经理人，公司法人的自主经营能力受到了质疑，从而对法人实在说又提出了新的挑战。

在现实应用中，法人拟制说和法人实在说是彼此渗透且相互调和的。在这种调和的观点下，基于法人实在说的古典制继续对公司所得课征两道所得税，难免不断受到质疑。特别是在由职业经理人管理的公司，公司分配股利并非出自公司法人的行为能力，对其适用古典制模式就不再合适。

既然两大法人本质学说在法学界尚未形成共识，那么，对公司股利的税收制度规定，就不应再单纯地基于对法人拟制说还是法人实在说的认可。特别地，我国商业组织形式的多元化以及《民法典》的颁布，也对原本基于法人实在说的企业所得税理论提出了挑战。一方面，2018 年《公司法》修正之后，依然明确承认一人有限责任公司，作为公司法人，由一个自然人出资成立的一人公司，其实际的生产经营决策是由股东完成的，从这一角度看，一人公司实际上具有法人拟制的特点。另一方面，2020 年 5 月通过的《中华人民共和国民法典》将民事主体确定为三种：自然人、法人和非法人组织，正式将个人独资企业和合伙企业确立为一种独立的民事主体类型，与自然人、法人一样都可以独立行使权力，在其财产范围内独立承担责任。这一变化又赋予了原本作为“导管”为投资人输送利益的个人独资企业和合伙企业以相应的民事行为能力，使得这两类企业符合法人实在说理论下的“独立存在的实体”，并非仅仅是利益“导管”，但这两类企业和其股东并未作为两个独立的纳税主体分别缴纳所得税，企业所得仅需缴纳个人所得税。因此，为了不对任何一种商业组织形式造成税收上的歧视，应当对股利的经济性重复征税问题加以解决。

3.2.2 免除经济性重复征税的主要方法与演变趋势

在各国的税收实践中，免除经济性重复征税的主要方式可以从两个层面着手，在公司层面可以使用股利扣除制和分离税率制，在股东层面可以采用股利免税制和归集抵免制。

1.免除经济性重复征税的主要方法

(1) 股利扣除制 (dividend deduction system)

股利扣除制是指允许公司分配利润和债务利息做出同样的税务处理，将分配股利从公司应税所得中予以部分或全部扣除。该方法免除经济性重复征税的程度取决于股利可扣除的比例，当允许已分配股利从应税所得中全部扣除时，则可以完全消除经济性重复征税，对股利所得部分只征收个人所得税。

此方法的优点在于，实现了对股权融资和债权融资在税收上公平对待之目的，缓和了股利税收负担对公司筹资方式的扭曲。但缺点在于，利息费用是以权责发生制为基础，在计算应税所得额前已经预先确定了扣除额，而股利只有等到实际分配时才能确定数额，因此实现起来有一定的难度。此外，在该方法下，如果公司所得税率低于个人所得税率，企业仍然有动机不分配利润，那么，公司分配利润的积极性将受到公司和个人的所得税税率差异影响。对于股利扣除制，各国始终保持审慎的态度。例如，1996 年，在 16 个欧盟国家中，没有一个采用股利扣除制，因为在不征收预提所得税的情况下，该方法不但会使得国外投资者直接享受股利税收减免，而且不能在公司和股东之间形成天然的反避税机制。[①]如若公司发放股利缴纳的公司所得税可以在股东层面抵免，那么，由于公司所得税缴纳的多少与股东利益直接相关，股东就成为公司是否依法纳税的监督者，但

① Cnossen S. Reform and Harmonization of Company Tax Systems in the European Union [M]. London: Research Centre for Economic Policy, 1996:5.

是，股利扣除制切断了公司缴纳所得税与股东之间的这种天然联系。近些年来，股利扣除制并未被世界主要国家广泛采行。

(2) 分离税率制（split-rate system）

分离税率制将公司的已分配利润和未分配利润区别对待，对已分配利润适用较低的税率，对未分配利润适用较高的税率。这一方法在消除经济性重复征税上的效果没有股利扣除制彻底，且在计算上更加复杂。对于公司而言，不但要在计算应税所得额之前明确分配多少股利，还要对已分配和未分配股利分别适用不同的税率。对于征税机关而言，确定两种税率之间的差异也是较难把握的。历史上，日本为了扶持资本市场的发展，曾于1961年对股利实行了分离税率，两部分利润的税率差距为12%，但随着资本市场的逐渐成熟，在1990年开始逐步放弃分离税率制。①德国也采行过分离税率制，将其与归集抵免制配合使用，但在2001年的税制改革中放弃了这两种方法，转向股利免税制（股利所得按50%计征），②并且，将股利所得适用的最高边际税率从31.1%降低至25.6%，③目前，德国股利所得的个人所得税率为26.38%。④

(3) 股利免税制（dividend exemption system）

股利免税制，是将股东的股利所得全部或部分免征个人所得税，一种方式是在计算个人所得税应纳税额时，全部或部分免除股利所得，另一种方式是给予股利所得优惠税率或零税率。该方法操作简便，税收征管成本较低，但存在公司因过度分配利润有损长远发展的可能，对个人所得税的收入调节功能也有一定影响。

---

①曾留中. 从国际税制比较谈个人所得税与企业所得税的一体化[J]. 河南税务，2001(16).

②Sørensen P B. The German Business Tax Reform of 2000: A General Equilibrium Analysis [J]. German Economic Review，2002(4).

③根据 OECD Tax database，Table II.4 中 2016 年的资料整理。

④根据 OECD Tax database，Table II.4 中 2021 年的资料整理。

譬如，芬兰就采用股利免税制来消除经济性重复征税，但并非完全不对股利所得征税，而是配合以较为完善的个人所得税制：如果年化收益率低于8%的股利所得不超过150万欧元，那么，其中75%不需要缴纳个人所得税，剩余25%需要缴纳个人所得税；超过150万欧元的部分，仅对超过部分的15%免税；年化收益率超过8%的股利所得将被视为劳动所得，仅对其中的25%免税。[①]对股利所得实施累进税制，并且将较高收益率的股利所得视为劳动所得，降低其免税程度，可以有效发挥个人所得税调节收入差距以及平衡劳动所得和投资所得之税负的作用。

(4) 归集抵免制（imputation system）

归集抵免制，是指已分配股利在公司环节缴纳的公司所得税，可全部或部分抵免股东阶段的个人所得税。已分配股利缴纳的公司所得税全部抵免股东个人所得税的，称之为全部抵免制；仅能部分抵免的，称之为部分抵免制。可以抵免的比例越高，消除经济性重复征税的程度则越高。尽管归集抵免制的计算过程稍显复杂，但是公司分配利润的动机不会受到公司和个人所得税率差异的影响，若股东适用税率高于抵免率，则须补税，若股东适用税率低于抵免率，则可退税。[②]从这一角度来看，公司实际上扮演的是股东股利个人所得税扣缴义务人的角色，这正是税收理论支持对公司征收所得税的原因之一。[③]

第二次世界大战结束以后，归集抵免制在西欧国家一度得到广泛采纳，并有效消除了经济性重复征税的问题。[④]然而，若两国之间没有税收协定，归集抵免制的税务处理会对国外投资取得的股利和外国投资者在本

①根据 OECD Tax database，Table II.4 中 2021 年的资料整理。

②马蔡琛. 免除经济性重复征税的方式及对我国的借鉴[J]. 山西财经大学学报，2003(1).

③OECD. Fundamental Reform of Corporate Income Tax [M]. OECD Tax Policy Studies，No. 16，OECD Publishing，2007: 9.

④Ault H J. Corporate Integration，Tax Treaties and the Division of the International Tax Base: Principles and Practices [J]. Tax Law Review，1991(47).

国取得的股利形成歧视。在欧盟法院的强有力影响下，爱尔兰、德国、芬兰、法国、意大利纷纷在20世纪末和21世纪初放弃了归集抵免制，不过，这些国家同时也下调了公司所得税的税率。①与之形成对比的是，澳大利亚始终坚持归集抵免制。不过，税基侵蚀情况的变化，则间接强调了归集抵免制的优点：放弃归集抵免制之后，这些欧洲国家本国公司所得税的税基侵蚀问题开始凸显，而这一问题在澳大利亚则呈现下降的趋势。②澳大利亚对归集抵免制的坚持，充分展示了归集抵免制解决经济性重复征税问题的可操作性和优越性。

2.主要国家免除经济性重复征税的选型现状与演变趋势

目前，世界上主要国家对股利征税方式的选型如表3.2所示，有13个国家采用古典制，其中有11个属于欧盟成员国。由于拥有众多跨国公司的分支机构，对于国内外股利所得的税收征管较为复杂，荷兰在历史上始终坚持古典制；以日本、美国为代表的7个国家采用的是修正的古典制(modified classical system)。所谓修正的古典制，是在古典制的基础上适当消除经济性重复征税。选择在公司阶段消除重复征税的国家较少，目前，只有马来西亚选择股利扣除制，对股利所得适用“单层税制”（single-tier system），③没有国家选择分离税率制。致力于消除经济性重复征税的国家，往往选择在股东环节进行消除，爱沙尼亚、芬兰、卢森堡、土耳其选择股利免税制，澳大利亚、新西兰、英国等7个国家选择归集抵免制。

---

①Ainsworth A. Dividend Imputation: the International Experience [J]. The Journal of the Securities Institute of Australia, 2016(1).

②Amiram D, Bauer A M, Frank M M. Tax Avoidance at Public Corporations Driven by Shareholder Demand: Evidence from Changes in Shareholder Dividend Tax Policy[R], Working Paper. 2014.

③Deloitte. International Tax Malaysia Highlights [EB/OL], 2018: https://www2.deloitte.com/content/dam/Deloitte/global/Documents/Tax/dttl-tax-malaysiahighlights-2018.pdf.

表 3.2 世界主要国家公司所得税的税制类型

古典制	修正的古典制	股利扣除制	分离税率制	股利免税制	归集抵免制
拉脱维亚、德国、法国、意大利、西班牙、比利时、荷兰、立陶宛、冰岛、斯洛文尼亚、以色列、爱尔兰、奥地利	日本、希腊、葡萄牙、瑞士、波兰、丹麦、美国	马来西亚	无	爱沙尼亚、芬兰、卢森堡、土耳其	澳大利亚、墨西哥、新西兰、加拿大、智利、韩国、英国

数据来源：根据 OECD Tax database，Table II.4，May 2018 版本和《世界税制现状与趋势（2017）》一书整理。

从目前各国对股利税制的选型来看，古典制是主导模式，然而，各国的选择是在不断探索中逐渐变化的，总体而言呈现两个特征：

第一，一些采用古典制的国家逐渐开始消除经济性重复征税，从古典制向修正的古典制过渡，美国是其中的典型代表。美国最初采行的是古典制，然而，1958 年，国会为了顺应人们想要通过公司形式参与经济活动，但又不愿承担双重征税的愿望，在《国内税收法典》（Internal Revenue Code）中，对一些公司（满足特定条件的小型商业经营公司）的所得，只课征股东层面的所得税，①因其在《国内税收法典》的 S 章进行规定，所以称之为 S 公司。相应地，古典制模式开始仅适用于税法上的 C 公司，②但对于 C 公司的经济性重复征税问题，直到 20 世纪末才开始得到关注。1992 年，美国财政部发布了《个人所得税与企业所得税一体化：对公司收入只征一次税》的研究报告，对股利经济性重复征税、股利和资本利得税率的差异等问题进行讨论，初步展示了对经济性重复征税问题的重视。③

①李刚，朱智跃. 美国公司所得税制的实践及其对我国的启示[J]. 税务与经济，2008(6).

②对此类公司的税收规则主要规定于美国《国内税收法典》的 C 章，因而得名 C 公司。

③United States. Dept. of the Treasury. Report of the Department of the Treasury on Integration of the Individual and Corporate Tax Systems: Taxing Business Income Once [M]. US Government Printing Office, 1992.

2003 年，美国国会通过《2003 年就业和经济增长税收减免法案》（2003 Jobs and Growth Tax Relief Reconciliation Act），股利所得税率在 2003 年削减 50%，在 2004—2006 年期间对股利所得免税，2007 年开始恢复按 30%税率征收。[①]此后，美国仍在考虑对古典制模式进行修正，根据 2017 年《减税和就业法案》（Tax Cuts and Jobs Act of 2017），[②]将普通股利（ordinary dividends）所得纳入个人应纳税所得，按照其所在级距（tax bracket）确定适用税率，特殊股利（qualified dividends）[③]所得则适用资本利得税率，往往低于普通股利税率。如果个人申报者的全部年普通收入（包括普通股利）为五万美元，那么适用税率为 22%，同时，该纳税人的特殊股利所得适用 15%的税率，如果其普通收入更低，特殊股利则可能适用更低的 0%税率。综上所述，美国对古典制模式的修正，主要是通过对部分股利免除税收的方式，避免对 C 公司层面的税收遵从造成干扰。

第二，归集抵免制曾在欧盟成员国中广泛采用，但受到欧盟条约的限制，大多数国家在 21 世纪初期纷纷重新转向古典制。1996 年，芬兰、法国、德国、爱尔兰、意大利和英国都使用归集抵免制来消除经济性重复征税，消除程度从 100%到 51%不等，各国对归集抵免制的认可程度比较高。[④]然而，自 21 世纪以来，欧盟国家纷纷废止归集抵免制，大部分国家选择回归古典制模式，形成了表 3.2 展示的各国选型现状。引发这一转变的重要原因在于，1992 年正式生效的欧盟条约中，第12、39、

①魏志梅. 企业所得税与个人所得税一体化的国际比较与借鉴[J]. 税务研究，2006(9).

②Congress. Tax Cuts and Jobs Act of 2017 [EB/OL].(2017-11-16)[2018-08-20].https:/www.congress.gov/115/bills/hrl/BILLS-115hrlenr.pdf.

③美国《国内税收法典》规定，若普通股利所得满足一定的要求，即投资普通股票超过 60 天、优先股超过 90 天的，可确定为特殊股利，适用资本利得税率。

④Cnossen S. Reform and Harmonization of Company Tax Systems in the European Union[M]. London: Research Centre for Economic Policy，1996:15.

43、49、56 条都包括禁止限制成员国间资本自由流动的规定。[①]条约生效的初期，欧盟国家投资者对这一规定并不敏感，但随着欧盟成员之间资本流动更加频繁，投资者逐渐意识到：自己在本国以外的欧盟国家投资取得的股利，不能获得与在国内投资取得股利一样的税收优惠或可抵免待遇，这种差异使得投资者开始诉诸本国法律，并通过欧盟法院进行裁决。

这一过程中，欧盟法院（ECJ）受理了一百多起关于欧盟成员国所得税的诉讼案件。[②]其中，2004 年欧盟法院对"曼尼宁归集抵免案"的最终判决结果认为，归集抵免制确实对芬兰居民在国外取得的股利收入造成了歧视。[③]加之欧盟新进入的成员国普遍具有更低的公司所得税率，而原有欧盟成员国也在逐渐降低税率，共同导致了芬兰在 2005 年废止了归集抵免制，开始采行部分股利免税制，股利所得的 30%免税，同时，公司所得税税率从 29%降至 26%。[④]

为了避免对在本国投资的外国股东和在国外取得股利造成歧视，许多采行归集抵免制的欧盟国家陆续转向古典制，以保证对跨国资本流动形成公平的税收待遇。不过，荷兰并未受到欧盟条约的影响，而是始终坚持古典制模式。自荷兰从西班牙独立之后，凭借先进的航海技术较早地开始对外贸易活动，后来又成立了许多著名的跨国公司，如荷兰皇家壳牌集团、飞利浦电子公司等，荷兰投资者的股利所得来源早已不限于本国，并且有

---

①Graetz M, Warren Jr A. Dividend Taxation in Europe: When the ECJ Makes Tax Policy [J]. Common Market Law Review, 2007(44).

②Kingston S. A Light in the Darkness: Recent Developments in the ECJ's Direct Tax Jurisprudence [J]. Common Market Law Review, 2007(44).

③Court of Justice of the European communities. Income Tax — Tax Credit for Dividends Paid by Finnish Companies — Articles 56 EC and 58 EC — Cohesion of the tax system. Case C-319/02, 2004.

④Kari S, Hietala H. Investment Incentives in Closely Held Corporations and Finland's 2005 Tax Reform [EB/OL].(2006-05-04)[2018-08-20].http://www.doria.fi/bitstream/handle/10024/148372/k392.pdf?sequence=1&isAllowed=y.

许多外国股东在荷兰取得股利，为了避免造成对国外投资者和国外取得股利的税收歧视，在欧盟成员国偏好归集抵免制时，荷兰也并未改变其对股利征税的模式。

3.2.3 企业与个人所得税关系的现状及其对企业的影响

1.企业与个人所得税关系的现状

目前，我国不同类型企业和投资者股利的经济性重复征税程度并不一样，上市公司分配的股利重复征税存在不同程度的免除，而对非上市公司分配的股利尚未采取相应的免除举措。

按照个人所得税法的规定，作为个人收入的组成部分，个人取得的利息、股息、红利所得适用比例税率，税率为 20%。2005 年 6 月 13 日，为促进资本市场健康发展，财政部和国家税务总局联合发布了《关于股息红利个人所得税有关政策的通知》（财税〔2005〕102 号），对个人投资者从上市企业取得的股息红利所得，暂减按 50%计入个人应纳税所得额，即股息红利个人所得税实际税率为 10%。2012 年 11 月 16 日，我国颁布了《关于实施上市公司股息红利差别化个人所得税政策有关问题的通知》（财税〔2012〕85 号）：自 2013 年 1 月 1 日起，个人投资者从上市公司获取的股息红利所得按持股期限（低于 1 个月、超 1 个月低于 1 年、超过 1 年）分别缴纳 20%、10%、5%的差异化股利税。2015 年 9 月 8 日，我国实施《关于上市公司股息红利差别化个人所得税政策有关问题的通知》（财税〔2015〕101 号），对差异化股利个人所得税政策进一步调整：持股个人投资者从持股超过 1 年取得的股息红利所得，暂免征收个人所得税，其他持股期限适用税率不变（参见表 3.3）。值得一提的是，自 1994 年起，转让上市公司股票取得的所得始终暂免征收个人所得税。

表 3.3　上市企业股息红利个人所得税税率变化情况

股票持有期 / 税率调整时间	1 个月及以内	1 个月至 1 年	1 年以上
2005 年	10%	10%	10%
2012 年	20%	10%	5%
2015 年	20%	10%	0%

数据来源：笔者根据历次股利所得个人所得税税率调整文件整理。

从表 3.3 可以看出，尽管先后调整上市企业股息红利个人所得税税率的初衷，并非是为了免除股利的经济性重复征税，而是为了促进资本市场的发展，然而，股利税收成本在股东层面的变化，确实解决了一些重复征税问题。特别是经过 2015 年的调整，个人投资者从上市公司持股 1 年以上取得的股利通过 0%的个人所得税税率，完全消除了重复征税问题。然而，我国上市企业数量仍然较少，仅占企业总数的一小部分，更多的是非上市企业，而个人投资者从非上市企业取得的股利并未享受任何股东层面的税收减免。

2.古典所得税模式对企业的影响

(1) 非上市企业偏好债权融资，导致企业财务杠杆过高

由于借入资金的利息成本可以在税前扣除，而已分配的股息、红利不仅难以在税前扣除，在缴纳企业所得税后，股东层面还要缴纳个人所得税。因此，非上市企业会更加倾向于债权融资，但对举债的偏好会提高企业的财务杠杆，不仅增加企业的经营风险，还会提高未来借债的成本。与上市公司股利个人所得税的差异化政策相比，非上市企业的这一问题越发突出。相关研究表明，上市公司股利税差异化改革有效降低了上市公司的财务杠杆，投资者持股越长的企业，显著降低了债权融资的比重。①但是，

①刘行，张艺馨，高升好.股利税与资本结构:中国的经验证据[J].会计研究，2015(10).

非上市企业却尚未享受到这样的利好，由于债权融资和股权融资之间的成本差异，使得非上市企业在二者之间的自主选择空间极为有限，不利于企业的长远发展。

(2) 企业利润分配积极性不高，不利于保护投资者利益

股利作为企业将资本返还给投资者的一种方式，是否发放股利不但影响企业的利润分配，对企业价值也会产生一定的影响，而企业股利决策行为的影响因素之一即是股利税收成本。在资本市场比较成熟的经济体，企业高管在制定股利政策时会关注股利支付的税收成本，[①]如果存在更加节税的途径将公司收益转移给投资者，那么企业就会降低股利支付率（例如通过提高股票收益率的方式与投资者共享收益）。[②]

一方面，当税制改革扩大了股利所得税率与资本利得税率差异的时候，个人投资者为第一大股东的企业会进一步减少股利的支付力度。[③]我国对上市公司股票交易尚未征收资本利得税，股利税率与资本利得税之间的差距，很容易诱导企业少分配或不分配股利。另一方面，随着对个人投资者的减税，企业的股利支付力度大大增强，美国2003年对投资者股利的减税，使得支付股利的企业数开始逆转以往逐年递减的趋势[④]，我国2005年股利所得“减半征收”的政策，也增强了上市公司现金分红决策的积极性，[⑤]而2015年实施的差别化股利税收政策，使得

①Brav A, Graham J R, Harvey C R, et al. Payout Policy in the 21st Century[J]. Journal of Financial Economics, 2005(3).

② Auerbach A J, King M A. Taxation, Portfolio Choice, and Debt -Equity Ratios: A General Equilibrium Model[J]. The Quarterly Journal of Economics, 1983 (4).

③Perez-Gonzalez F. Large Shareholders and Dividends: Evidence from US Tax Reforms[EB/OL]. (2002-09-20)[2018-08-20].https://ssrn.com/abstract=337640 or http://dx.doi.org/10.2139/ssrn.337640.

④Chetty R, Saez E. Dividend Taxes and Corporate Behavior: Evidence from the 2003 Dividend Tax Cut[J]. The Quarterly Journal of Economics, 2005 (3).

⑤杨宝，刘莎. 股息税“减半”征收影响了公司分红决策吗?——财税〔2005〕102号文件的经验证据[J].税务与经济，2015(5).

公司高管这类特殊长期投资者的股利个人税收成本为零，导致高管持股比例越高，现金分红水平越高，在一定程度上缓解了公司普通股东与高管之间的利益冲突。①

值得一提的是，上市企业股利支付主要采用两种方式：现金股利和送红股，尽管这两种股利适用相同的个人所得税税率，但是二者的税基不同。现金股利的计税基础为实际股利金额，而送红股的税基为股票面值（即 1 元），②在需要缴纳股利个人所得税时，这两种股利的税基差异，也会影响投资者的利益。例如，2018 年 3 月 29 日，民生银行拟向公司股东每 10 股派发现金股利人民币 0.3 元（税前所得），并每 10 股派送股票股利 2 股。在现行差异化股利税负政策下，若 A 股市场某个人投资者持股时间在一个月内，适用 20%的税率，那么，本次民生银行的股利分配方案，将导致该投资者每 10 股需要缴纳个人所得税 0.46 元［(2+0.3)×20%］。③在这种情况下，个人投资者不但没有实际收到现金股利，还要额外缴纳0.16 元的税收，这显然并非股利税负差异化政策的初衷。

综上所述，股利税收成本确实会影响公司的股利政策，当股利税收成本降低时，企业的股利支付力度往往增强，但股利支付方式的选择，有时也会对个人投资者的利益产生负面影响。目前，我国资本市场成熟度尚显不足，上市企业发放股利意愿不强，发放时对个人投资者的利益关切程度不高。不难想象，当非上市企业个人投资者的股利所得仍需缴纳 20%的个人所得税时，对这类投资者的利益保护程度难免会更低。

---

①刘爱明，周娟.高管持股、现金股利与代理成本——基于 2015 年差别化股利税政策的实证检验[J]. 金融与经济，2018(5).

②孙刚. 税制改革、税负异质性与中国上市公司股利政策研究［M］. 杭州：浙江大学出版社，2013:4.

③陈绍霞. 民生银行 10 送 2 派 0.3 元：股民或倒贴钱缴纳红利税[EB/OL]. (2018-04-06)[2018-10-29]. https://finance.ifeng.com/a/20180406/16060399_0.shtml.

(3) 扭曲企业对组织形态的选择

根据我国现行企业所得税法，企业所得税的纳税人必须具有法人资格，个人独资企业和合伙企业因而不缴纳企业所得税，而是分别按照个人所得税中的“个体工商户”税目征收个人所得税。

为了方便对比企业法人和非企业法人参与市场获取经营所得的税收负担，本节以一人有限制责任公司（企业法人）和个人独资企业（非企业法人）经营所得的税收负担为例加以分析。假设二者 2018 年的税前所得均为 150 万元，如果选择通过一人有限责任公司参与市场，并将全部所得分配给股东，两种组织形态在企业和个人阶段各自应缴纳的所得税如表 3.4 所示：

表 3.4　不同组织形态投资者税收负担比较

组织形态	一人有限责任公司	个人独资企业
经营利润	1500000	1500000
企业所得税	375000	0
税后经营利润	1125000	1500000
分配股利	1125000	1500000
个人所得税	225000	510250
税后个人收入	900000	989750
投资者实际总税负	600000	510250
投资者实际税率	40%	34%

不难看出，在上述情况下，投资者选择以个人独资企业的形式参与市场的税收负担更小。实际上，只要一人有限责任公司不符合小微企业的条件，就需要适用 25%的企业所得税标准税率，那么，在同样的税前所得(利润全部分配）下，个人独资企业投资者的所得税税后收入，总是高于一人有限责任公司投资者的税后收入。也就是说，前者的税收负

担小于后者。[①]只有当一人有限责任公司符合小微企业的认定条件时，个人投资者选择通过注册公司的方式参与市场的实际税收负担，才会低于个人独资企业形式的税收负担。[②]

可见，在现行的所得税制下，股利的经济性重复征税确实会造成不同组织形态的税收负担差异。经济性重复征税使得投资者有动机将组织形态从公司形式转向其他形态，这种转变除了减少企业所得税税源，也不利于发挥个人所得税对不同来源收入的调节功能。此外，公司制度历经一个多世纪的发展已经充分展示了其优越性，放弃选择公司形式参与经济活动，也意味着放弃了公司的优势，例如对债务的清偿仅负有限责任。这种组织形态的转移在历史上确实存在过，1986 年开始，随着美国个人所得税税率相较公司所得税税率大幅降低，越来越多的商业收入是通过“导管”（pass-through）企业获取的。[③]在 1980 年，“导管”企业收入仅占美国总营业收入的 20%，随着选择“导管”企业形式的投资者越来越多，这一数据在 2011 年已经超过总营业收入的 60%。[④]我国对合伙企业这类“导管”企业的税务处理也存在类似问题，随着个人所得税改革进程的不断加快，经济性重复征税对组织形态选择产生的影响也会凸显出来。

---

①具体计算过程如下：假设税前所得为 X，那么，一人有限责任公司投资者缴纳企业所得税和个人所得税后的收入为 0.6X，个人独资企业投资者缴纳个人所得税后的收入为 0.65X+14750。

②具体计算过程如下：假设税前所得为 Y（Y≤100 万元），那么，一人有限责任公司投资者的税后收入为 0.72Y，个人独资企业投资者缴纳的税后收入为 0.65Y+14750，当 Y≤100 万元时，0.72Y 总是大于 0.65Y+14750，因此，对于投资者而言，选择一人有限责任公司的形式税收负担更低。

③Pomerleau K. Eliminating Double Taxation through Corporate Integration [J]. Economist，2015（453）.

④Internal Revenue Service，SOI Tax Stats - Integrated Business Data，1980 - 2008: http://www.irs.gov/uac/SOI-Tax-Stats-Integrated- Business-Data; Internal Revenue Service，Business Tax Statistics，2009 - 2011，http://www.irs.gov/uac/Tax-Stats-2.

3.2.4 企业所得税与个人所得税有效衔接的路径选择

1.取消上市公司股利差异化政策，施行股利免税制

目前，我国上市企业的股利已经通过部分股利免税制降低了个人投资者股利所得的税负，实现了持股超过 1 年获得股利的经济性重复征税完全免除。但是，股票股利和现金股利税基的差异，可能会导致上市公司个人投资者的利益受损。并且，我国企业更多属于非上市企业，仅免除上市企业的股利重复征税，对大量的非上市企业并不公平。因此，可以考虑尽快统一上市企业和非上市企业个人投资者的股利所得负担，将股利免税制作为一种过渡性方式。

在近期之所以选择股利免税制，是基于两点考虑：第一，对于纳税人来说，股利免税制的税收遵循成本（特别是个人的遵循成本）较低，不需要企业在计算应纳税额时提前确定分配多少股利，如果是部分股利免税制，仅需要在发放股利时扮演好扣缴义务人的角色，将股东应缴股利所得税额扣除之后发放给股东即可，如果实行全部股利免税制，则更为简便。第二，对于征收部门而言，股利免税制可以部分或完全减轻其征收股利所得个人所得税的征管成本，不需要额外增加征管业务负担。此外，上市公司个人股东股利差异化政策已经为征管部门积累了一定的经验，将其推广至所有居民企业，在短期内是可行的。

在一定时间范围内，对全部企业股利所得部分（或全部）免税，可以鼓励企业分配股利，保护投资者利益，提高投资积极性。然而，从长期来看，对股利所得免税不符合个人所得税调节收入分配的目的。如果未来继续对资本利得免税，再加上对股利所得免税或轻税，而对工资、薪金等勤劳所得实行累进税制，这样的个人所得税制会愈发鼓励人们通过资本来获取收入，影响自然人纳税人努力工作的积极性。因此，使用股利免税制消除经济性重复征税并非长久之计。其实，从各国实行资本利得课税的实践看，资本利得课税收入在各国税收收入中所占的比重微乎其微，其平均值仅为0. 5%左右，但其对宏观经济运行的调节作用却是不容忽视的。[①]从长期来看，未来应当对资本利得征税，并将投资所得纳入个人综合所得，走向更加全面、公平的综合所得税制。

2.适时从股利免税制转向归集抵免制

随着税收征管水平提高，居民纳税意识增强，从长期来看，应当选择归集抵免制作为消除经济性重复征税的方式，并且尽快恢复征收资本利得税。尽管许多过去采行归集抵免制的欧盟国家纷纷放弃这一方法，但如前所述，这些国家的选择主要是受到欧盟条约的制约，欧盟国家间资本的频繁流动也放大了归集抵免制的缺点。

然而，无论是我国个人投资者在国外投资，还是国外投资者在我国投资的情况，都远没有欧盟成员国之间那么频繁，并且，截至2022年6月底，我国已与109个国家（地区）正式签署了避免双重征税协定，其中与105个国家（地区）的协定已生效，[②]覆盖了大多数与我国频繁贸易往来的国家，对各国投资者在彼此国家间取得股利都有一定的税收优惠待遇。这在很大程度上减轻了使用归集抵免制可能形成的税收歧视，使得在税收征管水平更加理想以后，在消除股利所得经济性重复征税的同时，可以充分享受归集抵免制的优势：其一，在公司层面上，已分配股利仍然需要缴纳企业所得税，不会过度鼓励企业发放股利。由于已分配股利缴纳的企业所得税可以在股东缴纳个人所得税时进行抵免，具有话语权的大股东也不会支持过度留存公司收益的股利政策，因此不会对公司制定股利政策产生扭曲。其二，在股东层面，股利已缴纳的公司所得税，可以按照一定的抵免率来抵免需要缴纳的个人所得税，免去因为缴

①黄凤羽.资本利得课税刍议[J].云南财贸学院学报，1997(5).

②数据来源：国家税务总局网站 http://www.chinatax.gov.cn/chinatax/n810341/n810770/common_list_ssty.html.

纳两道所得税造成的投资收益损失，同时，这种非直接免税的方式仍然可以发挥一定的收入调节功能。

3.归集抵免制推行成熟以后，需要考虑对非法人组织征收企业所得税

在税收征管部门和自然人纳税人适应了归集抵免制下的企业所得税征收办法之后，应考虑将已经具有独立民事行为能力的个人独资企业和合伙企业这两类非法人组织，纳入企业所得税征收对象，并同时适用归集抵免制。这两类企业的投资者可以将股利所得已缴纳的企业所得税，抵免需要缴纳的个人所得税。

从法理上看，是否具有法人人格并不是取得企业所得税纳税主体资格的决定性因素，对企业法人和非法人组织在企业所得税上的区分征收，会造成投资者对组织形态选择的扭曲。因此，在成功推行归集抵免制后，应当适时取消对个人独资企业和合伙企业仅征收个人所得税的办法，转为征收企业所得税，为不同类型企业营造公平的竞争环境。

3.3 房产税：基于调控房价与充实地方税的斟酌取舍①

1994 年的分税制财政体制改革，按税种划分了中央税、地方税和共享税，并确立了间接税的主体地位。然而，随着社会经济的发展和财税体制改革的深化，间接税易转嫁、难以体现税负公平等问题日趋明显，我国的税制结构逐步从间接税为主体走向直接税与间接税并重，应该说是一个长期发展方向。近年来，“营改增”以后的地方税缺乏主体税种，且收入规模小、税源零星分散，导致地方财权与事权颇难匹配。

在完善地方税体系和提高直接税比重的双重背景下，对居民住房开征房地产税的改革提上了议事日程。从 2003 年《中共中央关于完善社会主义市场经济体制若干问题的决定》提出“实施城镇建设税费改革，条件具

①本节由马蔡琛和朱旭阳合作完成。

备时对不动产开征统一规范的物业税，相应取消有关收费”，到2010年《中共中央关于制定国民经济和社会发展第十二个五年规划的建议》提出“研究推进房地产税改革”，再到2013年《中共中央关于全面深化改革若干重大问题的决定》指出的“完善地方税体系，逐步提高直接税比重……加快房地产税立法并适时推进改革”，兼具地方税和直接税特点的房地产税备受关注。

近年来，我国一线城市房价迅速上涨，房地产税改革也被赋予稳定房价的期待。2011年1月，上海、重庆两市试点对部分个人住房征收房产税。重庆市征收房产税后房价一度略有下降，上海市则不降反升。2013年党的十八届三中全会提出加快房地产税立法，2018年房地产税立法已写入五年立法规划。2021年10月，十三届全国人大常委会第三十一次会议做出关于授权国务院在部分地区开展房地产税改革试点工作的决定。此后，关于房产税试点城市的扩围问题，以及是否应该尽快全面推开之争论，在呼之欲出与暂缓推进之间，呈现出起伏摇摆的状态。

决策层对房地产税调控房价仍寄予厚望，而理论界则对房地产税调控房价的效果争议不断。彭加亮等（2015）对上海市房价走势进行分析，认为虽然短期内房地产税对房价的抑制作用较小，但其抑制作用将逐年增强。①而王家庭和曹清峰（2014）认为，房地产市场调控仅依赖房地产税政策，将存在较大的局限性，需结合其他手段综合调控。②白文周等（2016）、③马蔡琛和朱旭阳（2020）④则认为，房地产税对高价房有一定的

①彭加亮，高雅琦，胡金星. 房产税对上海房价的调控效应分析——基于LLS模型的实证研究[J]. 华东经济管理，2015(2).

②王家庭，曹清峰. 房产税能够降低房价吗——基于DID方法对我国房产税试点的评估[J]. 当代财经，2014(5).

③白文周，刘银国，卢学英. 沪渝房产税扩围房价效应识别——基于反事实分析的经验证据[J]. 财贸研究，2016(1).

④马蔡琛，朱旭阳. 关于我国房地产税收问题的若干思考[J]. 税务研究，2020(4).

抑制作用，但其税收功能是否应该包括控制房价仍需辩证思考。本节聚焦于我国个人住房的房地产税改革（下文提到的房地产税均特指针对城镇个人住房征收的房地产税），从目前尚存争议的话题入手，以房地产税的税收收入归属、房地产相关税收与房价的关系、房地产税的税制设计等问题为导向，尝试为中国的房地产税改革提供一些辩证思考。

3.3.1 房地产税收入归属：国际经验与我国的选择

改革开放以来，中国的城镇住房制度发生了重大结构性变革，住房产权制度从公有产权向私有产权转变，住房供给制度由计划机制向市场机制演进。20 世纪 80 年代，我国还没有完成住房市场化改革，人们普遍住的是公房，个人拥有住房的情况很少，有统计数据显示，1992 年以前，公有住房的比重大体维持在 80%左右，私有住房比重通常不到 20%，[①]且当时人们的收入有限，故而 1986 年颁布的《中华人民共和国房产税暂行条例》规定，对居民住房免征房产税。随着住房制度改革的逐渐深化，公有住房比重逐渐下降，到 1998 年国务院下发《国务院关于进一步深化城镇住房制度改革加快住房建设的通知》，标志着我国住房制度进入了全新的市场化时代。21 世纪初，随着住房市场化的完善及住房私有化催生的房价高、住房难等问题，对居民个人住房征收房产税成为热议。而由于农村住房多为农民自建，房屋产权登记信息不完善，且村与村之间较为分散，乡政府提供的公共服务相对有限，故房产税改革的焦点并不涉及农村房产。征收房产税后的税收收入应归属于哪一层级政府，则是房产税改革应首先明确的重要问题。

从世界各国房地产税的理论研究与具体实践看，房地产税构成了地方政府的主要财政收入来源。地方政府提供的公共服务（如优质的教育、便

①李正图. 中国城镇住房制度改革四十年[J]. 经济理论与经济管理，2018(12).

利的交通）与房产价值有联系，故而许多经济学家认为，房地产税适合作为地方政府的收入来源。例如，Almy（2001）梳理欧洲的房产税体系，发现欧洲国家的房产税大多归于地方政府。①Slack 和 Bird（2014）也指出，由于税基的不可转移性，房产税多由地方政府征收，以用于提供教育、交通等公共服务。②

房地产税作为地方税种已达成共识，然而我国的地方政府包括省、市、县、乡四个层级，房地产税收入具体应归属于哪一级政府，还需进一步明确。值得注意的是，由于各国的政府治理架构不尽相同，英文语境下的“地方政府”（local government），与我国的地方政府差异颇大。以美国为例，分为联邦政府（federal government）、州政府（state government）、地方政府（local government）三级。对比来看，我国则分为中央、省（自治区、直辖市）、地级市、县（市）、乡（镇）五级政府和财政，将省、市、县、乡统称为地方政府，与中央政府相对应。由此来看，我国之地方政府概念，大体上对应于很多国家的“州和地方政府”或“次国家层面政府”（sub-national level）。况伟大等（2012）通过分析 23 个 OECD 成员国的房产税占各级政府财政收入的比重，认为房产税是地方政府（其实就是基层政府）而不是州和联邦政府财政收入的主要来源。③表 3.5 中列出了 9 个联邦制国家的房产税在各级政府间的分配情况，可以看出，房产税大部分归属于基层政府。故而，在现时的中国，房地产税应作为基层政府（主要为县级和乡镇政府）的主要收入来源，④而不能由省级和市级政府过多干预，其开征权与调整权也应适度向基层下沉。

---

①Almy R. A Survey of Property Tax Systems in Europe［R］. The Ministry of Finance Republic of Slovenia，2001：13-23.

②Slack E，Bird R M. The Political Economy of Property Tax Reform. OECD Working Papers，2014.

③况伟大，朱勇，刘江涛. 房产税对房价的影响：来自 OECD 国家的证据［J］. 财贸经济，2012（5）.

④马蔡琛. 居者有其屋的财税思考［EB/OL］.（2019-10-20）［2020-02-13］.http://finance.sina.com.cn/hy/hyjz/2019-10-20/doc-iicezuev3447796.shtml.

表 3.5　部分国家房产税收入在各级政府的分配情况

单位：%

国家	联邦政府 (Federal government)	州政府 (State government)	地方政府 (Local government)
澳大利亚	0	37.4	62.6
奥地利	4.8	5.9	89.3
比利时	0.8	3.3	95.9
加拿大	0	7.8	92.2
德国	0	0	100
墨西哥	0	33.1	66.9
西班牙	0	0	100
瑞士	0	29.5	70.5
美国	0	3.3	96.7

资料来源：Enid Slack，Richard M Bird. The Political Economy of Property Tax Reform［R］. OECD Working Papers，2014：31.

1994 年分税制改革以来，地方政府的事权与财权不匹配问题，始终没有得到根本解决。而房产不能被转移，也无法被隐藏，即使是空置的房产，其所有者也需缴纳房地产税，这使得房地产税相较于其他税种更加稳定。以美国为例，2008 年金融危机对以房产税为主体税种的基层政府之财政影响相对较小，各州在金融危机中也倾向于减少对基层政府的援助。①故而房地产税可以为地方财政提供相对稳定的资金来源。

3.3.2 房地产相关税收与房价的关系：国际经验与中国现实

近些年来，随着房价的快速攀升，以税收方式调控房价的观点不断涌现。本节通过辨析房地产相关的房产税、土地增值税和个人所得税与房价的关系，探讨利用房地产税抑制房价是否可行、有无必要。

---

①［美］约翰·L. 米克塞尔. 公共财政管理：分析与应用（第九版）［M］. 苟燕楠，马蔡琛，译，北京：中国人民大学出版社，2020：411.

1.房地产税与房价关系的实证考察

房地产税是否可以作为解决高房价的一剂良方，国内外研究者一直争论不休。王敏等（2013）认为，开征房地产税可以在短期内降低房价，但有可能提高未来长期的房价。[①]Oliviero 等（2016）通过分析 34 个 OECD 成员国在 1970—2014 年间房产税与房价上涨的关系，认为并没有证据证明房产税对房价的波动有稳定作用，房地产市场的繁荣与萧条同房产税无关。[②]Lutz（2008）[③]和 Doerner（2012）[④]等都探讨了房价和房产税的关系，一致认为，在以房产价值为税基征收房产税的国家，房产税收入会随着房价的上涨而提升，而对于征收房产税是否会抑制房价，则并无定论。

从国际经验来看，美国、英国、加拿大等国征收房地产税主要是为基层政府筹集财政收入，而日本与韩国等东亚国家曾经将房地产税作为调控房价的手段。日本对个人拥有的房产征收固定资产税，标准税率为 1.4%，市政府可以根据相关规定自行确定具体税率。[⑤]但由于日本 20 世纪 90 年代的房地产泡沫破灭，房地产税与房价的作用关系已然较难判断。1997 年的金融危机使得韩国的房价下跌了 45%。[⑥]为了经济复苏，韩国政府出台了许多住房市场化措施，虽然激发了房地产市场的活力，但也助长了投机

---

①王敏，黄滢. 限购和房产税对房价的影响：基于长期动态均衡的分析[J]. 世界经济，2013(1).

②Oliviero T，Sacchi A，Scognamiglio A，et al. House Prices and Immovable Property Tax: Evidence from OECD Countries[J]. Metroeconomica，2019(4).

③Lutz B F. The Connection Between House Price Appreciation and Property Tax Revenues[J]. National Tax Journal，2008(3).

④Doerner W. M. The Effects of House Prices on Taxation and Property Valuation[D]. Florida State University，2012：125-127.

⑤Japan Federation of Certified Public Tax Accountants' Associations. Guide to Japanese Taxes 2018 [EB/OL].[2019-11-12]. http://www.nichizeiren.or.jp/eng/pdf/GuidetoJapaneseTaxes2018.pdf.

⑥Florence Lowe-Lee. Korea's Real Estate Market: Are We Overreacting to Skyrocketing Property Prices?[EB/OL].[2019-11-12].https://core.ac.uk/download/pdf/51174648.pdf.

行为，导致了房价的快速增长。为了抑制高房价，韩国于2005年引入综合房产税，借此打击房地产投机行为，抑制房价。[①]然而从近20年来韩国房价的变化可知，2005年开征综合房产税后，房价并没有出现下跌，仅仅是增幅略有减缓，[②]以综合房产税来稳定房价的目标并未实现。

从我国实践看，上海市和重庆市于2011年1月开始试点征收个人住房房产税。上海市对本市居民的第一套房产免税，第二套及以上的房产以市场交易价格的70%计算，适用0.6%的税率。[③]重庆市于2011年发布房产税试点暂行办法，又于2017年进行修订，暂以房产交易价为计税价值，分别适用0.5%和1.2%的税率。[④]而从国家统计局公布的两市2009—2018年住宅商品房每平方米的房价走势看，2011年个人住房房产税征收后，重庆市住宅商品房的房价不降反升，2014年房价有小幅下降，2016年又开始稳步上升；而上海市房价在2011年略微下降后又开始逐步上涨。由上海市和重庆市的试点可见，个人住房房产税对房价并没有明显且长期的抑制作用。

总体而言，在正常情况下，个人住房房产税改革对房价的影响相对有限，难以作为调控房价的有效手段。从这个意义上讲，只要住房刚需和购房抵御通胀风险的保值需求这一基本面不发生根本性变化，开征个人住房房产税就难以解决中心城市的高房价问题。

---

①Seong-Kyu Ha. Housing Crises and Policy Transformations in South Korea［J］. International Journal of Housing Policy，2010(3).

②OECD. Housing prices (indicator)［EB/OL］.［2019-11-21］.https://data.oecd.org/price/housing-prices.htm.

③上海市人民政府. 市政府关于印发《上海市开展对部分个人住房征收房产税试点的暂行办法》的通知［EB/OL］.(2011-01-27)［2020-02-13］.http://www.shanghai.gov.cn/nw2/nw2314/nw2319/nw12344/u26aw24523.html.

④重庆市人民政府. 重庆市人民政府关于修订《重庆市关于开展对部分个人住房征收房产税改革试点的暂行办法》和《重庆市个人住房房产税征收管理实施细则》的决定［EB/OL］.(2017-01-13)［2020-02-13］.http://www.cq.gov.cn/zwgk/fdzdgknr/lzyj/zfgz/zfgz_52609/202001/t20200119_4779079.html.

3.3.3 土地增值税与个人所得税对房价的制约效果

目前，房地产企业缴纳的土地增值税和个人转让房产需缴纳的个人所得税是房地产市场较具针对性的税种，故而本节重点梳理这两个税种的征收效果及其对房价的影响。

1.土地增值税的征收效果

我国目前的土地增值税实行四级超率累进税率，就其设计初衷而言，其实就是“房地产暴利税”。超率累进税率的设计，使得房地产开发商的毛利率越高，需缴纳的土地增值税就越多。若房地产企业的增值额超过扣除项目金额的 200%，则达到 60%的最高边际税率，再考虑企业所得税 25%的累加效应，则开发商营利的绝大部分将以纳税的形式从企业流出。这样就可以挤压房地产行业的暴利，进而有效调控房价，避免重蹈 20 世纪 90 年代初期海南房地产泡沫的覆辙。

然而，从现实看，土地增值税并没有发挥好预期的调控功能。由于房地产的开发周期较长、涉及的扣除项目较多等因素，土地增值税存在征管难、入库少等问题。[①]目前，我国对土地增值税的征收管理实行预征和汇算清缴相结合的办法。预征是对销售额等比例征税，预征率一般在1%~3%之间。这导致房价上涨时不能及时对增值收益进行调节，进而减弱了对房企暴利和房价上涨的抑制作用。2013 年 11 月央视就曾报道，2005 年至 2012 年的 8 年间，全国房地产开发企业应缴而未缴的土地增值税总额超过 3.8 万亿元。[②]尽管土地增值税的巨额欠税可能存在误读，[③]但也从侧面反

①崔晓青，葛震明. 改革土地增值税预征办法 合理调控房地产二级市场[J]. 价格理论与实践，2005(11).

②多家知名房企被曝 拖欠土地增值税 [EB/OL].(2013-11-25)[2020-02-03]. http://finance.china.com.cn/roll/20131125/1998920.shtml.

③国家税务总局. 土地增值税欠税巨额的推算存在误读 [EB/OL].(2013-11-27)[2020-02-03]. http://www.chinatax.gov.cn/n840303/c1163755/content.html.

映出其征管仍面临一些困难和压力。

2019 年 7 月，财政部会同国家税务总局起草了《中华人民共和国土地增值税法（征求意见稿）》，仍旧沿袭了先预缴后清算的办法，然而对于具体的预征率和汇算清缴办法并未细化。土地增值税的立法工作应重视预征和清缴制度的完善与细化，可以考虑对销售额分级，将预征率改为累进税率，并相应提高预征率。

2.财产转让所得个人所得税的征收效果

我国个人所得税法规定，对财产转让所得征收个人所得税，适用 20%的比例税率。然而，针对房产交易的个人所得税并未有效发挥其功能。房产转让应缴纳的个人所得税，税率本来为应税所得额的 20%，而应税所得为房产转让收入减去房产原值和相关税费等。21 世纪初，我国城镇住房结构较为复杂，仍存在公有住房、福利房等，房产原值核算较为困难。国家税务总局于 2006 年发布《关于个人住房转让所得征收个人所得税有关问题的通知》（〔2006〕108 号），规定若纳税人未能提供完整、准确的财产原值凭证、无法正确计算财产原值的，可根据实际情况核定原值或按房产收入额的一定比例核定征收，核定征收的比例在 1%~3%幅度内。而由于房产原值和相关税费的确定较为烦琐，且近年来的房价上涨较快，房产增值较多，在实际操作中，纳税人多倾向于采用核定征收的方法。在房价持续上涨的情形下，相较于按 20%的法定税率，过低的核定征收率助长了投资、投机需求，催生了房价的进一步上涨。

2018 年的个人所得税综合课征改革，对工资薪金所得、劳务报酬所得、稿酬所得、特许权使用费所得等 4 项劳动所得实施累进税率，而对房地产交易所得等资本利得课征比例税率，其实这是有悖于税收公平原则的。[①]正如恩格斯在 1845 年所指出的："为了改变到现在为止一切分担

①马蔡琛. 为何对勤劳所得征累进税率？[EB/OL].(2018-07-21)[2020-02-01].http://money.163.com/18/0721/19/DN8U4JFL00259BCQ.html#from=keyscan.

得不公平的赋税，在现在提出的改革计划中就应该建议采取普遍的资本累进税，其税率随资本额的增大而递增。这样，每一个人就按照自己的能力来负担社会的管理费用，这些费用的重担就不会像一切国家中以往的情形那样，主要落在那些最没有力量负担的人们的肩上。”①

因而，针对房产转让所得征收个人所得税应考虑分两步走。第一步，应尽快取消核定征收，按照依法治税的原则恢复20%的比例税率，充分发挥财产转让所得的个人所得税调节功能。对于实在难以确定房产原值的个别情况，也应适当调高核定征收的征收率。第二步，尽快实现个人所得税的综合课征，将房产转让所得等资本利得全部纳入综合课征范围，由20%的比例税率改为累进税率，提高房产转让的成本，遏制房地产市场的投机行为，更好地体现税收公平原则。

3.3.4 房地产税制度设计与优化的几点思考

税基和税率的确定是房地产税改革的重要一环，本节以从价税与从量税的税基选择、税收优惠的设计两个角度，探讨我国房地产税制度优化的路径选择。

1.从价税与从量税的利弊分析

房地产税改革首先需要确定其计税依据和税率形式。计税依据是房产价值，还是房产面积，税率形式是从价税还是从量税，这是颇有争议却又需要正面回答的问题。从价计征与从量计征各有利弊，确定计税依据时需要考虑多方面的因素，包括对财政收入的影响、社会公平问题、征管技术的可行性等。从国际经验看，房地产税的征收形式大致可以分为三种：

一是以房产价值为计税依据，从价计征，实行比例税率或超额累进税

①中共中央马克思恩格斯列宁斯大林著作编译局. 马克思恩格斯全集(中文1版):第2卷［M］. 北京:人民出版社,1957:615.

率，例如美国、加拿大、法国等。美国所有的地方政府（其实是基层政府）都对个人房产征收房产税，以房产价值从价征收，税率由地方政府根据年度财政支出预算和税基评估机构确定的税基价值确定。[①]以安大略省为例来看加拿大的房产税体系，该省以房产的现值为计税依据，依地方政府的税收负担和当地公共服务水平调整税率。[②]而法国房产税是以房产的租赁价值为计税依据，税率由地方政府根据财政需要进行年度调整。[③]这种方式其实隐含着“以支定收”的预算管理逻辑与思考。

以房产价值为计税依据的房地产税，对经济变动的反应较强，税收收入可随通货膨胀而增长。[④]从国际经验看，发达国家的房地产税多为从价计征。以房产价值为基础，使得地理位置优越、房屋质量好的高价值房产所有者负担更多的房产税，这在一定程度上体现了税收的公平性。但需要注意的是，这种从价征收的房地产税对房地产市场、房产评估制度和征管技术水平要求较高，房地产税改革初期便采用从价计征，将产生巨大的交易成本，这是需要保持高度警惕的。

二是以房产面积为计税依据，从量计征，例如以色列、捷克共和国等。以色列的房产税以房产面积而非市场价值为税基。[⑤]捷克也以房产面积为计税基础，具体的税额是由房产的面积、税率和地方政府确定的系数共同决定的，税务机关可以根据城市大小和房产的类型来调整房产

---

①[美]约翰·L. 米克塞尔. 公共财政管理：分析与应用(第九版)[M]. 苟燕楠，马蔡琛，译. 北京：中国人民大学出版社，2020：415.

②Enid Slack. Property Tax Reform in Ontario: What Have We Learned?[J]. Canadian Tax Journal, 2002(2).

③Irena Vlassenko. Evaluation of the Efficiency and Fairness of British, French and Swedish Property Tax Systems[J]. Property Management, 2001(5).

④Mihály Kopányi, Deborah Wetzel and Samir El Daher. Intergovernmental Finance in Hungary: A Decade of Experience 1990-2000[R]. The World Bank, 2004: 261.

⑤Portnov B A, McCluskey W J, Deddis W G. Property Taxation in Israel: A Non Ad Valorem Approach[J]. Land Use Policy, 2001(4).

税系数，对地理位置较好的房产赋予较大的系数，[①]以此缓解从量计征造成的公平问题。匈牙利的房产税体系于20世纪90年代经历了较大改革，其房产税税基由地方政府自行选择，以房产面积为基础抑或以房产评估价值为基础，而由于以房产面积为计税依据便于征收管理，除尼赖吉哈佐市之外的大多数地方政府都采用以房产面积为税基的方式。[②]整体来看，相较于西欧地区多开征以房产价值为税基的从价房产税，东欧则广泛使用以房产面积为税基的从量税。[③]应该说，这些都是符合各国国情的现实选择。

以房产面积从量计征，房地产税的实际收入会由于通货膨胀而减少，对社会公平的体现较弱，但正是由于它的稳定性，增加了税收收入的可预测性，可以为基层政府带来稳定的收入流，且征管成本低，所需数据少、对征管技术的要求也不高，更易操作和实施。印度的房产税普遍从价计征，但由于评估价值与实际价值相差过大、征管效率低等问题，一些地方政府开始了从价计征转向从量计征的改革，例如德里市。[④]对于转型国家和发展中国家而言，面对有待完善的房地产市场和房产登记制度，以房产面积为基础征收房地产税，不失为一个相对可行的选择。

三是按房产价值划分征收区间，以房产数量为单位实行定额税率，这

①Bryson P J. The Economics of Centralism and Local Autonomy [R]. London: Palgrave Macmillan, 2010: 23-36.

②Bing Yuan, Katrina Connolly, Michael E. Bell. A Compendium of Countries with an Area-Based Property Tax[R]. Lincoln Institute of Land Policy Working Paper, 2009: 78-80.

③Enid Slack. The Property Tax in Theory and Practice [R]. Institute on Municipal Finance and Governance Working paper, 2010: 11.

④Bing Yuan, Katrina Connolly, Michael E. Bell. A Compendium of Countries with an Area-Based Property Tax[R]. Lincoln Institute of Land Policy Working Paper, 2009: 82-83.

与我国唐代时期征收的“间架税”类似，[①]英国的房产税便是如此。英国目前的房产税又称为房屋税（council tax），于 1993 年 4 月起替代“人头税”开始征收，根据住宅的市场价值评估进行分类，一般分为 8 个等级，每个等级定额征收房产税。[②]定额房产税由地方政府自行决定。以英格兰斯劳市（Slough）为例，将房产价值分为 A~H 八级，先确定 D 级税率，然后以 D 级为标准（单位房产定额税额为 1639.54 英镑），计算出各级的定额税率（单位房产定额税额最高为 3279.08 英镑，最低为 1093.03 英镑）。[③]

通过划分房产价值等级，不论大小均征收定额的税收，这与传统的从价计征房地产税体系有所不同。[④]传统的从价计征体系需要对每一处房产进行价值评估，进而确定税额，难免会消耗大量的人力物力，导致较高的征管成本。例如，坦桑尼亚每处房产每次的评估成本大约为 23 美元，[⑤]而根据《坦桑尼亚国家发展愿景 2025》预测，直到 2025 年其人均收入才有望达到 650 美元，[⑥]仅仅一次房产评估就耗费了人均年收入的3.5%，其成

---

①“间架税”就是将百姓的房产按照占地面积、修筑年代以及房屋质量的好坏，作为评判对象所征收的一种赋税。“间架税”是按房屋数量征收的，政府对房屋进行调查评估，划分为上、中、下三等房子，每一等级的房子每间每年分别征收 2000 文、1000 文和 500 文。资料来源：朱华，莫骄. 唐代间架税及其相关问题简论[J]. 唐史论丛，2016(1).

②Pope T, Waters T. A Survey of the UK Tax System[R]. Institute for Fiscal Studies, 2016: 32-33.

③Slough Borough Council. Council tax: Valuation bands [EB/OL]. [2020-02-03]. https://www.slough.gov.uk/council-tax/valuation-bands.

④ Davis P, McCluskey W, Grissom T V, et al. An Empirical Analysis of Simplified Valuation Approaches for Residential Property Tax Purposes[J]. Property Management, 2012(3).

⑤ McCluskey W J, Franzsen R. An Evaluation of the Property Tax in Tanzania [J]. Property Management, 2005(1).

⑥中华人民共和国驻坦桑尼亚联合共和国大使馆. 坦桑尼亚经济概况 [EB/OL].(2013-03-13) [2020-02-17]. http://tz.china-embassy.org/chn/lqfw/tsgk/t1021060.htm.

本是相当高昂的。考虑到房产数量和定期评估的要求，房地产税的征收成本将是巨大的。而划分征税等级这一征税方式，最重要的是确定房产属于哪一等级，避免了对所有房产的精准评估，这在一定程度上降低了评估成本。但等级划分和每一等级的税率确定较为困难，等级和税率设计不合理将严重影响地方政府的房地产税收入。

2.我国房地产税计税依据的选择

(1) 计税依据的确定

确定计税依据，是设计房地产税体系的重要一环。无论从价计征、从量计征，还是分等级定额征收，均有利有弊，需要审慎考虑各方因素和现实情况，斟酌选择计税依据。若以房产价值为计税依据，则需要专门的房产评估机构，对房产价值进行定期评估。我国是人口大国，房产众多，逐一评估不仅会产生较大的评估成本，而且需要有相关的技术支撑，征管难度较大。从重庆市房产税改革试点来看，税收试点在征收过程中阻力重重，导致征税成本过大。[①]房地产税属于个性化征收，无论国内国外，征收成本都很高，某些非官方估算的征收成本甚至占到了收入的30%。[②]此外，房产评估并不是一劳永逸的，需要定期重新评估，以保证计税依据的准确性，这会产生更大的资源耗费。

税基的确定需要考虑多方面因素，包括历史、文化以及征管的简易性，[③]政策制定者在选择税基和税率时，还需要考虑实施的可操作性和简便性。[④]开征房地产税不应局限于对高房价的抑制，其主要功能是

①曾中天. 我国存量房房产税的成本和效用分析[J]. 中国乡镇企业会计,2017(7).

②陈功. 房产税难解地方财政之忧[J]. 中国报道,2012(9).

③DE Cesare, Claudia M. General Characteristics of Property Tax Systems in Latin America [C]. 7th International Conference on Optimizing Property Tax Systems in Latin American, 2004.

④Roy Kelly. Making the Property Tax Work [R]. International Center for Public Policy Working Paper.2013:28.

为县乡等基层政府而不是省市级政府筹集财政收入。所以房地产税税制设计应优先考虑财政收入的筹集、征管效率以及社会公平等问题。而从征管的简易性考虑，按房产面积从量计征不失为现阶段房地产税改革的可行选择。

(2) 从量计征的具体实施

以房产面积为计税依据从量计征，其性质类似于目前的物业费。房地产税的具体税率由基层政府相机裁定，公共设施较好、教育优质、交通便利的区域可提高从量税税率，其税款可以更好地提供公共服务，这反过来又提高了纳税人拥有的房产价值，这也使得纳税人从心理上更容易接受房地产税。而对于公共服务质量略低的区域，设置较低的税率，虽然纳税人没有享受更优质的服务，但承担的税负也相对较低，一定程度上体现了税收公平。这种税率设计方式，促进纳税人"用脚投票"，根据自身经济条件和现实需求来选择合适的区域居住。

进一步看，还可以考虑实行"费改税"，将现行的物业费并入房地产税，由基层社区或公开竞聘上岗的服务机构，取代目前"质次价高"的物业公司，为居民社区的公共建筑、公用设备、绿化、卫生、治安等进行维护、修缮和整治。征收房地产税是为基层政府提供财政收入，进而提升地方公共服务水平，这与物业费的本源功能定位是类似的。实施这一"税费改革"政策，一方面，有利于基层政府筹集财政资金，统筹使用；另一方面，可以从心理上提升纳税人对开征房地产税的接受度，并在一定程度上节约社会成本，根治物业服务质量低劣的社会顽疾。

3.房地产税税收优惠的思考

(1) 税收优惠的效果分析

从实践的角度看，房地产税的优惠有多种方式，譬如对居民第一套住房免税、确定一定的免税面积或免税比例等。许多征收房地产税的国家都实施了一定的减免措施，例如美国针对低收入家庭的"断路器"（circuit breakers）政策、[1]对老年人或退伍军人的减免政策；[2]英国房产税的减免措施包括对只有一位成年人居住的房产折价 25%、对第二套住宅房产最高减免 50%、对空置房屋可折价甚至免税、[3]减免低收入家庭的房产税，而具体实施的减免措施取决于地方政府。[4]

需要注意的是，所有的税收优惠都是隐性补贴或税式支出，对税收收入和经济行为均有影响，进而影响社会效率和公平性。[5]房地产税的免税设计，一定程度上缩小了税基，进而造成其他纳税人的负担加重，或者当地公共服务水平的降低。而房地产税的一次性减免和比例减免又各有弊端。准予每处房产一次性减免，会激励人们出于避税目的而分割财产，而比例减免（即低于评估价值征税）可能会严重减少税收，[6]故国际最佳实践是尽量缩小减免税的范围，如爱尔兰对住宅房产征收的房产税，仅有房产税延期缴纳和对残疾人士等进行救济的规定。[7]

---

①财产税的免税政策并没有使最贫困的人享受到财产税的税收优惠，而根据人们收入水平来确定财产税的税收补助，可以减轻这个问题，即财产税的“断路器”税收抵免。如果纳税人所缴纳的财产税与其收入之间的比例超过了“断路器”法律中所规定的数额，州政府会将超额中的一部分返还给纳税人，或者减少其应纳的所得税，或者直接支付给纳税人现金，作为对所得税税收返还的一种补充。资料来源：[美]约翰·L. 米克塞尔. 公共财政管理：分析与应用（第九版）[M]. 苟燕楠，马蔡琛，译.北京：中国人民大学出版社，2020：432-434.

②Benjamin H. Harris, Brian David Moore. Residential Property Taxes in the United States [R]. Urban-Brookings Tax Policy Center, 2013: 1-2.

③自 2013 年 4 月 1 日起，英格兰地方当局可以选择对空置住房提供部分折扣甚至免税的优惠，然而对于空置超过两年的住房，地方当局可以在正常的房产税基础上收取最高 50%的额外费用。资料来源：Jo Coleman. Local Authority Council Tax Base: England 2015 [R]. Department for Communities and Local Government, 2016: 9.

④Pope T, Waters T. A Survey of the UK Tax System [R]. Institute for Fiscal Studies, 2016: 33-34.

⑤Roy Kelly. Making the Property Tax Work [R]. International Center for Public Policy Working Paper, 2013: 8.

⑥Hansjörg Bl?chliger. Reforming the Tax on Immovable Property: Taking Care of the Unloved [R]. OECD Economics Department Working Papers, 2015: 11-12.

⑦Don Thornhill. Review of the Local Property Tax [R]. Department of Finance, 2015: 15-16.

(2) 我国房地产税的税收优惠机制设计

税收优惠理论和国际经验均证实，设计不当和实施不当的减免税政策会极大地降低房地产税的效力，且导致较大的低效行为和税收扭曲。同时，针对我国目前房地产税改革呼声较高的“设置免税面积”或“第一套住房免税”，有研究认为，房地产税改革的免税面积条款会对住房市场产生挤出效应，进而会抬高小户型住房的价格，降低低收入群体购房的可能性。①而若是对纳税人的第一套住房免税，不仅在界定第一套住房时存在较大的挑战和困难，还可能会衍生出严重的社会问题，譬如，因“婚姻惩罚”效应而诱发的“假离婚”闹剧。

考虑到税收减免可能带来的社会问题，可以考虑对城镇居民全部房产征税，不进行任何减免扣除。房地产税主要是为基层政府提供财政收入，进而提升公共服务水平，其定位类似于目前的物业费，而对于物业费的管理，并没有第一套住房不交物业费或存在一定面积免交物业费之规定。对房地产税征收不考虑任何扣除，增强了税制的可操作性，且降低了征管成本。同时为照顾中低收入者，可考虑参照某些国家的“断路器”政策，设置一个房地产税税额占家庭可支配收入的比例，超出比例的部分可予以免税或者退税。

综上所述，考虑到深化财税体制改革、地方税主体税种缺失的实际情况，以及提高直接税比例、促进地方财源建设的现实需要，普遍开征房地产税势在必行。我国的房地产税改革应首先明确房地产税的功能定位，即为基层政府提供主要的财政收入，而不应以抑制高房价为主要目的。其次，斟酌选择从价征收与从量征收，应充分意识到从价征收方式的局限，考虑以房产面积为税基的从量征收，税率由基层政府自行确定，在广泛听取民意的基础上，报同级人大审批并上报省级政府部门备案后付诸实施。

---

①刘甲炎，范子英. 中国房产税试点的效果评估：基于合成控制法的研究[J]. 世界经济，2013(11).

3.4 面向高质量发展的资源税改革研究①

自然资源是人类生产、生活的重要先决条件。由于自然资源的稀缺性，其有效使用也成为推动高质量发展中需要直面的问题。资源税恰恰是建立在自然资源的稀缺性以及国家对自然资源所有权基础之上，源于所有权和使用权之间关系而产生的税收制度，其效率性和公平性的特征有助于推动经济社会可持续发展（Boadway 等，1993②）。资源税的征收无论是对企业之间公平竞争、国内经济调节还是对世界市场而言，都有巨大的影响（Heaps 等，1985③；贾康，2010④），较为适当的资源税制度可以加强自然资源的财政职能，为资源和环境保护创造更好的激励措施（Bosquet，2002⑤；OECD，2021⑥）。特别是在可持续发展目标下，资源税作为促进经济发展方式转变、增强地方财政实力、抑制环境污染的重要财税手段（张海星等，2010⑦；安体富等，2014⑧），不仅为可持续发展目标的实现提供了财政资金，也可以从教育、卫生等方面推动包容性增长的实现（Raheem 等，2018⑨）。资源税作为保护自然资源、调节级差收入、筹

①本节由马蔡琛和赵笛合作完成。

②Boadway R W, Flatters F. The Taxation of Natural Resources: Principles and Policy Issues[R]. Washington, DC: World Bank Policy Research Working Paper, 1993: 1.

③Heaps T, Helliwell J F. The Taxation of Natural Resources [M]//Auerbach A J, Feldstein M. Handbook of Public Economics. North-Holland: Elsevier Science Publisher, 1985: 421-472.

④贾康.资源税改革时机已到 可促相关经济关系优化调整[J].中国财政，2010(10).

⑤Bosquet B. The Role of Natural Resources in Fundamental Tax Reform in the Russian Federation [R]. Washington, DC: World Bank Policy Research Working Paper, 2002: 7.

⑥OECD. Taxing Energy Use for Sustainable Development[R]. Paris: OECD Publishing, 2021: 11.

⑦张海星，许芬. 促进产业结构优化的资源税改革[J]. 税务研究，2010(12).

⑧安体富，刘翔. 可持续发展视角下的资源税改革研究[J]. 会计之友，2014(32).

⑨Raheem I D, Isah K O, Adedeji A A. Inclusive Growth, Human Capital Development and Natural Resource Rent in SSA[J]. Economic change and restructuring, 2018(1).

集财政收入的重要政策工具，在高质量发展的要求下，面临着进一步深化改革的重要任务。

3.4.1 高质量发展对资源税改革提出的新要求

1.产业结构转型的进一步深化

在高质量发展提出之初，产业结构转型升级就是推动我国经济高质量发展的重点内容。进入“十四五”时期以来，遏制高耗能、高排放项目的盲目发展，推动绿色转型仍然是高质量发展的重要目标。尽管各地高耗能企业的能源消耗量呈现总量下降或增速下降的趋势，但 2019 年全国六大高耗能行业的能源消费量仍达 243855 万吨标准煤，占工业能源消费总量的 76%，[①]部分省市高耗能行业的能源消费量仍旧不容忽视。而某些地方经济发展也主要依赖于资源型产业，特别是矿产资源的关联性产业。[②]因此，在今后一段时期，仍需加快推动产业结构向低耗能、绿色化方向转型。

资源税最基本的职能与作用之一，就是通过提高资源成本的方式，促进企业通过技术进步合理开发利用资源。而我国在 2010 年试点并于 2016 年开始全面实施的资源税从价计征改革，在更大程度上发挥了资源税的这一职能与作用。从价计征的资源税与资源价格挂钩，通过价格传导机制将税负传导到中下游产业和最终产品上，促进企业技术创新，带动产业结构的调整和经济发展方式的转变。[③]但是，这一调节作用也受到了税率的影响。如何进一步完善资源税的税率设置，从而充分发挥资源税与价格挂钩的调节机制，督促企业转型升级，是高质量发展对资源

①国家统计局能源统计司. 中国能源统计年鉴 2020[M]. 北京：中国统计出版社，2021：72–73.

②原伟鹏，孙慧，闫敏. 双重环境规制能否助力经济高质量与碳减排双赢发展？：基于中国式分权制度治理视角[J]. 云南财经大学学报，2021(3).

③陈龙. 资源税五大改革：财税再推“重头戏”[EB/OL].(2016-05-16)[2022-03-08].http://www.rmzxb.com. cn/c/2016-05-16/813648_2.shtml.

税改革提出的新要求。

2.区域间协调发展的新目标

高质量发展不仅是对经济发达地区的要求，更是所有地区发展都必须追求的目标。当前社会的主要矛盾已经转化为人民日益增长的美好生活需要和不平衡不充分的发展之间的矛盾。特别是在自然资源领域，自然资源分布的不均衡、资源分布与区域经济结构不匹配的特征，①一定程度上加剧了资源聚集度与地区发展之间的矛盾。如何利用资源的区域性特征，将资源优势转化为地方的财力优势，是进一步推动区域间协调发展与公共服务均等化进程中，需要正面回应的一个重要命题。

资源税筹集财政收入的职能是不容忽视的。虽然在各国实践中，资源税对财政收入的影响远小于企业所得税，但筹集财政收入一直是各国实施资源税的重要动机之一，也因此，使得资源税成为协调区域发展的重要财税工具。为了将有限的财政收入分配给发展需要的地区，部分国家将资源税作为中央税，并建立了自然资源收入共享体系（natural resource revenue-sharing system），通过指标法的分配方式，根据人口、经济发展水平、地理特征等指标，将资源税收入分配给需要财政支持的地区，在一定程度上促进了区域间发展的均衡。例如，蒙古国根据地理位置和经济发展等因素确定测算公式，来分配5%的采矿使用费和30%的石油使用费。②此外，部分国家还通过建立国家特许权使用基金（National Royalties Fund）的方式，将统一筹集的自然资源权利金用于区域间的再分配。③在我国资源税的建设过程中，为了解决区域间发展不平衡的问题，资源税从价计征改革试点

①梁进社，王红瑞，王天龙. 中国经济社会发展的资源瓶颈与环境约束[J]. 经济研究参考，2011（1）.

②Bauer A，Gankhuyag U，Manley D，et al. Natural Resource Revenue Sharing［R］. New York：Natural Resource Governance Institute，2016：25.

③Ardanaz M，Tolsa N. A Subnational Resource Curse? Revenue Windfalls and the Quality of Public Spending in Colombian Municipalities［C］. Santa Cruz：20th LACEA Annual Meeting，2015：15-17.

于2010 年率先在西部地区开展，有效增加了资源产地的财政收入，成为支持区域间协调发展的重要财税政策。然而，面对高质量发展的新要求，将资源税收入直接用于资源地区的经济社会发展，是否能达到区域间协调发展所预想的目标结果？资源税作为地方财政收入的规模体量，是否可以满足地区经济社会发展的要求？如何在资源税税率和收入归属的改革过程中正面回应这两个问题，是下一步资源税改革的重点。

3.社会高质量发展的新领域

高质量发展不只是一个单纯经济学意义上的要求。2021 年 3 月，习近平总书记强调："高质量发展不只是一个经济要求，而是对经济社会发展方方面面的总要求。"[①]社会领域的高质量发展也为资源税改革提出了新要求。

环境学家 Daly（1973）[②]和 Meadows（1998）[③]认为，人类福祉是资本形式之间相互作用的最终目标，而自然资本则是一切形式资本的基础。马克思则认为，自然条件可以归结为人本身的自然和人周围的自然。而且，外界自然条件在经济上可以分为生活资料的自然富源和劳动资料的自然富源，在文化较高的发展阶段，劳动资料的自然富源（如河流、森林、金属、煤炭，等等）具有决定性的意义。[④]因此，各国越来越多地制定政策以确保自然资源有效推动可持续增长，并为社会福祉做出积极贡献。[⑤]而资源税便是这些重要政策之一，其通过影响自然资本的形式，成为推动人

①习近平在参加青海代表团审议时强调：坚定不移走高质量发展之路 坚定不移增进民生福祉［N］. 光明日报，2021-03-08(1).

②Daly H E. Toward a Steady-state Economy[M]. San Francisco: WH Freeman, 1973: 8.

③Meadows D H. Indicators and Information Systems for Sustainable Development [M]. Hartland: The Sustainability Institute, 1998: 42.

④中共中央马克思恩格斯列宁斯大林著作编译局. 马克思恩格斯全集：第 23 卷[M]. 北京：人民出版社，1972：560.

⑤OECD. The Economic Significance of Natural Resources: Key Points for Reformers in Eastern Europe, Caucasus and Central Asia[R]. Paris: OECD Publishing, 2011: 13.

民生活高质量发展的有力工具。

一方面，资源税收入能够转化为民生支出，推动社会高质量发展。在资源税收入较多的国家和地区，来自资源税费的财政收入被用来支持教育和医疗等。例如，哥伦比亚的权利金收入大部分用于教育、健康、扶贫等项目的资助，①而美国得克萨斯州也依托资源税费建立教育资助基金并为学生提供教育机会。②另一方面，资源税促使减少能源使用、推动生态环境保护，以进一步提高人民生活质量，推动生态文明体系建设。资源税加大了煤炭等资源的使用成本，这在一定程度上影响了居民的能源消费结构，而居民消费方式的改变，反过来又可以激励企业进一步推动绿色产品升级。然而，当前由于资源税的整体税负较低，导致资源税在增加财政收入、推动生态文明建设上的整体效果并不明显。因此，如何通过资源税加快推动社会整体的生态文明建设，是高质量发展阶段对资源税改革提出的一个新课题。

3.4.2 面向高质量发展的资源税改革新挑战

自 1984 年资源税制度建立伊始，资源税改革的脚步从未停止。从制度规范的调整到计税方式的转变再到征税范围的拓展，一套由法律约束的资源税体系③已日臻成熟。首先，资源税的制度规范从 1984 年颁布的《资源税条例（草案）》逐步过渡到《资源税暂行条例》并不断修订，直至 2020 年 9 月《资源税法》正式实施。其次，资源税的计税方式从起初超

①Ardanaz M, Tolsa N. A Subnational Resource Curse? Revenue Windfalls and the Quality of Public Spending in Colombian Municipalities[C]. Santa Cruz: 20th LACEA Annual Meeting, 2015: 15–17.

②Marquez P V. Mineral Wealth for Human Development: the Texas way [EB/OL]. (2016-01-07) [2022-02-14]. https://blogs.worldbank.org/voices/mineral-wealth-human-development-texas-way.

③从全球视角看，资源税体系大多不仅包括针对资源课征的资源税，而是一个包括对资源征收的税收和收费在内的系统概念，因此，在本节中的“资源税体系”是指包括资源税和资源相关收费的广义资源税体系。

率累进的利润税形式，过渡到从量计征，并逐渐形成了目前从价计征为主、从量计征为辅的计税方式，更好地反映了资源价格变化。最后，资源税的征税范围不断扩大，已覆盖包括矿产资源和盐在内的164个具体税目。①水资源税自2016年开始在河北省等地开展试点，2021年12月实施的《地下水管理条例》要求对取用地下水的单位和个人试点征收水资源税，一套较为成熟的资源税体系正在稳步前行。

历经近四十年的发展，资源税在促进经济社会发展、生态文明建设以及提高财政收入特别是在增强地方财力上，都发挥了至关重要的作用。但对标新时代高质量发展的要求，资源税体系仍然存在较大的提升空间。

1.资源税费的职能定位仍需进一步清晰

当前的资源税费制度，体现为包括资源税以及矿产资源权益金的税费组合制度体系，征收的范围覆盖了矿业权出让、占有、开采以及治理恢复环节。但对于资源税费的职能定位还存在一定的交叉和混淆。从"税"和"费"的概念看，资源税作为具有法治性、固定性和整体报偿性的税收工具，应该更侧重于发挥调节资源级差收益的作用，以排除因资源禀赋差异造成企业利润分配上的不合理状况。而资源收费作为旨在抵销政府成本，用于特定用途、特定服务提供或其他活动的收入，②则是在资源有偿使用的条件下，用来弥补政府作为资源所有者之利益损失的手段。

但由于国家既是自然资源的所有者，又是征税权的行使者，导致资源税的征收既具有调节资源级差收入的作用，又体现资源有偿使用，既发挥了筹集财政收入的职能，也蕴含了收益分配的作用，这就使资源税在一定程度上具有了"费"的性质。③而作为体现国家资源所有者地位的资源收费，因为资源补偿费、探矿权采矿权价款和探矿权采矿权使用费都不是真

---

①《税收学》编写组. 税收学[M]. 北京：高等教育出版社，2021：227.

②马蔡琛，赵笛. 构建以环境保护税为基础的绿色税收体系[J]. 税务研究，2020(11).

③崔景华. 资源税费制度研究[M]. 北京：中国财政经济出版社，2014：174.

正的资源租，且已并入资源税，导致国家矿产资源所有权被虚置，[①]而没有真正起到“费”的作用。因此，税和费之间的关系和协调问题，仍然是资源税改革的重点和难点。

2.资源税的地方税特征仍应辩证认识

目前，除海洋石油企业资源税以外，其他资源税全部归地方所有，且赋予了地方政府确定部分税目税率和税收优惠的权利。这有利于因地制宜地制定相关税收政策，但这种地方税特征也在一定程度上影响了资源税职能作用的发挥。

一方面，尽管资源税对增加地方财政收入和促进经济发展具有重要作用，但由于资源税的整体收入较低，其作为地方财政收入的规模体量不足以支撑当地基础设施建设，科教、医疗卫生服务等公共产品的供给，也难以更好地满足经济社会高质量发展的需要。[②]另一方面，具有地方税特征的资源税收入，因缺少了由中央政府根据各地经济发展、资源分布、人口情况等因素进行统一协调的宏观税收收入调配机制，使区域间协调发展难以按照预想的方向前进。而这两个问题也是制约资源税推动区域间协调发展的关键。各国在资源税发展过程中，认识到自然资源有可能会带来“资源诅咒”效应，因而开始考虑在中央政府和地方政府之间，以及在资源禀赋丰富地区和匮乏地区之间分享资源税收入。[③]大多数国家的资源税是在国家层面征收，然后将其收入在地区间有序分享，以改善区域间发展的公平性。[④]因此，在高质量发展阶段，不妨重新

①周波，吕思锜. 资源税改革仍有待解决的三个基本问题[J]. 财经问题研究，2020(5).

②宋美喆，叶琛，成进，等. 垂直财政不平衡对经济高质量发展的影响[J]. 湖南财政经济学院学报，2021(5).

③ Arora N, Ghose J, Bakshi S K. Managing Revenue from Natural Resources: A Multi-country Analysis of Sharing Resource Revenue with Sub-national Levels [R]. Vaulx-en-Velin: IPPA Working Paper, 2017: 2.

④Bauer A, Iwerks R, Pellegrini M, et al. Subnational Governance of Extractives: Fostering National Prosperity by Addressing Local Challenges[R]. New York: Natural Resource Governance Institute, 2016: 6.

思考资源税应该“属于中央税还是地方税”的问题。

3.资源税税率和税目仍存在拓展空间

自从资源税制度建立以来，其计税方式改革以及征税范围的扩展一直是理论与实践中不断关注的内容，也符合全球资源税改革的共同趋势。从价计征在一定程度上增加了资源税收入，也加大了其调节能力。然而，无论是从产业结构升级、区域间协调发展，还是从社会高质量发展的角度去分析，都可以发现资源税收入较少，特别是资源税税率偏低是限制其推动高质量发展的主要因素。以从价计征的石油权利金[①]为例，部分国家石油权利金率最高可达45%（详见表3.6），而我国原油的资源税税率只有6%。一方面，较低的税率影响整体财政收入，从而限制了资源税收入在区域经济发展、公共产品供给方面的投入，制约了区域间协调发展以及社会高质量发展目标的实现；另一方面，较低的税率无法反映资源的稀缺性和开采的环境成本，影响了企业研究开发和自主创新的动力。[②]因此，进一步审慎且合理地提高资源税税率，仍然是推动资源税改革的重要方向。

表3.6　部分国家石油权利金率

国家	权利金率
阿根廷	12%
澳大利亚	10%~12.5%
加拿大	10%~45%
科威特	15%
罗马尼亚	3.5%~13.5%
蒙古	5%~15%
美国	12.5%（部分州达25%）

资料来源：Global Legal Research Center. Crude oil royalty rates in selected countries[R]. Washington, DC: The Law Library of Congress, 2015: 1−4.

①大多数资源型国家的资源税体系主体是权利金制度，即因开采不可再生资源，需要向资源所有者(国家)支付的价款，亦可称为“特许权使用费”，在部分国家也采取从价计征的方式征收。

②张海星，许芬. 促进产业结构优化的资源税改革[J]. 税务研究，2010(12).

就征税范围而言，资源税的改革趋势呈现逐渐细化但大类拓展缓慢的特征。一方面，矿产资源的征税范围逐渐细化，有色金属原矿、黑色金属原矿等逐渐纳入资源税的征税范围。但另一方面，从资源大类看，《宪法》第九条提出，矿藏、水流、森林、山岭、草原、荒地、滩涂等自然资源都属于国家所有或集体所有。但资源税的征税范围仅包括了矿产资源和盐（以及试点地区的水资源），从覆盖的自然资源类型上看是远远不够的。此外，包括水资源、森林资源在内的自然资源短缺问题仍然严峻，集约利用水平相较于高质量发展的要求还存在一定差距。而将资源税的覆盖范围逐渐扩大到水资源、森林资源、滩涂资源等可再生资源，已成为全球资源税发展的整体趋势。例如，加拿大不列颠哥伦比亚省对林业征收包括伐木税和伐木出口费在内的森林资源税，而美国还对风能（陆上和海上）和太阳能（陆上）资源征收税费，以期进一步提升对企业高效利用各种资源的激励。因此，对于未来的资源税改革而言，进一步扩大征税范围仍势在必行。

3.4.3 基于高质量发展的资源税改革建议

1.明确资源税费职能，调整税费收入归属

根据前述分析，具有地方税特征的资源税在一定程度上限制了其推动高质量发展作用的发挥。由于广义的资源税体系是税费结合的制度，因此在合理确认“税”和“费”不同职能定位的基础上，可以考虑按照资源税和资源收费划分其收入归属关系。这样既可以体现中央对资源税收入的整体分配，也可以为资源富饶地区经济发展提供应有的财政收入。

首先，在明确资源税体现国家征税权和弥补一般公共预算收入之重要职能的基础上，可将其作为中央税，由中央政府统一征集，并通过转移支付的形式推动区域间平衡和社会高质量发展。在这种模式下，可以考虑借鉴指标法的分配方式，根据不同地区的经济发展水平、人口状况、资源储备、资源开采和利用效率等因素设计分配指标。这种由中央统一进行资金分配的形式，可以将有限的财政资金分配给发展更需要的地区，为教育、医疗、卫生等提高人民生活质量的基本公共服务提供资金来源。应该注意的是，在指标设置过程中，仍需将资源的初始分布状况以及各地（通过科技创新等方式）有效利用资源的进步作为分配指标之一，从而在有效弥补原产地资源损失的同时，起到激励各地督促企业提高资源利用率、加速产业结构转型升级的作用。

其次，对于资源收费而言，则应从资源有偿使用的原理出发，考虑将其直接作为地方财政收入。由于矿产等自然资源的地理固定性，将当前由中央和地方共享的矿业权出让收益、矿业权占用费等收费改为全部归地方所有，可以在中央财政分配税收的基础上，更大程度地弥补地方在资源开采中的损失。而根据收费的特征，作为地方收入来源的资源收费，则应严格采取专款专用的形式，必须专门用于当地的资源管理、开采和生产技术更新等与资源使用相关的领域，从而为推进地方资源企业技术创新和产业结构转型，提供更加有力且“强制”的资金来源。

2.提高整体税率，构建差异化税率结构

从高质量发展的要求看，税率偏低是当前约束资源税推动高质量发展的主要因素。而在税率整体提高的过程中，可进一步通过差异化的税率设置，发挥资源税调节级差收入、推动绿色发展的重要作用。

首先，提高整体税率是资源税改革的重要方向。一方面，税率的提高可以增加资源税收入，使之成为推动各地区经济和社会高质量发展的重要资金来源；另一方面，税率的提高可以增加资源利用成本，促进企业通过技术进步的形式提高资源利用效率，进一步推动产业结构转型升级。但在提高资源税税率的同时，也需要进一步综合考虑企业的总体税费负担。①

①马蔡琛，李宛姝. 我国资源税改革思辨[J]. 税务研究，2014(10).

资源税税负的增加应该控制在可以使大部分企业有压力、有动力地开展有利于节能、降耗的技术改革，而只有少数企业作为落后的产能在竞争中被淘汰的程度。①

其次，在整体税率提高的基础上，可以尝试构建更具差异化的税率结构。在当前由各省分别设置资源税税率的情况下，各地区间的税率设置可能较难体现资源条件的地区差异。例如，单从原煤产量看，2021 年 A 省作为资源大省其规模以上煤炭企业原煤产量为亿吨量级，B 省产量仅为 5000 万吨左右，而在资源税设置上，两省的煤炭原矿资源税均为 6%。②这在某种程度上与资源的富饶程度并不匹配。因此，对于可以考虑作为中央税的资源税而言，中央财政可以统筹不同地区自然资源禀赋、地理位置以及开采条件差异等综合因素，设计一套较为统一的税率划分标准。这样，既可以进一步加强资源税调节级差收入的作用，也能够针对煤炭、石油、天然气等不可再生性和污染性较高的资源，确定更高的税率，从而进一步推动企业转型升级。而一套科学、合理的税率分配标准，也可以使地区间的税率更具横向可比性，进而明确税率差异产生的原因，使税率设置更加清晰明了。

3.拓展征税范围，构建可再生资源税体系

当前资源税的征收范围主要以石油、煤炭等不可再生资源为主，但可再生资源同样应纳入资源税的征收范围。包括水流、森林、草原等国家所有或集体所有的可再生资源，虽然具有可再生性，但再生周期较长，人类生产生活的过度消耗仍会使可利用的资源急剧减少。无论是从资源所有权形式还是从资源消耗看，对可再生资源征收资源税，是符合高质量发展理念的重要改革方向。且可再生资源税的征收

①贾康. 资源税改革时机已到 可促相关经济关系优化调整[J].中国财政，2010(10).

②数据来源：A 省和 B 省统计局统计报告及资源税《税目税率表》。

目的并不是以调节级差收入为主，而主要是为了节约资源和生态保护。①水资源税等可再生资源税的征收，有利于完善资源有偿使用制度和生态补偿机制，从绿色发展的角度推动社会高质量发展和生态文明建设。

在可再生资源的资源税扩围过程中，应关注可再生资源与不可再生资源之间的差异。与开采后完全耗竭的不可再生资源不同，可再生资源具有一定的再生周期，因此其资源税设定必然涉及资源更新过程的动态考量。②例如，树木的再生周期通常是几十年不等，而对于不同再生周期而言，资源税费设置时所需要弥补的周期内成本也不一样。因此，可再生资源面临着更加复杂且多样的资源特征，应充分考虑其再生性，根据不同资源的特征设计不同的税费制度。

此外，可再生资源同样需要构建税费结合的资源税体系。以水资源税为例，从试点情况看，当前水资源税改革采用税费平移原则，实施水资源税改革的地区不再征收水资源费。但从国际经验看，包括丹麦、法国和荷兰等国都已建立了水资源税收和收费相结合的制度，以激励有效节约用水。③税费结合的制度有利于在通过税收筹集财政收入的同时，通过收费调节不同资源特征带来的成本差异。因此，在推进资源税改革的过程中，无论是已经开始试点的水资源税，还是尚待实施的森林资源税、滩涂资源税等，都应通过法律制度的规范引导，合理计算资源的价格和成本，进而设置较为合理的税率和费率。

---

①董玮，秦国伟. 对森林开征资源税的理论依据、现实基础与制度设计[J]. 税务研究，2021(5).

②Boadway R W，Flatters F. The Taxation of Natural Resources：Principles and Policy Issues[R]. Washington，DC：World Bank Policy Research Working Paper，1993：1.

③UNDP. Taxes on Renewable Natural Capital [R]. New York：Financing Solutions for Sustainable Development，2015：1.

总体而言，立足新发展阶段，在高质量发展对产业结构转型升级、区域间协调发展以及绿色发展等多方面的新要求下，未来的资源税改革可以在明确资源税费职能定位的基础上，合理划分税收和收费的收入归属，并通过差异化税率和多元化税目设置，进一步形成面向高质量发展的资源税体系。

第 4 章　面向民生幸福的税制结构优化

- 税制公平改革的最新进展及其启示
- 促进性别平等的个人所得税改革

高质量发展是以人民为中心的发展，高质量发展的关键是实现更高质量、更有效率、更加公平。本章站在税制公平和促进性别平等的视角上，总结各国税制公平改革的主要进展和经验，并分析个人所得税促进性别平等的机制，从而针对促进民生幸福的税制结构改革提出政策建议。

4.1 税制公平改革的最新进展及其启示[①]

近些年来，世界范围内贫富差距持续扩大的问题引起了广泛关注。OECD 的数据显示，过去几年里，OECD 成员国的贫富差距一直维持在近半个世纪以来的最高水平，爱尔兰、意大利等国的基尼系数在金融危机后出现不同程度的提高。[②]世界各国针对贫富差距扩大的严峻现实，实施了大量改革措施，其中具有较强再分配效应的税收政策，被认为是有效缩小贫富差距、促进社会公平的重要手段。

4.1.1 各国税制公平改革的近期实践

税收的再分配效应主要受到两方面因素的影响：一是税收的规模，二是税制的累进程度。2008 年的全球金融危机后，世界各国完善了所得税、遗产税、不动产税等具有累进性税种的制度设计，并加强税收征管，严惩逃税和恶意避税行为，保证税收收入规模，以期充分发挥税收促进社会公平的作用。

1.完善税制结构设计，以期调节贫富差距

累进性是所得税和某些财产税的重要特征，也是其调节贫富差距的主要作用机制。美国所得税建立之初的基础税率为 1%，对收入超过 50 万美元的个人征收 6%的附加税。[③]个人所得税的累进性特征在南非[④]、

---

①本节由马蔡琛和苗珊合作完成。

②OECD. inequality and income[EB/OL].[2017-03-30].http://www.oecd.org/inequality.htm#income.

③ WIKI. Revenue Act of 1913 [EB/OL]. [2017 -03 -30]. https://en.wikipedia.org/wiki/Revenue_Act_of_1913#Income_tax.

④Inchauste G, Maboshe M, Purfield C. The Distributional Impact of Fiscal Policy in South Africa [R]. Policy Research Working Paper, 2015(2).

乌拉圭[①]、中等收入国家（巴西、智利、哥伦比亚、印度尼西亚、墨西哥、秘鲁）[②]、美国[③]、欧盟[④]等经济体中均得到了验证，且这种累进性的设计能够有效削减超高收入者的财富，达到促进社会公平的目的。而社会中“财产的分布”往往被认为比“收入的分布”更为集中。在 OECD 成员国中，最富有的前 10%家庭占有 50%的财产（美国这一比例达到 75%），而收入前 10%个人的收入占全部收入之比例为 25%，仅为财产所占比例的一半，这种财富分配不平等的现象，在澳大利亚、新西兰、德国等发达经济体中更为突出。[⑤]相比于对收入征税，对财产征税在调节分配不均衡方面更有效率，因为对财产征税不会对纳税人的行为产生影响，[⑥]但在OECD国家这一类税种收入规模较小，平均还不到 GDP 的 2%。[⑦]

近年来，各国主要从税率及税收层级、“劫富”措施、税收减免及优惠三个方面完善了所得税和财产税的税制设计，强化这两类税收的累进性特征。

(1) 完善税率差异，强化累进性特征

在个人所得税的税率方面，2008 年全球金融危机后，21 个 OECD 成员国先后提高了个人所得税的最高边际税率，希腊、冰岛、爱尔兰、西班

① Liu J, Xu Z, Li Z, et al. Social Spending, Taxes and Income Redistribution in Uruguay [Z]. Working Papers, 2012.

② Lustig N. Inequality and Fiscal Redistribution in Middle Income Countries: Brazil, Chile, Colombia, Indonesia, Mexico, Peru and South Africa[J].Journal of Globalization & Development, 2015(1).

③U.S. Department of the Treasury Office of Tax Analysis. Treasury's Distribution Methodology and Results[R].U.S. Department of the Treasury Office of Tax Analysis , 2015.

④ Verbist G, Figari F. The Redistributive Effect and Progressivity of Taxes Revisited: An International Comparison across the European Union[J]. Finanzarchiv Public Finance Analysis, 2013(3).

⑤Murtin F, Marco Mira d'Ercole, Household Wealth Inequality across OECD Countries: New OECD Evidence[R].OECD, 2015.

⑥Caron P L, Repetti J R. Occupy the Tax Code: Using the Estate Tax to Reduce Inequality and Spur Economic Growth[J]. Pepperdine Law Review, 2013(5).

⑦IMF. Fiscal Monitor : Taxing Times[R]. IMF, 2013: 48.

牙、英国[①]等国将个人所得税的最高税率平均提高了八个百分点。[②]到2013年，10个国家再次提高个人所得税的最高税率。一些国家还配合税率的变动增加了所得税的累进级次。例如，2008年，巴西增加了7.5%和22.5%两档税率，税率级次由三档变为五档。[③]

在财产税的税率方面，法国将父子和夫妻之间赠与税的两档最高税率提升至40%（902838欧元~1805677欧元）和45%（超过1805677欧元）。[④]类似地，日本2015年将继承税和赠与税的最高税率提高至55%。[⑤]希腊第3815/2010和3842/2010号法案规定，针对父母赠与的不动产超过免征额（150000欧元）的部分，施行1%~10%的累进税率。[⑥]2011年，新加坡将自用住宅物业税的税率由单一优惠税率4%改为累进税率（参见表4.1），这一改革使拥有自用住宅价值前3%的人缴纳更多的物业税。[⑦]俄罗斯也对财产税实行累进税制，财产价值小于30万卢布的税率为0%~0.1%，30万卢布~50万卢布的税率为0.1%~0.3%，超过50万卢布的税率为0.3%~2%。[⑧]英国自2014年12月开始，将印花税调整为累进税制，约有98%的购房者将从中获益，但高收入者则需支付更多的印花税。[⑨]

---

①2013年4月英国将个人所得税最高税率由50%又降至45%。

②IMF. Fiscal Monitor : Taxing Times[R]. IMF, 2013.

③André M C, Prates Magalhaes Daniela, Fernando F F. Brazil Responses to the International Financial Crisis: A Successful Example of Keynesian Policies?[J]. Panoeconomicus, 2011, 58(5).

④French-Property. Gift Tax in France [EB/OL]. [2017-03-30]. https://www.french-property.com/guides/france/finance-taxation/taxation/gifts-tax/rates/.

⑤PWC. Japanese Gift and Inheritance Tax Issues for Expatriates[Z]. PWC, 2014.

⑥GREEKLAWYERSONLINE. Taxation on Parental Gifts and Gifts in Greece [EB/OL]. http://www.greeklawyersonline.gr/greeklawyer/view/estate_taxation/taxation_on_parental.

⑦Singapore Budget 2010 [EB/OL]. http://www.singaporebudget.gov.sg/budget_2010/key_initiatives/families.html. 2010.

⑧Accouning &Taxes in Russia[Z]. Rufil Consulting , 2016.

⑨GOV.UK. Stamp duty reforms-factsheet [EB/OL]. [2017-03-30]. https://www.gov.uk/government/publications/stamp-duty-reforms-factsheet.

表 4.1 新加坡自用住宅物业税税率

财产价值（美元）	税率
低于 6000	0%
6000~65000	4%
高于 65000	6%

资料来源：Singapore Budget 2010［EB/OL］. http://www.singaporebudget.gov.sg/budget_2010/key_initiatives/families.html.

（2）增加应税项目，提升超高收入群体的税收贡献

通过对现有税收科目征收一定比例的附加税，或增加新的应税科目以提升超高收入群体的税收贡献水平，也是近年来许多国家采取的手段。

爱尔兰 2010 年开始对在本国有居所的个人征收居所税（Domicile Levy），即对全球收入①超过 100 万欧元，在爱尔兰的财产超过 500 万欧元，且在爱尔兰缴纳的所得税少于 20 万欧元的个人，每年征收 20 万欧元的税金，已缴纳的个人所得税可以抵扣。②从 2010 年 4 月起，英国每年收入超过 15 万英镑的高收入群体将面临 50%的最高税率。③法国 2012 年开始对收入超过 100 万欧元的个人征收 75%的“特别团结捐税”，④葡萄牙对高收入者征收团结税（Solidarity Tax），收入超过 8 万欧元的税率为2.5%，超过 25 万欧元的税率为 5%。⑤财产税方面，法国对持有价值超过 130 万欧

①若无特殊说明，本节中的收入均指年收入。

②Domicile Levy Information Leaflet[Z].Revenue Irish Tax and Customs. http://www.payeanytime.ie/en/tax/domicile-levy/index.html.

③Budget 2009：Rich Face 50% Top Tax Rate above £150000［EB/OL］. https://www.theguardian.com/uk/2009/apr/22/budget-2009-alistair-darling-taxation，2009.

④2014 年 12 月末到期后已经不再征收。详细参见：France Forced to Drop 75% Supertax after Meagre Returns［EB/OL］. https://www.theguardian.com/world/2014/dec/31/france-drops-75percent-supertax,2014.

⑤Taxes for Portugal in 2016 and Beyond［EB/OL］. http://www.portugalproperty.com/news-blog/taxes-for-portugal-in-2016-and-beyond/. 2016.

元遗产的个人征收额外的财产所得税。[①]立陶宛对房地产征收 0.3%~3%的房地产税，特别对个人名下房产总价值超过 100 万立特（约29 万欧元）的征收 1%的奢侈税。[②]

(3) 提高免征额，增加税收优惠和补贴

对低收入者降税已经成为金融危机后各国税制改革的普遍潮流，免征额的提高，税收优惠和补贴的增加，使部分低收入者免于纳税，有效降低了低收入群体的税负。

在所得税的免征额方面，2011 年英国将个人所得税的免征额由 6475 英镑提高至 7475 英镑，65~74 岁个人的免征额由 9490 英镑提高至 9940 英镑，75 岁以上个人的免征额由 9640 英镑提高至 10090 英镑。其中仅免征额由年收入 6475 英镑提高至 7475 英镑这一调整，就使 110 万中低收入群体免于纳税。[③]德国个人所得税的免征额 2009 年由 7664 欧元提高至 7834 欧元，2010 年提高至 8004 欧元，2013 年提高至 8130 欧元，且最低税率由 15%降至 14%。[④]同样提高免征额的还有希腊、巴基斯坦、印度、巴西等国。

在财产税的免征额方面，新加坡将自用住宅物业税的免征额提高至 6000 美元，使税负降低了 240 美元。2011 年美国将个人的遗产税免征额提高至 500 万美元（夫妻的提高至 1000 万美元）。2015 年，荷兰将伴侣关系的继承税起征点上调至 633014 欧元。

在增加税收优惠与补贴方面，美国 2016 年的减税计划中，将抚养子女扣除额学费抵免、劳动所得税抵扣、教师费用抵免等设为永久性减税项目，其中劳动所得税抵扣（EITC）是美国的扶贫计划，旨在帮助劳工家

①陈双专.国际税讯[J].国际税收，2012(9).

② Medium to High Taxes in Lithuania [EB/OL]. http://www.globalpropertyguide.com/Europe/Lithuania/Taxes-and-Costs，2016.

③Tax Rates 2011/12 UK Budget 2011[EB/OL]，http://www.ukbudget.com，2011.

④Tax Liability[Z]. Sachsen.de. 2013.

庭，特别是拥有多名子女的劳工家庭。①2009 年希腊宣布对 2008 年利润超过 500 万欧元的公司征收一项额外缴款，利润为 500 万欧元~1000 万欧元的税率为 5%，1000 万欧元~2500 万欧元的税率为 7%，超过 2500 万欧元的税率为 10%，该缴款主要用于补助约 250 万失业和低收入人员。②

2.规范涉税行为

税收之于社会公平的促进，是建立在纳税人依法纳税基础之上的，逃避税行为不仅影响税收收入，而且会使实际税负分布不均，违背了税制设计调节社会财富分配的初衷。规范涉税行为有利于维护纳税人的合法权益，同时创造更加公平的税收环境。近年来，为解决财政困难及贫富差距问题，各国在改革税制之外，更重要的一点是加强税收征管。从各国的实践看，税收赦免制度和打击国际避税两方面的改革较为突出。

（1）推行税收赦免制度，转回海外隐匿财产

税收赦免（Tax Amnesty）即政府向纳税人提供一个主动申报未税事项并补缴税款的机会，若纳税人在规定时间内主动申报，可以减免所欠税款的滞纳金或罚款，并免于犯罪起诉。③近些年来，许多国家实行或延长了税收赦免制度，通过这种鼓励自我申报的机制，征收了往常难以征缴的税款，促进了税收征管公平。

意大利于 2009 年推行了一项税收赦免计划，即允许将财产存放在海外的个人，合法地将财产转移至国内，仅需要缴纳转回资产价值 5%的税收。数据显示这一计划实施后，意大利政府重新掌握了 950 亿欧元的海外资产，其中 98%已经转回国内。④鉴于该计划的良好效果，意大

①Earned Income Tax Credit[Z]. https://www.irs.gov/credits-deductions/individuals/earned-income-tax-credit.

②Ekathimerini.[EB/OL].[2017-03-30].http://www.kathimerini.gr.

③龚辉文. 后金融危机时代世界税收政策比较研究[M]. 北京：中国税务出版社，2012：226.

④刘洁. 效果出乎预料 意大利延长税收特赦计划[N]. 中国税务报，2010-01-13.

利政府于 2009 年底延长了其最后期限，仅在税率上进行了微小的调整（2010 年 2 月 28 日前申报的税率为 6%，2010 年 3 月 31 日前申报的税率为 7%）。[①]2016 年，意大利又出台了税收赦免的新政策，这次对将资产转移至避税黑名单上的国家（如巴哈马）加大了惩罚力度。[②]2014 年 10 月 23 日，澳大利亚施行“DO IT”项目，鼓励纳税人在 12 月 19 日前主动申报海外收入，并明确指出，主动申报的纳税人只需缴纳 10%的罚款，并不会被移交刑事调查。[③]此外，美国、英国、阿根廷、韩国、巴西、土耳其等国也出台了税收赦免政策，旨在收回隐匿的海外资产，充实财政收入。

(2) 加强跨国税务合作，打击国际避税行为

税基侵蚀和利润转移是经济全球化的必然产物，特别是在 2008 年金融危机后，经济形势低迷，各国政府追求财政利益最大化和跨国公司追求税负最小化的矛盾日益突出。随着跨国公司避税能力的不断增强，税基侵蚀和利润转移问题日益严重。据统计，高达 55%的国际贸易一度通过“避税天堂”过境，令各国政府遭受巨大的收入损失，如非洲因避税问题损失医保预算的 98%。[④]因此，各国开始致力于联手打击国际避税，以保证财政收入，促进税收的征管公平。

一些国家开征了新的税种，如 2015 年，西班牙开征的“退出税（Exit Tax）”（类似于“弃籍税”），对资产超过 400 万欧元或资产超过 100 万欧元且持股比例超过 25%的富人征收，主要目的在于防范富人逃税，当这些

① Italy Extends Deadline for Voluntary Compliance Program [EB/OL]. http://www.euitalianinternationaltax.com/tags/tax-amnesty/,2009.

② KPMG. Voluntary Disclosure in Italty [Z]. https://assets.kpmg.com/content/dam/kpmg/ch/pdf/voluntary-disclosure-italy-en.pdf,2016.

③Project DO IT - the Time to Act is Now [EB/OL]. https://www.ato.gov.au/media-centre/media-releases/project-do-it---the-time-to-act-is-now/,2014.

④陈洁. G20 围剿“避税天堂”[N]. 国际金融报,2013-09-10.

富人离开西班牙去国外居住时需要申报缴纳“退出税”。[①]同年，英国开始征收“转移利润税（Diverted Profits Tax）”，又被戏称为“谷歌税”[②]，税率为25%（高于公司所得税20%的税率），转移利润税主要对将利润转移至境外避税的公司征收，作为惩罚税旨在防止利润从英国转出。[③]另外一些国家出台了相关法案为反避税提供法律支持。如澳大利亚2013年出台的《税法修正案（应对避税及跨国利润转移）》对转让定价的相关法律进行了修正，[④]美国2010年出台的《海外账户税收遵从法案》对美国公民和持有绿卡者的逃税行为进行了详细规定。[⑤]还有一些国家致力于推动涉税信息共享，如英国2013年与直布罗陀、百慕大群岛、英属维尔京群岛等地达成了税收信息共享协议；[⑥]2010年起，法国针对拒绝签署税收情报交换信息的国家，每年更新“避税天堂黑名单”，与黑名单上的国家（或地区）进行经济往来的企业和个人将面临政府的惩罚。[⑦]2013年，OECD提出了BEPS（Action Plan on Base Erosion and Profit Shifting）行动计划，其中的“计划5”旨在发现和打击“有害税收实践（Harmful Tax Pratices）”[⑧]，保护主权国家的税基，避免“逐底竞争

①Spain's Exit Tax-Capital Gains Tax for Change of Residency［EB/OL］. https://www.blevinsfranks.com/news/blevinsfranks/article/spain-exit-tax，2015.

②建立之初意在防止谷歌母公司Alphabet以及其他全球科技公司，通过复杂的企业架构，把利润转移至离岸避税国，因此又被称为“谷歌税”。

③20 Questions on the Diverted Profits Tax［EB/OL］. https://www.taxjournal.com/articles/20-questions-diverted-profits-tax-24092015，2015.

④Tax Laws Amendment（Combating Multinational Tax Avoidance）Act 2015［Z］. https://www.legislation.gov.au/Details/C2015A00170，2015.

⑤Foreign Account Tax Compliance［Z］. https://www.irs.gov/businesses/corporations/foreign-account-tax-compliance-act-fatca.

⑥The British Virgin Islands，Gibraltar & Bermuda Sign Tax Agreement with UK［EB/OL］. IFC Review，http://www.ifcreview.com/viewarticle.aspx?articleId=7114&areaId=9，2013.

⑦庞凤喜，贺鹏皓. 基于反避税要求的税制改革国际视野［J］. 税务研究，2015（7）.

⑧有害税收实践主要体现在存在避税地、制定各类优惠性税收制度以及发布特别优惠的税收裁定，这类行为会侵蚀税基，使得税率低的国家受益。

(race-to-the-bottom)”[①]现象的出现。[②]

4.1.2 各国税制公平改革的效果评价及其启示

1.辩证认识税收政策的再分配效应与社会公平效应

针对各国税制公平改革的最新实践，一些研究者对税收的再分配效应给予了肯定。以遗产税（继承税）为例，日本约4%的遗产继承者缴纳的继承税与赠与税约占中央政府税收收入的3%，[③]美国91%的遗产税由收入前5%的家庭负担。遗产税的征收一方面筹集了财政资金，更重要的是适度阻碍了巨额财富的代际传递，防止财富过度集中而造成的贫富差距过大。[④]此外，由于税收优惠的存在，低收入者的税负很可能是负数，即得到的补贴多于应缴纳的税收（类似于“负所得税”），如2012年美国低收入者的平均税负为-6.9%，在减轻低收入群体税负的同时增加了其可支配收入。

Martinez-Vazquez等（2012）在对150多个国家的跨国面板数据进行实证分析后得出，累进的个人所得税对降低一国的基尼系数、改善收入分配具有积极作用。[⑤]奥巴马政府的税收政策使其基尼系数下降了0.009，主

---

①逐底竞争是一个国际政治经济学概念，指在全球化过程中，资本为寻找最高的回报率流遍世界，因此，政府在有关福利体系、环境标准和劳工保障的政策执行方面会受限制，这意味着发展中国家必须竞相削减工资水平和福利待遇，以吸引国际企业投资设厂。

②Liebman H M, Heyvaert W, Oyen V. Countering Harmful Tax Practices: BEPS Action 5 and EU Iniciatives-past Progress, Current Status and Prospects[J]. European Taxation, 2016, 56(2): 102-105.

③刘馨颖. 日本继承税和赠与税：调节社会财富再分配[J]. 国际税收，2015(1).

④ Department of the Treasury. General Explanations of the Administration's Fiscal Year 2016 Revenue Proposals [Z]. https://www.treasury.gov/resource-center/tax-policy/Documents/General-Explanations-FY2016.pdf, 2015.

⑤Martinez-Vazquez J, Moreno-Dodson B, Vulovic V. The Impact of Tax and Expenditure Policies on Income Distribution: Evidence from a Large Panel of Countries [J]. Andrew Young School of Policy Studies Research Paper Series, 2012(12-30).

要表现在高收入阶层的税负增加和低收入阶层的税负降低。[①]作为欧盟中收入不平等最严重的国家之一，葡萄牙2010年的基尼系数降低了9%，仅所得税就贡献了4%。[②]

在现行的个人所得税"综合与分类相结合"的课征模式中，将工资、薪金所得，劳务报酬所得，稿酬所得，特许权使用费所得等4项劳动性所得纳入综合征税范围，允许扣除一定标准扣除与专项扣除项目之后，适用超额累进税率（最高边际税率高达45%）；而利息、股息、红利所得，财产租赁所得，财产转让所得等资本利得，仍采用分类征税方式，适用20%的比例税率，且存在较大的减免税政策空间（如股票交易的资本利得免税）。这种做法难免会造成一种对于勤劳所得课以重税的错觉。为什么要对勤劳所得课征累进税率，对资本利得反而只征收比例税率？这确实是一个值得深思的问题。

此外，个人所得税的生计费用扣除标准（即俗称的所谓"起征点"，其实更规范的称谓应该是"免征额"）的动态调整机制，还应进一步完善。从推进税收公平的角度，尤其是降低中低收入群体税收负担的角度看，可以参考每年的物价指数，酌情滚动测算调整生计费用扣除标准。考虑到近年来物价上涨比较温和，这一改革的财政减收效应相对有限，改革的推出阻力相对较小。

2.辩证认识税收政策的局限性

当然也有不少研究者对税收政策促进社会公平的效果提出了质疑。David Kamin（2013）发现在过去的20年间，税收政策发生了巨大的变化，但对基尼系数的影响波动并不大，因而对税收能否解决不平等问题

---

①U.S. Department of the Treasury, Reducing Income Inequality through Progressive Tax Policy: The Effects of Recent Tax Changes on Inequality[R]. https://www.treasury.gov ,2016.

②Rodrigues C F, Andrade I. Robin Hood versus Piggy Bank: Income Redistribution in Portugal 2006-2010[J]. Panoeconomicus, 2014, 61(5).

持怀疑态度。[①]Bargain（2016）的研究表明，金融危机后欧洲国家的税收政策调整在2008—2014年间改善了收入分配，而在2014—2015年间这一效果减弱，甚至对家庭收入反而产生了负面影响。[②]税收在促进社会公平方面的局限性主要体现在两个方面：税制设计的局限性和税收征管的局限性。

从税制设计方面，税收在GDP中所占份额一般较小。以个人所得税为例，2014年个人所得税占OECD成员国GDP的比重平均为8.42%。[③]所得税的税收规模太小，对收入的调节作用有限，自然也很难解决收入不平等问题。近年来，各国个人所得税占GDP的比重以及税制的累进性均出现了下降，导致降低基尼系数的作用被削弱。[④]虽然累进性的税收能够有效减小可观测的不平等，但对于实际不平等（基于消费的基尼系数）的影响较小，这种差异在法律机制不健全的国家更为明显。[⑤]而遗产税对贫富差距之调节作用有限的原因在于，对高收入群体而言，缴纳的遗产税对于巨额遗产而言影响有限，而对于低收入者来说，遗产税却是很大的负担。[⑥]从OECD成员国的实践经验看，依靠税收只能暂时地解决不平等问题，且容

①Kamin D. Taxes and Inequality: Reducing Poverty, Not Inequality: What Changes in the Tax System Can Achieve[J]. Tax L Rev,2013(Summer).

②Bargain O,Callan T,Doorley K,et al. Changes in Income Distribution and the Role of Tax-benefit Policy During the Great Recession: An International Perspective［C］. Economic and Social Research Institute（ESRI）,2014.

③Tax on Personal Income[EB/OL].［2021-11-23］. https://data.oecd.org/tax/tax-on-personal-income.htm.

④Martinez-Vazquez J, Moreno-Dodson B, Vulovic V. The Impact of Tax and Expenditure Policies on Income Distribution: Evidence from a Large Panel of Countries［J］. Andrew Young School of Policy Studies Research Paper Series,2012(12-30).

⑤Duncan D R,Sabirianova Peter K. Unequal Inequalities: Do Progressive Taxes Reduce Income Inequality?［C］. Institute for the Study of Labor（IZA）,2012.

⑥Elinder M. Inheritance and Wealth Inequality: Evidence from Population Registers［J］. Social Science Electronic Publishing,2016(3).

易产生政策依赖性。[①]从长远看，缩小工资差距，增加社会公共服务类支出才是更为有效的解决办法。

从税收征管方面，高收入者掌握更为丰富的资源，更容易实现税负规避，税收征管松弛会使本应纳税的群体少缴甚至不缴纳税收，税收的调节作用也就大打折扣。Alarie（2015）指出，所得税内生具有二级价格歧视机制，能够使得对税收的响应较强、税收征管较为复杂的纳税人自动选择进入较低的有效税率等级，而对税收的响应较弱的纳税人面对较高的有效税率。譬如，美国的大型企业有能力使自己的实际税率在法定税率之下，甚至接近于 0。[②]2008 年金融危机后，各国掀起了严惩逃税避税，特别是恶意国际避税行为的浪潮，旨在维护本国的税收权益，促进征收环节的社会公平。但总体看，如何防止税基侵蚀和利润的跨国转移，仍是国际税收征管合作面临的严峻挑战。从这个意义上讲，只有建立起行之有效的防止"超富裕群体"跨国避税与应税财产转移的机制，促进社会公平的税制改革举措才能真的落在实处。因此，应进一步积极参与国际税收规则的制定，有效且合理地约束税基的跨国转移，通过打击逃税和恶意避税行为，促进税收征管公平的进一步实现。

4.2 促进性别平等的个人所得税改革[③]

个人所得税作为现代复合税制的重要税种，也是调节收入分配、促进社会公平的重要手段。近年来我国个人所得税占 GDP 的比重大多低于

①OECD. Growing Unequal? : Income Distribution and Poverty in OECD Countries［R］. http://www.oecd.org/els/soc/41527936.pdf，2008.

② Alarie B. The Challenge of Tax Avoidance for Social Justice in Taxation［M］. Philosophical Explorations of Justice and Taxation. Springer International Publishing，2015.

③本节由马蔡琛和隋宇彤合作完成。

1.5%，2020 年个人所得税占全国一般公共预算收入的比重仅为 6.3%，难以充分发挥调节个人收入分配的社会功能。目前，我国的个人所得税尽管采用了“分类与综合相结合”的课征模式，但因资本利得的轻税政策，导致这种征收方式仍旧不能完全体现税收的量能负担原则。从世界各国税制改革的方向来看，实行个人所得税的综合课征模式，已然成为一种较具普遍性的发展潮流。综合课征模式是指将纳税人一定时期内各种来源的所得综合起来，再减去法定扣除项目后，针对其综合所得课税的模式。因其综合考虑了赡养、抚养支出等因素，更符合量能课税的原则，故而为世界上大多数国家所采行。走向全面的个税综合课征模式，实现劳动所得与资本利得之间的税负相对公平，也是我国个人所得税的长期发展方向。

但根据各国税制改革的早期经验，实施个人所得税综合课征改革，往往会导致较为明显的性别影响差异，甚至税收性别歧视。例如，在 20 世纪 60 年代中期的瑞典，实施了个人所得税制度的改革，从家庭所得税改为个人所得税。这鼓励了赚取兼职工资的群体（通常是妇女），她们在联合所得税中往往受到税收歧视。[①]事实上，在瑞典改为独立征收个人所得税后，女性从“无工作”转向“全职工作”的变化，对家庭可支配收入增长的影响，由 43%上升至 67%。[②]也就是说，女性在以家庭为单位的个税征收模式中，往往会选择“不工作”或者“兼职”，这从当时瑞典女性的劳动参与率也可以得到印证。从 1965 年起，瑞典女性可以申请要求对自己的收入实行独立课税，[③]而在 1971 年法律强制推行这一模式后，女性从

①World Bank. Engendering Development: Through Gender Equality in Rights, Resources, and Voice [R], World Bank Group, 2000:205.

②Gustafsson S, Jacobsson R. Trends in Female Labor Force Participation in Sweden [J]. Journal of Labor Economics, 1985(1).

③Löfström Å. Time for Men to Catch up on Women?: A Study of the Swedish Gender Wage Gap 1973–2012[M]. Umeå Universitet, 2014: 3.

事正规工作的参与率明显上升。[①]

再如，20 世纪 80 年代的联邦德国，因实行以家庭为单位的个人所得税综合课征制度，女性收入占家庭总收入的 12%，而在同一时期，已施行独立课征制的瑞典这一数据则高达 39%。[②]横向比较显示，北欧地区实行综合课征制的国家，女性劳动参与率普遍低于独立征收的国家，[③]这表明综合课征在相当程度上会挫伤女性就业的积极性。

从这个意义上讲，在中国个人所得税走向综合课征的改革过程中，需要对其性别影响差异加以前瞻性考察，从而有效提升税收政策的作用效果。

4.2.1 个人所得税综合课征模式的性别影响机制

1.家庭联合申报削弱了女性的劳动参与率

综合所得税制对于女性劳动参与率的影响，主要通过三个途径发挥作用：一是，通过女性收入适用边际税率的提升，削弱已婚女性的劳动参与积极性。在实际操作中，如果仅对于勤劳所得实施综合课征，往往会导致此种税收性别歧视更加显著。二是，因其对双职工家庭具有某种婚姻惩罚效应，而单职工家庭则受益较大，导致女性更倾向于选择作为“全职太太”。三是，因女性劳动供给对税收变化更为敏感，故在相同的税制变化程度下，女性更可能在“参与”和“放弃”工作之间，重新做出权衡。

首先，家庭联合申报需要将家庭成员的各项收入加总，容易导致家庭总收入处于较高的边际税率区间；而在独立申报条件下，其适用边际税

---

①Sundström M, Stafford F P. Female Labour Force Participation, Fertility and Public Policy in Sweden[J]. European Journal of Population/Revue Europeenne de Demographie, 1992(3).

②Lewis J, Åström G. Equality, Difference, and State Welfare: Labor Market and Family Policies in Sweden[J]. Feminist Studies, 1992(1).

③Lewis J. Gender and the Development of Welfare Regimes[J]. Journal of European Social Policy, 1992(3).

率往往相对较低。通常情况下，男性的收入要高于女性，在实行联合申报后，相对提高了女性的边际税率，这容易导致女性参加工作的积极性大幅度降低。实际上，在1948年美国个人所得税由独立课征改为联合申报后，高学历夫妻中，女性劳动参与率降低了2%，而男性劳动参与率并无显著变化。[①]瑞典的研究也表明，在原本独立征收个人所得税的瑞典，如果采用当时联邦德国实行的综合所得税制，女性的劳动参与率将会由80.2%降至60.4%。[②]

其次，联合申报制度对于双职工家庭体现了更高的税收惩罚效应。实行累进税率的联合申报纳税制度，会削弱夫妻二人中收入较低一方的工作积极性，因其中的较低之收入者将不得不承受更高的边际税率，这就是所谓“婚姻惩罚”（marriage penalty）效应。[③]例如，美国1948年实行综合所得税制后，夫妻收入被统一计算并征收较高税率。据调查，家庭中次高收入者之收入，只要达到更高收入者收入的20%，这种婚姻惩罚效应就开始显现，且在二者收入相等之时达到峰值。反之，单职工家庭从中受益最大，与同等收入水平的双职工家庭相比，不仅没有税收惩罚，还能更多享有无收入一方（通常为女性）为家庭提供的“无酬劳动”（unpaid labor）。在夫妻双方收入差距较大时，这种联合申报制度进一步放大了女性选择放弃工作的可能性。[④]因此，在联合申报制度下，更有可能致使女性选择辞

①LaLumia S. The Effects of Joint Taxation of Married Couples on Labor Supply and Non-wage Income[J]. Journal of Public Economics,2008(7).

②Gustafsson S. Separate Taxation and Married Women's Labor Supply [J]. Journal of Population Economics,1992(1).

③马蔡琛,刘辰涵.税收政策中的社会性别因素——基于个人所得税视角的考察[J].经济与管理研究,2012(12).

④研究表明,在德国2002年的税收体系下,对于年税前收入超过十万欧元的夫妻,其为单职工家庭时,两种征收制度下应纳税额差距为9757欧元;次高收入者收入占家庭总收入比为10%时,应纳税额差距下降到5524欧元;次高收入占比达到30%时,差距为1618欧元。资料来源:Steiner V, Wrohlich K. Household Taxation,Income Splitting and Labor Supply Incentives - A Microsimulation Study for Germany[J]. CESifo Economic Studies,2004(3): 541-568.

去工作而成为“全职太太”。①

最后，男女两性对税制变化的敏感性差异。对于女性（或家庭中的次高收入者）来说，市场消费（儿童陪护或相关家政服务等）与家庭生产（陪伴孩子及承担家务）之间存在着高度可替代性。②也就是说，面对同样的税率水平，女性更容易选择放弃工作。而根据英国的研究，在家庭中，次高收入者的劳动供给弹性更大，对税率变化更为敏感，③这一结论在 Blundell 和 MaCurdy（1999）④以及 Kleven 等人（2009）⑤的研究中也同样得到了证实。1981 年，美国实行了次高收入者享受同样扣除额的政策，反而促使女性更多投身劳动力市场，税收收入总体上并未减少。⑥对美国 1986 年税制改革的研究也显示，将最高边际税率从 70 %下调为 28%时，女性投身劳动力市场的意愿明显高于男性。⑦

因此，无论从性别平等视角还是减少社会福利损失方面考虑，已婚女性适用的税率应该比其他劳动者略低。然而，在某些国家对女性收入适用的税率，却往往相对较高。例如，南非从 20 世纪早期直到 1995 年以前，一直将已婚女性作为单独分类加以课税，适用税率高于已婚男性和单身人

①Brown D A. Race,Class,and Gender Essentialism in Tax Literature: The Joint Return［J］. Wash. & Lee L. Rev.,1997(54).

②Apps P. Income Taxation,Labour Supply and Saving［R］. Tax and Transfer Policy Institute,2015: 15.

③Bankman J,Griffith T. Social Welfare and the Rate Structure: A New Look at Progressive Taxation［J］. California Law Review,1987(6).

④Blundell R.,MaCurdy T. Labor Supply: A Review of Alternative Approaches［M］. Ashenfelter O, Card D (eds). Handbook of Labor Economics,1999.

⑤Kleven H J,Kreiner C T,Saez E. The Optimal Income Taxation of Couples［J］. Econometrica 2009 (2).

⑥Feenberg D R,Rosen H S. Recent Developments in the Marriage Tax［J］. National Bureau of Economic Research,1995(1).

⑦Eissa N. Taxation and Labor Supply of Married Women: The Tax Reform Act of 1986 as a Natural Experiment［J］. NBER Working Paper,1995.

士，这显然是不合理的。[①]此外，综合所得税制通过夫妻联合课征，实际上提高了女性收入适用的边际税率，违背了高收入者应适用更高税率的量能负担原则，导致劳动供给弹性更大且对税率变化敏感的女性一方，更有可能选择放弃工作。[②]

2.综合所得税制降低了女性非工资性收入的比例

综合所得税制对女性非工资性收入的影响，主要体现在两个方面：一是，通过缩小边际税率的差异，弱化了将非工资性收入转移至女性的激励；二是，由于女性劳动参与率的降低，间接削弱了女性对非工资性收入的分享。在家庭中存在个体经营者的情况下，这种影响会表现得更为明显。

通常而言，在个人所得税的纳税申报中，工资收入归属于个人，但非工资性收入在家庭中的归属就不那么简单了。税法针对这些收入采用多种方法来确定其归属，包括将收入归属较高的收入者、把收入平均归属夫妻双方、允许夫妻自行决定如何确定收入的归属，或将收入归属于拥有合法财产权的一方。[③]

在独立征税的模式下，为使家庭资产适用更低的税率级次，家庭通常会将银行账户、公司资产等非工资性收入，登记在适用较低税率者的名下(通常是妻子)。而联合申报制度防范了这种财产转移，这会导致女性享有非工资性收入的比例有所降低。例如，在美国 1948 年税制改革之前，家庭倾向于将收入转移到适用更低纳税等级的配偶一方，但相对利息和股息收入而言，工资性收入很难转移，故很多家庭选择以女性的名义开设银行账户或购买资产。在实行夫妻联合纳税制度后，这种激励机制消失了，使

①Smith T. Women and Tax in South Africa[J]. The Women's Budget Series,2000.

②Eissa N,Hoynes H W. Behavioral Responses to Taxes: Lessons from the EITC and Labor Supply[J]. Tax Policy and the Economy,2006,20.

③Alesina A,Ichino A,Karabarbounis L. Gender-based Taxation and the Division of Family Chores[J]. American Economic Journal: Economic Policy,2011(2).

得女性拥有非工资性收入的比例降低1.5%。相对于20世纪40年代女性仅享10%非工资性收入的比例来说，这已是相当显著的变化了。[①]英国的一项研究也显示，1990年英国将“联合所得税制”改为“独立征税模式”后，通过采取全部赠与或夫妻共同占有的方式来转移财产的行为明显增多，已婚女性拥有的投资收入和家庭资产比例明显上升。[②]

此外，非工资性收入的家庭分享状况，与女性是否参加工作之间，也呈现出较强的相关性。调查显示，美国1950年职业女性享有非工资性收入的比例为12.6%，而无业女性享有非工资性收入的比例仅为9%。[③]因此，联合所得税制通过影响女性劳动参与率，进而间接影响了女性非工资性收入的比例。一项针对加拿大和美国的对比研究显示，加拿大与美国1948年税制改革前的情形相似。加拿大纳税人更愿意将收入转移给适用更低税率的配偶，且女性个体经营者嫁给男性个体经营者的比例，也显著高于美国。[④]调查显示，美国改为综合课征后，丈夫为个体经营者的已婚女性，在非工资性收入下降的比例上，比总体多出3.9%。[⑤]这进一步表明在已婚女性的丈夫为个体经营者条件下，实行综合课征对女性非工资性收入的性别影响更为显著。

---

①Lalumia S. The Effects of Joint Taxation of Married Couples on Labor Supply and Non-wage Income[J]. Journal of Public Economics, 2008(7).

②Stephens J M, Ward-Batts J. The Impact of Separate Taxation on the Intra-household Allocation of Assets: Evidence from the UK[J]. Journal of Public Economics, 2004(9).

③Lalumia S. The Effects of Joint Taxation of Married Couples on Labor Supply and Non-wage Income[J]. Journal of Public Economics, 2008(7).

④Schuetze H J. Income Splitting among the Self-employed [J]. Canadian Journal of Economics, 2006(4).

⑤Lalumia S. The Effects of Joint Taxation of Married Couples on Labor Supply and Non-wage Income[J]. Journal of Public Economics, 2008(7).

4.2.2 化解个人所得税性别歧视的国际经验

1.适当降低税率，简化税率级次

在 1986 年之前，美国个人所得税包括十四档纳税级次（11%至50%），一些高收入的已婚女性面临颇为沉重的税负。从 1981 年起，家庭中的次高收入者被允许给予 10%的税收优惠，且适用的边际税率也有所下降。[①]在此后的税制改革中，其个人所得税继续向宽税基、低累进的方向演化，最高收入者享有较高的税收优惠，且最高边际税率由 50%降至 28%。[②]研究显示，在这一次税制改革后，高收入已婚女性的劳动供给明显增加：1970 年，已婚女性劳动参与率为 46.3%，1989 年则已达到 59.3%。[③]

1979 年初，英国个人所得税的最高边际税率为 83%，超过特定起征点的投资所得还要加征 15 个百分点，即相当于征收 98%的最高边际税率。但在同一年中，英国又不得不将个人所得税最高税率降至60%，1988 年又降低至 40%，同时取消了投资所得的附加税。[④]与之相应，英国已婚女性的劳动参与率持续上升，由 1971 年的仅为 49%上升至 1988 年的57%，1992 年税率和级次调整基本完成时，已达到 63%（参见表 4.2）。[⑤]

①Feenberg D R，Rosen H S. Recent Developments in the Marriage Tax［J］. National Tax Journal，1995(1).

②杨春梅. 经济全球化与世界所得税制改革［J］. 涉外税务，2001(1).

③数据来源：Short-Term Labour Market Statistics: Employment Rate［A］，Data extracted on 18 Aug 2014 06:28 UTC（GMT）from http://stats.oecd.org/ .

④俞云峰. 西方国家个人所得税制改革的经验及启示［J］. 经济体制改革，2012(1).

⑤Fleckenstein T.，Lee S C. The Politics of Postindustrial Social Policy Family Policy Reforms in Britain，Germany，South Korea，and Sweden［J］. Comparative Political Studies，2014(4).

表 4.2　个人所得税最高税率、税级及女性劳动参与率变化

年	美国			英国		
	最高边际税率	税率级次	女性劳动参与率	最高边际税率	税率级次	女性劳动参与率
1971	50%	14	45.9%	83%	10	49%
1988	28%	6	63%	40%	2	57%
1992	31%	3	63.6%	40%	3	63%
2002	38.5%	6	66.1%	40%	3	65.2%
2006	35%	6	66.1%	40%	3	65.8%
2009	35%	6	63.4%	50%	4	64.9%
2013	39.6%	7	62.3%	50%	4	65.8%
2015	39.6%	7	63.4%	45%	3	68.0%

资料来源：江月. 个人所得税税率的国际比较及其对中国的启示——以美英两国为样本[J]. 经济与管理，2008(4)；OECD. Employment Rate (Indicator)[EB/OL].(2017-06-16)[2022-04-20]https://www.oecd-ilibrary.org/employment/employment-rate/indicator/english_1de68a9b-en.

2.调整税前费用扣除政策，激发女性投身劳动力市场的积极性

以美国为例，其现行税制规定有多种费用扣除政策，其中，儿童抵免政策（child tax credit）①和儿童及被扶养人开支抵免政策（child and dependent care tax credit）②略具性别平等色彩。这两项规定均衡了综合所得税制引致的夫妻共同适用边际税率上升问题。此外，由于女性劳动供给对税收的变化更为敏感，这种适用于夫妻两人以及整个家庭的费用扣除政策，会对女性劳动供给产生更加积极的影响。自 1975 年起，美国实行劳动收入费用扣除（EITC）政策，向低收入劳动者提供不超过收入 45%的劳动收入费用扣除。该制度采取分段式结构，促使纳税人的边际税率发生四

①根据美国税法，有 17 岁以下子女的纳税人可部分退税，每名子女享受 1000 美元的费用扣除，由于纳税义务不足而未申报的抵免，可进行退税。

②税法为工作或就学的父母提供对儿童及被扶养人照料开支的费用扣除。

种变化。[①]这种分段式的税制结构对不同群体的作用不同，其中对20~24岁之间女性劳动者的所得增加影响最为显著，因其收入相对较低，且往往处于抑制劳动供给的抵免递减阶段。[②]事实上，在1989—2002年间的费用扣除政策扩张期内，单身母亲的劳动参与率提高了14%。[③]

与之相似，澳大利亚自1997年起，也实行了类似的费用扣除政策，包括针对儿童的税收抵免以及单职工家庭的税收优惠，促使女性劳动参与率持续上升。[④]数据显示，澳大利亚女性劳动参与率在1997年内上升了1.2%，到2000年累计上升4.4%，之后亦呈上升趋势，到2016年已突破67%。[⑤]

再如，1985年，德国通过了关于“减税及减轻家庭负担”的法案，大幅度降低了个人所得税的累进性，同时依据家庭抚养人口数量确定费用扣除额。这项改革刺激了德国已婚妇女参与工作的积极性，一向平稳的女性总体劳动参与率在此后的四年中上升了2.6%。[⑥]

---

①在抵免额递增阶段，纳税人增加的一美元收入可获得相当于抵免率的抵免额。此时，劳动收入费用扣除事实上就是一项工资补贴制度，对工作有正的激励作用。在抵免额不变阶段，纳税人实际边际税率变为零，因此对工作的正向激励受到一定限制。在抵免额递减阶段，纳税人的实际边际税率是法定边际税率与抵免递减率的加总。此时，该项制度就是一种负激励。在最后阶段，由于抵免归零，纳税人的实际边际税率就是法定边际税率。资料来源：余显财. EITC：最低工资与福利制度创新[J]. 财贸经济，2010(3).

②Neumark D, Schweitzer M, Wascher W. Minimum Wage Effects throughout the Wage Distribution [J]. Journal of Human Resources, 2004(2).

③Eissa N, Hoynes H. Redistribution and Tax Expenditures: The Earned Income Tax Credit [J]. National Bureau of Economic Research, 2011(2).

④Mcdonald P. Gender Equity, Social Institutions and the Future of Fertility [J]. Journal of population research, 2000(1).

⑤数据来自澳大利亚统计局网站 http://www.abs.gov.au/，2014-07-27，以及 OECD 网站就业率统计指标：OECD (2017), Employment rate (indicator). doi: 10.1787/1de68a9b-en (Accessed on 17 June 2017)。

⑥Gustafsson S. Separate Taxation and Married Women's Labor Supply [J]. Journal of Population Economics, 1992(1).

英国在 20 世纪 40 年代，为满足企业对女性劳动力的需要，两次提高女性所得的豁免额，这鼓励了已婚女性（尤其是低收入者）走出家门参加工作，[①]并规定在家庭所得扣除项目中，豁免掉低收入已婚女性的部分，使其不纳税。因此，家庭主妇如果临时辞职后重新参加工作，并不会提高整个家庭所适用的税率等级，这有效提高了英国已婚女性参与工作的积极性。[②]并且，英国的 WTC（Working Tax Credit）制度中，对双职工家庭采取依家庭规模增长的税收扣除政策，相应地，这一制度下的英国单亲母亲就业率由 45%增长至 55%。[③]此外，如果已婚女性的收入超过其豁免临界值，则会比单身时征税更多。在这种情况下，英国女性可以选择作为独立个体进行报税，这是在美国等其他联合所得税制国家所未曾实现的。[④]

4.2.3 中国个人所得税改革的启示与借鉴

1.合理确定纳税申报主体

纳税人的实际纳税能力与家庭成员的数量、年龄以及健康状况密切相关，合理确定纳税主体可以更加公平地对待已婚女性，同时能够更公允地衡量一个家庭的实际纳税能力。我国可以参考发达经济体的税收征管实践，设置可进行自主选择的“单身纳税人、已婚单独申报的纳税人、已婚联合申报的纳税人、以户主身份申报的纳税人”四类申报主

①Marshall G P, Walsh A J. Marital Status and Variations in Income Tax Burdens [J]. Brit. Tax Rev., 1970(4).

②Dulude L. Taxation of the Spouses: A Comparison of Canadian, American, British, French and Swedish Law[J]. Osgoode Hall LJ, 1985(1).

③Colonna F, Marcassa S. Taxation and Female Labor Supply in Italy [J]. IZA Journal of Labor Policy, 2015(1).

④需要注意的是，这种选择只有在夫妻做出书面申请并获得许可的前提下，才能得以实现，且在此情况下丈夫只能享受作为单身者的个人豁免。资料来源：Jeffrey-Cook, Separate Taxation of Wife′s Earnings[J]. Br. Tax Rev., 1980, 6: 439-441.

体。由纳税人自主选择申报主体，但一经确定后，在既定时间内（如三年）不得随意变更。

由于家庭结构充分反映了纳税人的基本生活状况，纳税申报主体的确定，应充分考虑纳税人的家庭结构。对已婚纳税人，可以夫妻共同涉及的家庭成员为范围（包括纳税人本人、配偶、子女、赡养老人），根据被扶养人数量、收入水平以及家庭代际数目等情况进行分类，确定不同的费用扣除标准及税率级次。赋予纳税人自主选择申报主体的权力，能够在一定程度上化解综合课征制的负面性别影响，特别是对已婚女性的公平对待具有较强的修正作用。

2.精简税率级次，适当降低最高边际税率

近年来，多数发达经济体的个人所得税税率级次由原先的10级以上，改为不超过5级。就最高边际税率而言，除高税率、高福利的部分欧洲国家外，基本上控制在40%~50%以下。OECD成员国的最高法定个人所得税税率普遍下降，从1981年的66%下降到2008年的41%，而后略有回升，2019年为43%。①同时，在税率结构调整上，各国的微调频率逐渐增加，税率级距也明显减少。截至20世纪80年代末，OECD中有16个国家的税率级距，平均从10级以上减少到不足6级，其中英国从10级减少到2级，俄罗斯等国还实行了一度颇具成效的单一税改革。②

我国现行个人所得税共有七个税率级次，最高边际税率达45%。在综合课征模式下，为达到促进女性就业的目标，可以适当精简税率级次，降低最高边际税率为30%或35%，并适度拓宽个人所得税税基。从发达国家税制改革的经验来看，在个人所得税的综合课征制下，女性参与工作的积极性难免会受到影响。因此，应当利用其对税率变化的敏感性，通过审慎地降低边际税率，提升女性参加劳动力市场的积极性。为使总体税收收入

①OECD. Under Pressure: The Squeezed Middle Class[M]. OECD iLibrary, 2019.

②马蔡琛. 略论单一税视野中的新一轮税制改革[J]. 经济问题, 2007(10).

不致减少过多，可以考虑适度放宽税基（即应纳税所得额），将附加福利、资本利得（如股票交易的收益、个人房屋买卖的收益）等额外收入，全面纳入个人所得税综合课征的范围。

3.完善生计费用扣除政策

在个人所得税的综合课征模式下，费用扣除标准应当考虑纳税人家庭成员数、抚养抚育费用支出、基本生存费用支出、教育费用支出、医疗保险支出等。①另外，考虑女性大量参与无酬劳动和照料经济（Care Economy）等因素，②应当针对单身母亲这一特殊群体实行差异化的扣除标准，以均衡综合所得税制下夫妻共同适用边际税率上升的问题。

值得注意的是，随着独生子女政策的变化以及"促进生育"时代的到来，我国普通家庭中子女数量将逐步增加，若不对生计扣除问题加以规范，个人所得税的综合课征将进一步加重分配的不公平。国家人口计生委曾公布 2007 年中国累计出生 9000 万独生子女，但往年统计数据由于出生漏报和统计口径等问题，与相关研究数据颇有差距。2013 年，中国社科院运用人口抽查数据和计算机仿真模型进行估计预测，2010 年全国独生子女的总量在 1.45 亿左右，2015 年达到 1.76 亿。③因此，可以尝试采用独生子女家庭的个税生计费用加倍扣除等方式（即独生子女家庭视

①黄凤羽. 个人所得税费用扣除需求的分层次动态分析[J]. 广东社会科学，2012(5).

②无酬劳动（Unpaid Work）包括照料经济以及非正式经济中的主要以家庭经营形式表现的小规模企业或者农业生产中的无酬劳动。所谓的照料经济（Care Economy）包括涉及生育、照料他人和创造工作生活的安全且具亲和力的社区等所有活动。上述活动中体现的众多领域，诸如：照顾儿童、洗衣、做饭、打扫、购买生活用品、照顾老弱病残以及免费社工等所有劳动密集型无酬劳动领域，是经济体和谐有序运行所不可或缺的。照料经济主要分为三大部分：生育相关的工作、照顾家庭及其成员的活动、在社会上免费照顾老弱病残的义务劳动。虽然照料经济活动也有男性参与其中，但主要是由妇女以付出无酬劳动的方式来承担。进一步论述可以参阅：马蔡琛，等. 社会性别预算：理论与实践[M]. 北京：经济科学出版社，2009：24-28.

③数据来源：王广州. 独生子女死亡总量及变化趋势研究[J]. 中国人口科学，2013(1)；姜全保，郭震威.独生子女家庭丧子概率的测算[J]. 中国人口科学，2008(6).

同有两个子女予以税收扣除，且允许双倍扣除年限应达到 16 年~18 年的长程尺度），合理降低独生子女家庭的计税基础，这也是一个社会起码的公平与正义的现实体现。

此外，还可以参考 EITC（劳动收入费用扣除）制度，并同最低工资制度相结合，逐步形成更符合国情特色的工资福利制度。通过适度提高税前抵免率和抵免范围，有效提升弱势群体的就业率。通过费用扣除政策的完善，为已婚女性和单身母亲参加工作提供更多的优惠条件，这将有效激励女性投身劳动力市场，从而化解个人所得税综合课征对女性可能造成的负面影响，更好地促进社会和谐与社会进步。

4.减轻勤劳所得的税收负担

就各国现实而言，女性收入中来自勤劳所得的比重相对较高，而男性收入中来自财产性所得的相对较多。因此，减轻勤劳所得的税收负担，不仅事关多劳多得的社会主义分配原则，也直接影响到女性的现实收入状况。

在既有格局下来思考未来的个人所得税改革方案，其可行选择有二：或者暂时维持现行分类与综合相结合的个人所得税基本框架，尽快建立工资薪金所得生计费用扣除标准随物价指数动态调整的机制；或者实施“局部大综合”的方案，对于高收入群体直接实行综合所得税，对于低收入群体仍旧实行目前的课征方式。高收入群体的界定标准，应考虑区域发展的不均衡性，其决定权可以交由省级政府根据本地具体情况来相机确定。

第 5 章　面向环境保护的绿色税收体系建设

- “后哥本哈根时代”的全球环保税制改革实践
- 构建以环境保护税为基础的绿色税收体系
- 推进碳达峰、碳中和目标的绿色税制
- “以税控烟”视角的烟草税制改革

绿色发展作为五大发展理念之一，是提升发展质量的关键要素。本章从促进环境保护的绿色税收体系建设出发，考察“后哥本哈根时代”的全球环保税制改革实践，并基于碳达峰、碳中和的总体目标，从环境保护税、烟草税等具体税种出发，探讨构建面向环境保护的绿色税收体系。

5.1 “后哥本哈根时代”的全球环保税制改革实践①

日益严重的环境问题已经威胁到人类的生存和发展。联合国环境规划署发布的数据显示，每年全球 1260 万死亡人口中，23%归因于环境因素。②OECD 认为，价格机制能够以最小的成本解决环境问题，而环保税作为价格机制的重要手段，已经成为市场经济各国改善环境的重要政策工具。③我们这里所说的环保税是广义的环保税，即与资源利用和环境保护相关的税种和税目的总称，不仅包括与污染控制相关的税收（如水污染税），还包括了实际上起到了保护环境作用的税收（如能源税），以及与环境相关的经济活动的税收（如新兴的碳排放权交易收入的相关税收）。④

环保税的理论源泉最早可追溯至 20 世纪 20 年代的“庇古税”，随后 1970 年 OECD 提出了“污染者付费”原则，并逐渐衍生出“受益者付费”原则、“使用者付费”原则、“双重红利”假说，共同构成了传统环保税的理论基础。现代经济增长理论重点研究资本和技术等要素对经济增长的作用，而将资源和环境视为不受经济增长影响的外在条件，形成了追求经济无限增长的发展模式，导致了严重的环境问题。为突破这一困境，可持续发展理念逐渐萌芽并兴起。1987 年，世界环境与发展委员会发布了报告《我们共同的未来》，首次阐述了“可持续发展”的概念，打破了经济增长与环境保护不兼容的壁垒，将二者统一于一个系统之中。2008 年国际金融危机后，如何实现经济复苏和转变经济发展方式成为世界各国的重要议

①本节由马蔡琛和苗珊合作完成。

②资料来源：https://www.unenvironment.org.

③OECD. Effective Carbon Prices[R]. OECD，2013.

④葛察忠，等. 环境税收与公共财政[M]. 北京：中国环境科学出版社，2006:24.

题。同时，被喻为“拯救人类的最后一次机会”的哥本哈根世界气候峰会，再次唤起了人们对环境治理的关注，“绿色增长”理念逐渐兴起，强调经济发展与资源节约、环境保护相协调，这一时期被诸多研究者称为“后哥本哈根时代”。在此背景下，发端于欧洲的低碳经济发展路径，在金融危机和气候治理危机的双重压力之下迅速传播开来。在“可持续发展”和“绿色增长”理念的指引下，处于后哥本哈根时代的世界各国开始了新一轮的环保税改革实践。

5.1.1 全球环保税的最新发展趋势和特征

鉴于环保税的良好效果，几乎全部OECD成员国都实行了环保税。据统计，进入21世纪以来，OECD各国环保税收入占GDP的比重平均约为2%。[①]通过对比2000年和2014年OECD各国环保税征收情况（参见图5.1），不难发现环保税收入占GDP的比重呈现出两大趋势：一是整体呈下降趋势；二是不同国家之间的差距逐渐增大。大部分OECD成员国2014年环保税收入占GDP的比重低于2000年的比重，特别地，荷兰由2000年的3.55%降至2014年的1.19%，降幅达到66%。除去下降的趋势，极差加剧是另外一个显著特点。2000年OECD各国环保税收入占GDP的比重集中于1%~3%之间，而2014年这一极差扩展至4.05%（最小值出现在墨西哥，为0.06%；最大值出现在丹麦，为4.11%）。其原因或许可以归纳为两点：一是税基减少。受到金融危机和国际油价上涨的冲击，能源需求下降，加之环保税的征收和其他环境保护政策的实施，环境问题有所改善，二者均减少了环保税税基，影响了环保税收入。二是环保税有时被视为一种特殊的消费税，并不是所有国家都能够在征收时保证其实际税率。[②]

①OECD. Towards Green Growth?: Tracking Progress [M]. Paris, OECD Green Growth Studies, OECD Publishing, 2015: 36.

②OECD. Tax Policy Reform in the OECD 2016[M]. Paris, OECD Publishing, 2016: 51.

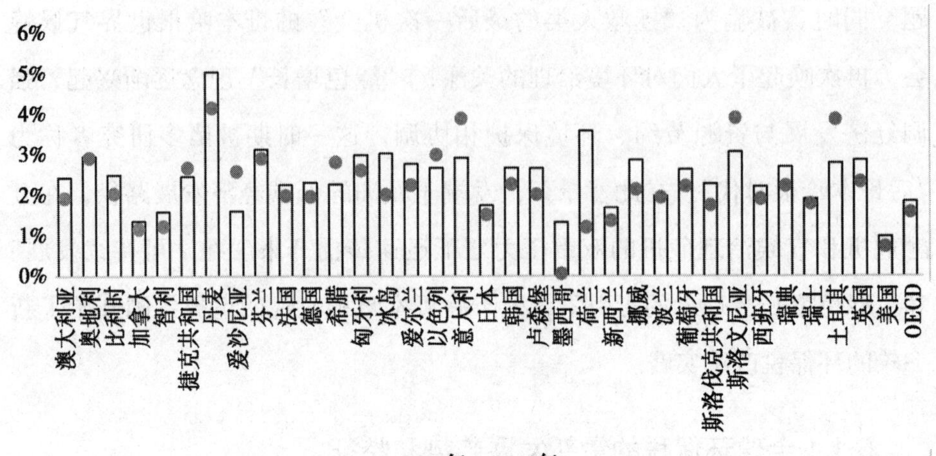

图 5.1 OECD 各国环保税收入占 GDP 比重

注：考虑到数据的可得性，韩国、波兰采用 2000 年和 2013 年的数据。

数据来源：OECD. Database on Environmentally Related Tax Revenue [EB/OL]. [2018-01-02]. http://www.oecd.org/environment/tools-evaluation/environmentaltaxation.htm.

与 OECD 各国不同，巴西、南非、印度等新兴经济体 2000 年和2014 年的环保税收入占 GDP 的比重均呈明显的上升趋势，特别是印度由2000 年的 0.3%上升至 2014 年的 0.95%，上升了约 3.2 倍。[①]这也从一个侧面说明新兴经济体的环保税改革已经启动。但多数新兴经济体的比重明显低于 OECD 成员国的平均水平，[②]这也说明新兴经济体的环保税征收仍处于初级阶段，存在较大的改进空间。

回顾近年来的全球环保税发展历程，主要呈现出以下几个特点：

其一，环保税的税目逐渐增多。OECD 早在 1996 年就建立了环境政策工具数据库（Policy Instruments for the Environment，PINE）。如今，PINE 数据库已经包含了 120 个国家同环境和资源管理相关的政策工具信息共计 3400 余条（3100 余条至今仍生效），其中包括 1400 余条环保税信息以及

---

①数据来源：OECD. Database on Environmentally Related Tax Revenue [DB/OL]. [2018-01-02]. http://www.oecd.org/environment/tools-evaluation/environmentaltaxation.htm.

②南非由 2000 年的 1.8%上升至 2014 年的 2.29%，大致与 OECD 成员国的平均水平持平。

49 个国家的 530 余条环境相关收费信息。①就全球而言，环保税仍然是最主要的环境政策工具，特别是在交通、能源、气候变化、空气污染等领域更是如此。

其二，覆盖领域逐渐扩大且细化。欧盟环境署依据纳税领域将环保税划分为能源税、交通运输税、污染及资源税（当然，在税务部门看来，资源税是否属于环保税还是有分歧的）。②如今，环保税纳税领域逐渐扩展至空气污染、生物多样性、气候变化、能源效率、土地污染、土地管理、自然资源、噪声污染、臭氧层保护、交通运输、废弃物管理、水污染共 12 个领域，趋向于涵盖环境保护的全部领域，并不断细化。其中能源领域对环保税收入的贡献最多，紧随其后的是交通领域。生物多样性是近几年被纳入环保税覆盖范围的。据统计，2011—2015 年，OECD 成员国与生物多样性相关的税收收入平均约为每年 20 亿美元，约占环保税收入的 0.56%。③

其三，征收环保税的国家不断增加。欧盟国家是环保税征收的先驱，20 世纪 90 年代初，以瑞典、丹麦、芬兰等为代表的欧盟国家率先进行了环保税改革，旨在改善环境问题（如德国），或减轻财政负担（如瑞典），后逐渐扩展至 OECD 各国（如日本）。如今，一些新兴经济体已经加入环保税改革的行列，例如，南非在 2016 年引入碳税，税率为每吨二氧化碳排放 120 兰特。④墨西哥近期的环境政策逐渐转向对运输燃料征税，于 2018 年完全放松对化石燃料价格的管制，并引入了适用于大多数化石燃料

①OECD. Database on Policy Instruments for the Environment[DB/OL].(2017-11)[2017-12-30]. https://pinedatabase.oecd.org.

②Steurer A，Jaegers T，Todsen S. Environmental Taxes in the EU[R]. Eurostat，2000:1.

③OECD. Database on Policy Instruments for the Environment [EB/OL].(2017-11)[2017-12-30]. https://pinedatabase.oecd.org.

④Nakhooda S. Carbon Tax in South Africa—The Political and Technical Challenges of Pricing Carbon[R]. ODI Working Paper，2014: 3.

的碳税。[①]可见，环保税的改革浪潮正逐渐蔓延至世界的每一个角落。

5.1.2“后哥本哈根时代”的各国环保税制改革实践

2007 年联合国政府间气候变化专门委员会的第四次报告指出，人类活动已然引起了全球温室气体排放的增加，1970—2004 年增加了 70%，并预测若化石燃料仍处于能源结构的主导地位，全球温室气体排放量在 2000—2030 年会增加 25%~90%，从而导致全球气候进一步变暖。[②]为应对气候危机，世界各国纷纷出台减排目标，以减少温室气体的排放，哥本哈根峰会、《京都议定书》、《巴黎协定》均是这一时期的有益探索。日益严峻的减排目标与通过税收来减少财政赤字的需要相结合，促成各国进行了以“碳税—能源税”为核心的环保税改革，如丹麦、瑞典、爱尔兰均在 2009 年进行（或试图进行）环保税改革。具体地，后哥本哈根时代各国的环保税改革，主要集中于能源税和碳税两个方面：

1.推动能源领域的相关税制改革

能源税与机动车及其他交通税收入是环保税收入中占比最大的两个税种，其征税目的都是减少能源（特别是化石能源）的使用对环境造成的危害。其中能源税占比最大，2014 年 OECD 成员国能源税收入占环保税总收入的 50%以上；机动车及其他交通税紧随其后。[③]此后 OECD 成员国在能源领域实施环保税改革的主要趋势是提高税率，扩大税基。

（1）能源税改革

澳大利亚、希腊、葡萄牙等 10 个国家，在 2016 年及以后对交通运输行业使用的燃料或提高税率或扩大税基。相对而言，爱沙尼亚、法国和南

①Arlinghaus J. Dender K V. The Environmental Tax and Subsidy Reform in Mexico［R］. OECD Taxation Working Papers，2017: 8.

②IPCC. Climate Change 2007: Assessment Report［R］. IPCC，2007:5.

③OECD. Tax Policy Reforms 2017: OECD and Selected Partner Economies［R］. OECD，2017: 76.

非的改革力度更大，在对所有行业使用的燃料提高税率的同时扩大了税基。这一时期，能源税的改革主要集中于提高交通运输领域的燃料税（参见表5.1）。

表5.1　部分国家能源税改革概览

行业	提高税率/扩大税基		降低税率/缩小税基	
	2016年	2017年及以后	2016年	2017年及以后
电力	韩国	韩国、拉脱维亚	希腊、荷兰	希腊
热力	芬兰、希腊、荷兰	芬兰	瑞典	希腊
交通运输	澳大利亚[b]、爱沙尼亚、墨西哥、葡萄牙、瑞典	比利时、爱沙尼亚、芬兰、希腊、冰岛、墨西哥、葡萄牙、挪威	瑞典[b]	—
所有行业	爱沙尼亚、法国、南非	爱沙尼亚	英国	英国

注：b表示生物燃料税，其余为传统能源税。瑞典在2016年降低了生物燃料税，但提高了传统能源税。

资料来源：OECD. Tax Policy Reforms 2017: OECD and Selected Partner Economies [R]. OECD, 2017: 79.

尽管能源税改革在减排方面做出了较大的贡献，但仍存在诸多问题。第一，非交通运输领域的能源使用课税偏低，未能有效反映其负面影响。从表5.1中可以看出，仅有韩国等少数国家提高了电力和热力生产所使用之燃料的税率。有些国家甚至降低了税率，部分原因是政策制定者担心课征重税可能会导致这些领域丧失竞争力。然而，Albrizio等指出，严厉的环境政策可以提高企业的生产效率，从而在长期视角来看会增加其竞争力。[①]第二，尽管柴油和煤炭的使用会对环境造成更大的污染，但在交通运输燃料税的征收过程中，柴油的有效税率显著低于汽油，在热力和电

①Albrizio B S, Botta E. Do Environmental Policies Matter for Productivity Growth?: Insights from New Cross-Country Measures of Environmental Policies [R]. OECD Economics Department Working Papers, 2014.

力行业中，煤炭的有效税率显著低于天然气和生物燃料等。[①]目前，部分国家已经开始着手解决这一问题，如比利时和法国降低了汽油消费税，同时增加了柴油的消费税。[②]第三，交通运输领域的能源税虽然较高，但并未反映随时间和空间变化的燃料使用对环境造成的不同影响，例如城市中的污染和拥挤成本在高峰时段较为严重，而燃料税在所有时间段内是相同的，并未区分高峰期和低谷期。如果能源税率能够更好地反映能源使用的外部成本，则其在减弱能源使用对环境产生的负面效应方面，就会有更加卓越的表现。[③]

（2）机动车及其他交通税改革

这一领域的改革主要涉及车辆税和一次性注册税（即车辆投入使用时支付的税款），主要措施包括：增加传统能源汽车的税收以及扩大对新替代能源汽车的税收减免。在增加税收方面，芬兰、拉脱维亚、葡萄牙、南非和土耳其五国提高了车辆税税率，冰岛减少了对汽车租赁公司的税收减免。[④]与之相比，注册税仅在希腊和葡萄牙两国有所提高，而在丹麦、芬兰和荷兰三国则有所降低，其主要原因在于较高的注册税可能造成老旧的高污染车辆运行更长时间，从而对环境造成更大的负面影响。[⑤]总的来说，这一改革带来了可观的财政收入。据估计，2011—2012 年度英国与机动车相关的税收有可能超过 380 亿英镑，约为英国税收总额的 7%。[⑥]在税收减免方面，2016 年，已有 19 个 OECD 成员国对替代能源车辆采取了税收减

①OECD. Taxing Energy Use: A Graphical Analysis[R]. OECD，2013.

②王智烜. OECD 环境税发展趋势及政策启示[J]. 国际税收，2017(4).

③OECD. Taxing Energy Use 2015: OECD and Selected Partner Economies[R]. OECD，2015.

④OECD. Tax Policy Reforms 2017: OECD and Selected Partner Economies[R]. OECD，2017: 76.

⑤OECD. Consumption Tax Trends 2016: VAT/GST and Excise Rates，Trends and Policy Issues[R]. OECD，2016.

⑥Johnson P，Stoye G. Fuel for Thought: the what，why and how of Motoring Taxation [R]. Institute for Fiscal Studies，2012.

免政策。这种针对机动车的差别化税收，目的在于鼓励车主使用污染更小的车辆，但柴油车燃油效率更高，排放的污染物更多，若在税制设计的过程中仅根据燃油效率征税，可能会变相激励柴油车的购买，不利于环保目标的实现。①

2.开征碳税

二氧化碳是最主要的温室气体，据统计，2012 年美国排放的温室气体中，二氧化碳占比 82.5%。②作为碳定价形式之一的碳税，是针对二氧化碳排放量的一项税收。通过对二氧化碳排放征税释放市场信号，引导市场参与者转向二氧化碳排放量较少的生产方式，从而达到减排的目的。与碳排放交易不同，碳税并不能够保证减排量，而仅规定了二氧化碳排放的边际成本。碳税既可以作为独立的工具，也可融入其他碳定价工具之中（如能源税）。2008 年以来，多个国家引入了碳税，使碳税作为独立工具的进程逐渐加快（参见表 5.2）。截至 2021 年，世界范围内国家层面施行的碳税共有 35 种。③据估计，至 2030 年各国碳税财政收入潜力约可达到 GDP 的 1%~2%。④

总体而言，各国碳税征收呈现出以下两个特点：第一，征税范围较为统一，多为化石燃料。碳税，顾名思义应对二氧化碳的排放量征收，但考虑到排放量难以衡量、监测设备费用高昂等因素，碳税的征收采用了一种较为简便的替代方式，即对化石燃料征收，在这一点上各国已达成共识。⑤

①OECD. Car Purchase Tax: Green Reform in Israel[R]. OECD，2016.

②Environmental Protection Agency. Inventory of U.S. Greenhouse Gas Emissions and Sinks:1990-2012[R]. Environmental Protection Agency，2014:8.

③World Bank. State and Trends of Carbon Pricing 2021[R]. World Bank，2021:13.

④Ian Parry. Putting a Price on Pollution Carbon-pricing Strategies could Hold the Key to Meeting the World's Climate Stabilization Goals?[J]. FINANCE & DEVELOPMENT，2019(4).

⑤Marron D B，Toder E J. Tax Policy Issues in Designing a Carbon Tax [J]. American Economic Review，2014,104(5).

表 5.2 部分国家碳税征收情况

年份	国家	税率[1]	征税范围	覆盖比例[2]
2008	加拿大[3]	30CAD	购买或使用燃料	70%
2008	瑞士	68USD	未被欧盟碳排放交易体系(EU-ETS)覆盖的化石燃料	30%
2010	冰岛	10USD	进口液体化石燃料	50%
2010	爱尔兰	20EUR	未被欧盟碳排放交易体系(EU-ETS)覆盖的化石燃料	40%
2012	日本	2USD	含有 CO_2 的化石燃料	65%
2013	英国	15.75USD	用于发电的化石燃料	25%
2014	智利	5USD	电力部门的排放	42%
2014	法国	22EUR	化石燃料产品(基于 CO_2 含量)	35%
2014	墨西哥	10–50MXN	化石燃料的销售和进口	46%
2016	南非	120SAR[4]	燃料燃烧及非能源工业加工的排放	80%

注:1.单位均为每吨 CO_2 排放。考虑到税率的变化性,本表中加拿大为 2012 年税率,爱尔兰为 2013 年税率,瑞士、冰岛、日本、英国、墨西哥为 2014 年税率,法国和南非为 2016 年税率,智利为 2018 年税率。2.覆盖的温室气体的比例。3.首先开始于不列颠哥伦比亚省,随后扩展至全国。4.税率将以每年 10%的速度增长,直至 2019 年底。

资料来源:(1)World Bank. State and Trends of Carbon Pricing 2017 [R]. World Bank, 2017.(2) Marron D B, Toder E J, Austin L. Taxing Carbon: What, Why, and How[R]. Tax Policy Center of Urban Institute & Brookings Institution, 2015. (3)World Bank. Putting a Price on Carbon with a Tax[R]. World Bank, 2014.

同时,我们也注意到,除去化石燃料的燃烧,水泥和一些化学品的生产过程也会排放二氧化碳,但目前仅有少数国家(如南非)将这些行业纳入了碳税的征收范围。

第二,税率动态化上浮,部分国家采用渐增式税率。例如,法国的税率由 2014 年的 7 欧元涨至 2015 年的 14.5 欧元,①2021 年已经上升至 44.8 欧元。②而南非在碳税施行之初便规定税率将以每年 10%的速度增长,直

①World Bank. Putting a Price on Carbon with a Tax[R]. World Bank, 2014:3.

②European Court of Auditors. Energy Taxation, Carbon Pricing and Energy Subsidies[R]. European Court of Auditors, 2022: 18.

至2019年底，[①]2022年南非碳税税率提高至144兰特（约合9.6美元）。[②]据测算，税率的动态化上浮有利于降低排放量。Jorgensen等估测，若税率以每年高于通胀率5%的速度提高，那么最初的20美元碳税将在第15年减少20%的排放量，第35年减少的排放量将超过30%。[③]同样的，Mckibben等预测，若15美元的碳税以4%的速度增长，排放量将在第25年降低20%。[④]

虽说碳税的开征始于1990年，但之后的较长时间内它无迹可寻，直至2008年国际金融危机后，碳税才重回人们的视野。所以从某种程度上讲，碳税如今正处于起步阶段，仍面临着诸多挑战。首先，由表5.2我们不难发现，各国的碳税税率并不统一，且差别较大，因此各国在征收时难免考虑到经济增长、国际竞争力等问题，这也是许多国家对碳税征收犹豫不决，甚至在开征后又取消的主要原因。澳大利亚在2012年曾推出了碳税政策，却在2014年因考虑到能源价格和经济增长而放弃了，成了第一个取消碳税的国家。[⑤]即使部分国家已经征收碳税，但为保证其竞争力不受损害而出台了一系列税收优惠和减免措施，导致碳税的效果大打折扣。温室气体排放作为一个全球性问题，原则上其税率应在全球范围内统一，但考虑到政治等因素，税率统一着实难以实现，但各国可以通过谈判、合作等机制减小税率差异带来的不利影响。其次，碳税未能覆盖全部的温室

①Nakhooda S. Carbon Tax in South Africa—The Political and Technical Challenges of Pricing Carbon[R]. ODI Working Paper，2014:3.

②South African Government News Agency. Carbon Tax Rate to Increase to R144[EB/OL].（2022-02-23）[2022-04-20]. https://www.sanews.gov.za/south-africa/carbon-tax-rate-increase-r144.

③Jorgenson D W，Goettle R J，Ho M S，et al. Carbon Taxes and Fiscal Reform in the United States[J]. National Tax Journal，2015(1).

④Mckibbin W J，Morris A C，Wilcoxen P J，et al. Carbon Taxes and U.S. Fiscal Reform[J]. National Tax Journal，2017(1).

⑤Marron D B，Toder E J，Austin L. Taxing Carbon: What，Why，and How [R]. Tax Policy Center of Urban Institute & Brookings Institution，2015:20.

气体排放，最高如南非也仅覆盖了 80%，低者如英国覆盖率只有 1/4。据统计，全部碳定价政策（包括碳税和碳定价交易系统）也仅涵盖了全球温室气体排放量的 15%。[①]如何扩大碳税的覆盖面积，将成为提升其效能以获得进一步发展的关键问题。

碳税作为一个新税种，将为财政带来新的收入，美国国会预算局 2013 年就曾预测若征收 25 美元的碳税，并以每年 2%的速度增长，后续的十年间将为财政带来大约 1 万亿美元的收入。[②]那么碳税带来的新增收入应该如何支出呢？Marron 等认为，在使用碳税收入时应该综合考虑政策目标和政治因素。[③]仅就政策目标而言，碳税的使用方式大致可分为两种：第一，用于进一步支持温室气体的减排等环境支出。例如，拉脱维亚的碳税由 2016 年的 3.5 欧元（每吨 CO_2 排放）上升至 2017 年的 4.5 欧元（每吨 CO_2 排放），且碳税收入用于包括治理气候变化在内的环保领域。[④]新加坡于 2019 年引入碳税，税率为每吨 CO_2 排放 5 新加坡元，[⑤]碳税收入主要用于资助工业减排措施。[⑥]第二，用于税收循环（revenue recycling），即降低个人所得税或雇主的社会保障支出。例如，加拿大不列颠哥伦比亚省（British Columbia）于 2008 年对无铅汽油开征碳税，并将前三年的全部收入约 18.49 亿美元，用于降低个人和企业所得税税率，[⑦]这一做法也是颇具启示性的。

---

①World Bank. State and Trends of Carbon Pricing 2017[R]. World Bank, 2017:43.

②Congressional Budget Office. Options for Reducing the Deficit: 2014 to 2023[Z]. CBO, 2013.

③Marron D B, Morris A C. How to Use Carbon Tax Revenues [J]. Social Science Electronic Publishing, 2016.

④Republic of Latvia. Amendments to the Natural Resources Tax Law[Z]. Republic of Latvia, 2017.

⑤National Climate Change Secretariat. CARBON TAX[EB/OL]. [2022-04-20]. https://www.nccs.gov.sg/singapores-climate-action/carbon-tax/.

⑥World Bank. State and Trends of Carbon Pricing 2017[R]. World Bank, 2017:51.

⑦OECD. OECD Environmental Performance Reviews: Canada 2017[M], OECD Publishing, Paris, 2017.

5.1.3 各国环保税制改革的效果评价及其启示

1.辩证认识环保税改革的环境效应和经济效应

在后哥本哈根时代，全球变暖成为最棘手的环境问题，为此，世界各国开展了旨在减少温室气体排放的新一轮环保税改革，并将改革重点放在碳定价机制（碳税和碳排放交易制度）上，其目标在于运用价格机制来达到减排的目的。碳定价机制之所以备受推崇，首先在于其显著的减排效应和经济效应。譬如，2000—2012年的十余年间，瑞典作为碳价最高的国家，其经济增长了约30%，同时排放量降低了16%，运用可再生能源的发电量由2004年的39%增长至52%，在经济发展的同时推动了温室气体的减排和能源转型。[①]其次，在于其低廉的行政成本。OECD的一项研究发现，为减少电力部门的二氧化碳排放，碳定价的成本为每吨CO_2排放15~45美元，而同等情况下，其他政策如规制、补贴等的成本则要高得多，减少一吨CO_2排放需要耗费75~265美元。[②]

不过，越来越多的国家也开始意识到，若将环保税作为一个孤立的工具，其效果将大打折扣。首先，环保税作为一个惩罚性税种，并未对污染排放设定上限。其次，环保税，特别是碳税对企业竞争力的负面影响，成了许多国家不愿征收碳税的主要原因。Terry Eyland曾经指出，单边施行严厉的碳税政策会增加能源密集型产业的成本，从而降低其在国内和国际市场的竞争力。[③]最后，正如Blobel所指出的，如何公平地对待贫困

---

①World Bank. What Does Carbon Pricing Success Look Like? Ask These Leaders[EB/OL].(2014-09-18)[2018-01-02].http://www.worldbank.org/en/news/feature/2014/09/18/what-does-carbon-pricing-success-look-like-ask-the-leaders.

②OECD. Climate and Carbon: Aligning Price and Policies[R]. OECD, 2013.

③Dissou Y, Eyland T. Carbon Control Policies, Competitiveness, and Border Tax Adjustments[J]. Energy Economics, 2011(3).

家庭，也是环保税改革应该考虑的问题之一。①例如，贫困家庭收入的25%都用于水、电及交通消费，而一般家庭的这一比例仅为10%，因此若不实施碳税循环政策，碳税很有可能损害贫困家庭的利益。②因此，相比于单一的税收手段，辅助以多种补充性政策，如补贴、行政规制、自愿性协议、税收返还、碳税循环政策等，能够有效弥补环保税的不足，以达到更优的环保效果。

2.辩证认识发达国家和发展中国家的环保税改革

当前的环保税改革主要由发达国家主导，并提出了一系列减排目标，鼓吹低碳经济发展路径，甚至试图推行“碳关税”。但我们应该注意到，发达国家工业化进程较早，经济发展较快，一度是温室气体的排放大户。据统计，1870—2013年间，美国和欧洲国家占据了全球大部分的碳排放量，分别为26%和23%。③而且，发达国家已经完成了财富积累和环保技术的储备，有能力进行环保战略的革新和低碳经济发展路径的转型。而以我国为代表的发展中国家正处于经济中高速发展阶段，环保技术相对缺乏，面临着经济发展和环境保护的双重诉求。因此，发达国家和发展中国家存在着截然不同的环保税改革成本。OECD曾经利用WITCH（World Induced Technical Change Hybrid Model）模型模拟了全球实施碳税的减排成本情况，结果表明碳税政策在全球范围内的实施确实有利于温室气体减排，但若没有资金援助，发展中国家的减排成本将远高于发达国家。④而发达国家却未必热衷于提供无偿的资金援助或技术支持，反而意图征收“碳关税”

---

①Blobel D，Gerdes H，Pollitt H，et al. Implications of ETR in Europe for Household Distribution［A］. In P.Ekins，S.Speck eds. Environmental Tax Reform: A Policy for Green Growth［C］. Oxford: Oxford University Press，2010.

②杨姝影，蔡博峰，曹淑艳. 国际碳税研究［M］. 北京：化学工业出版社，2011：97.

③方向明. 七张图看懂碳排放的国际政治：世界不达标［EB/OL］.（2014-12-03）［2018-01-04］. http://news.hexun.com/2014-12-03/171056723.html.

④杨姝影，蔡博峰，曹淑艳. 国际碳税研究［M］. 北京：化学工业出版社，2011：97.

以解决“碳泄露”问题，这实质上是发达国家借助国际贸易中的关税问题，对发展中国家施加减排压力，也可视为一种贸易保护主义。[①]在此种环境下，我国的环保税改革应该何去何从呢？至少有这样几个问题是值得进一步深入思考的：

首先，建立全面的环保税体系。我国应按照广义的环保税定义来建立全面的环保税体系。既要包含专门的环保税法，如 2018 年 1 月 1 日正式实施的《环境保护税法》；又要包含为实现特定减排目标而推行的碳排放权交易机制及其相关税收，其中碳排放权交易机制已于 2017 年正式启动，但其相关税收的规定仍然缺乏。除此之外，还要包含一些影响环境的其他税种，如资源税、消费税等。更为重要的是，要将环保税置于环保制度体系中看待，与其他环保政策相配合，以达到最优的环保效果。

其次，提高环保税的支出效率。提到支出效率，首先要考虑的是环保税的归属权问题。《国务院关于环境保护税收入归属问题的通知》规定：“环境保护税全部作为地方收入”。也就是说，目前我国的环保税属于地方税。但这很容易造成地方政府和企业的合谋，面对高昂的技术更新成本，企业或许倾向于缴税，而地方政府为争夺税源，会放松环境管制，在缺乏其他强制性辅助措施且无上限封顶的情况下，很容易形成企业多污染、多缴税的局面，这自然违背了环保税的设计初衷。这也从一个侧面说明，环保税等具有惩罚性和抑制性色彩的税种，不管如何加以改造，都是不宜作为地方税或者中央地方共享税的。[②]其次，要考虑到环保税的使用问题。可以采用“两步走”的策略，即在征收初期施行环保税专款专用，待污染排放量减少后，再纳入一般公共预算体系进行统筹管理。[③]

①何亚非. 气候变化谈判进入关键时刻[EB/OL].（2015-03-31）[2018-01-04].http://www.yicai.com/news/4592511.html.

②马蔡琛，朱旭阳. “以税控烟”视角的烟草税制改革[J]. 税务研究，2017(9).

③陈斌，邓力平. 对我国环境保护税立法的五点认识[J]. 税务研究，2016(9).

最后，完善环保税的补充性政策。发达国家的环保税征收经验表明，仅靠环保税是难以实现有效减排的目标的。因此，在征收环保税时，要注重相关补充性政策的协调配合。为弥补环保税不设上限的缺陷，可通过碳排放交易系统进行总额控制，或将环境指标纳入地区和官员的考核体系，强化地方政府的环保意识。在征收作为惩罚措施的环保税之外，也可施行激励措施，如加强对可再生能源的补贴等，以改变依赖化石能源的现状，推动能源转型。

5.2 构建以环境保护税为基础的绿色税收体系①

2018年1月1日，《环境保护税法》正式实施。这是我国第一部专门体现“绿色税制”、推进生态文明建设的单行税法，是绿色税制发展的一个重要里程碑。环境保护税的开征，改善了以往排污费各地标准不统一以及强制性不足等问题，也增强了税收缴纳的监管力度。但现行环境保护税作为单一税种，并没有包括通常意义上环境保护税覆盖范围中的全部征收内容，其收入也难以弥补政府在环境保护方面的相关支出。因此，构建以环境保护税为基础、多税种相协调、并与行政事业性收费相互补充的绿色税收体系，对于发挥环境保护税的生态性和经济性具有重要的作用，也是我国环境保护税收体系进一步完善的重要方向。

5.2.1 绿色税收的相关政策比较

绿色税收一词的广泛使用大约在1988年以后。《国际税收辞汇》中将“绿色税收”定义为：对纳税人投资于防止污染或保护环境的资产给

①本节由马蔡琛和赵笛合作完成。

予的税收减免，或对污染行业或使用污染物征收的税。[①]20世纪90年代初期，OECD成员国中的少数国家开始了绿色税收改革，北欧国家是其中的先驱。[②]结合广泛的环境保护税及绿色税收的定义，本节所讨论的绿色税收体系不仅包括污染税、资源税、能源税等环境保护方面的税种，也包括相关行政事业性收费，从而构建多税种相协调、税收与收费相补充的绿色税收体系。

1.环境保护税的覆盖范围

根据《环境保护税法》，环境保护税的应税污染物为规定的大气污染物、水污染物、固体废物和噪声，污染物排放为主要征税对象。但在国际上对于环境保护税（environmental tax）的普遍定义中，其更加准确的命名应该是"环境保护相关税"（environmental-related tax），征税范围不仅包括污染物排放，也包括能源、资源的使用等多方面。各国对于环境保护税制范围的界定，大多秉承"污染者付费"原则，试图通过激励措施内化环境成本。OECD将环境保护税定义为"对实物单位（或其替代物），并已证明对环境具有特定的负面影响的税基征税。环境保护税分为四类：能源税、运输税、污染税和资源税。"[③]由此看来，广义的环境保护税概念不仅包括我国环境保护税的定义范围——污染类环境保护税（或称污染税），能源税、运输税、资源税等相关税种也应包括其中。

并且，在各国的环境保护相关税收中，污染类环境保护税是其中占比最少的一部分。曾经有调查显示，很少有（如果有的话）对污染进行真正征税的例子，更典型的环境保护税目标聚焦于污染相关的投

①荷兰国际财税文献局. IBFD国际税收辞汇[M].《IBFD国际税收辞汇》翻译组，译. 北京：中国税务出版社，2016：216.

② OECD. Environmentally Related Taxes in OECD Countries：Issues and Strategies [R]. Paris：OECD，2001：51.

③ UN，EC，IMF，OECD. Handbook of National Accounting：Integrated Environmental and Economic Accounting 2003[R]. New York：United Nation，2005：220.

入或产出。①根据欧盟的统计可以看出，环境保护相关税收收入中，能源税占据了其中较大的一部分，而污染税占比则少之又少（详见图 5.2），很多国家并没有专门针对污染征收的环境保护税。②

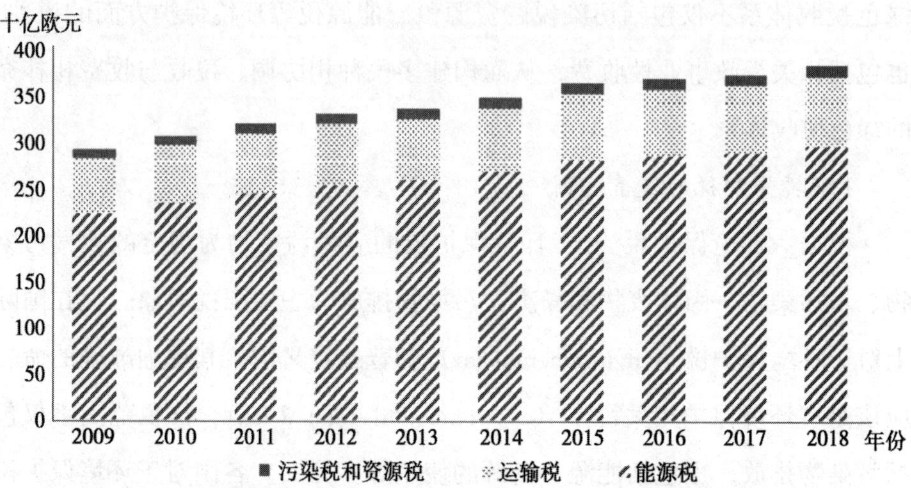

图 5.2 欧盟成员国能源税、运输税与污染和资源税的征收总额

数据来源：EUROSTAT. Environmental Tax Statistics [EB/OL]. [2020-10-13]. https://ec.europa.eu/eurostat/statistics-explained/index.php/Environmental_tax_statistics.

2.环境保护税与收费的比较分析

针对环境保护的相关收费有三种形式，包括排污费、使用费和产品费。收费相较于税收而言，所支付的费用是与受益人所获得的利益成比例的。③根据 OECD 的定义，排污费是依据污染物的数量和质量的测量或估算直接付款。使用费是支付集体服务的费用。在自然资源管理中，使用费是使用自然资源的费用。产品费适用于通过制造、消费或处置造成污染

①Fullerton D, Hong I, Metcalf G E. A Tax on Output of the Polluting Industry is not a Tax on Pollution: The Importance of Hitting the Target [M]//Behavioral and Distributional Effects of Environmental Policy. Chicago: University of Chicago Press, 2001: 13-44.

②OECD. Compare Your Country: Environmentally Related Tax Revenue [EB/OL]. [2020-10-13]. https://www1.compareyourcountry.org/environmental-taxes/en/3/all/default.

③OECD. Policy Instruments for the Environment Database 2017 [R]. OECD, 2017: 6.

之产品（例如化肥、农药或电池）的费用。[①]在各国实践中，荷兰从 20 世纪 70 年代开始对重金属（针对大型企业）和有机化合物（针对农业、家庭和工业）征收的排污费，在减少排放方面取得了很大的成功，在实施的近 20 年内，有机排放量就减少了 50%~75%。[②]瑞典对于氮氧化物排污费的征收也带来了较好的成效，1990—1992 年氮氧化物排放量减少了 50%，并加速了燃烧技术的创新。

值得注意的是，税收和收费的概念不同，但在实践中，不同国家使用不同的术语描述类似的工具，并且税收和收费的术语经常互换使用，导致对于环境保护"税"和"费"的界定仍然相对模糊。一般来讲，"税收"表示收入用于一般预算的强制性征收，"收费"则表示收入用于特定用途、特定服务提供或其他活动的强制性征收。[③]收费和税收均由法律规定，收费在一定程度上也具有税收的性质（参见图 5.3）。例如，根据美国联邦法律，收税纯粹是一种增加收入的手段，而收费则旨在抵消政府的成本。因此，税收收入通常作为政府一般收入的一部分，而许多收费收入则必须放在财政部门的专项基金中。在欧盟对于税收和收费的定义中，都强调了强制性支付的特征，税收可以补充政府的一般性收入，且税款缴纳与提供的服务之间没有联系或联系不成比例，而收费则专门用于补充政府环境保护服务。在大多数国家的绿色税收体系中，环境保护相关税收与污染费、使用费等收费都包括在其中。

---

① Working Party on Economic and Environmental Policy Integration. Economic Instruments for Pollution Control and Natural Resources Management in OECD Countries: A Survey [R]. Paris: OECD, 1999: 7-8.

② AfroMaison. Pollution Charges [EB/OL]. [2020-09-01]. http://www.afromaison.net/eco_dss/pdf/Pollution_Charges. pdf.

③ ECOTEC. Study on the Economic and Environmental Implications of the Use of Environmental Taxes and Charges in the European Union and its Member States [R]. Birmingham: ECOTEC, 2001: 4.

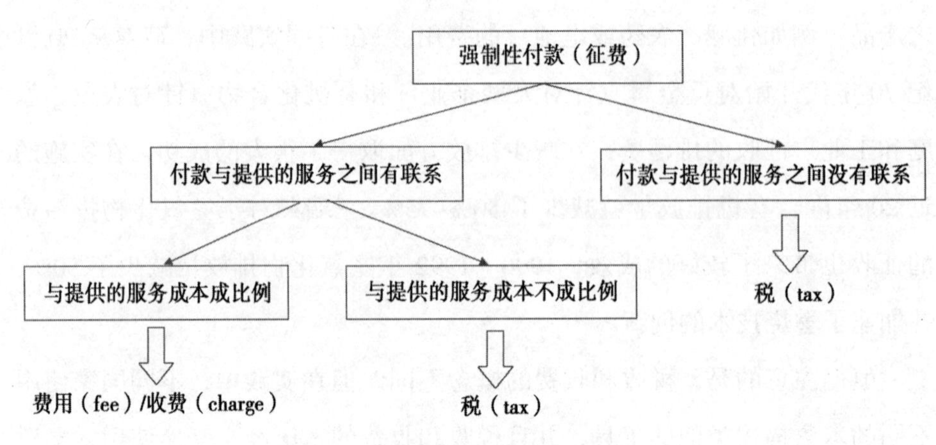

图 5.3　税收与费用/收费之间的关系

资料来源：Eurostat. Environmental Taxes: A Statistical Guide ［R］. Eurostat Manuals and Guidelines, 2013: 21.

在开征环境保护税之前，我国在相当长时间内采用排污费作为减少环境污染外部性的措施。排污收费制度从 1981 年年底在部分省市开展试点，随后征收范围不断扩大，包括污水、噪声、二氧化硫等污染物逐渐纳入其征收范围。2003 年《排污费征收使用管理条例》颁布，在排污收费政策体系、收费标准以及使用和管理方式上进行了重大改革。在我国排污费的发展过程中，征收环境保护税的方案也在酝酿之中。纵观从排污收费到《环境保护税法》的演变过程，体现了从费到税的“整体平移”特征，即纳税人、税目、计税依据和税额标准四个基本政策要素总体稳定。环境保护税大体上维持了排污收费的政策设计，但也局部提高了征收强度和正向激励，并增强了规范性，个别条款放宽了原有要求。从目前各国实践来看，环境保护税收和收费都是绿色税收体系的重要组成部分。两者的不同特征，体现了其在环保政策及经济发展中的不同作用。因此，在我国绿色税收体系的构建中，也应注重环境保护税与收费的相互配合、协同可持续发展。

3.环境保护税与排放权交易的比较分析

排放权交易（emissions trading）也称为总量控制和交易（cap and

trade）或排放交易计划（emissions trading scheme），是一种基于市场的方法，通过提供经济诱因减少污染物的排放。[①]在实践中，排放权交易经常被用于对气体排放特别是温室气体排放的治理中。

在目前各国的污染权交易实践中，碳排放交易已成为主要内容。本着"总量控制与交易"的原则，2005年欧盟"排放交易计划"的建立是世界上第一个国际排放交易系统。[②]目前全球已有29项关于碳排放交易体系的碳定价机制正在或计划实施。[③]2011年我国国家发展改革委印发《关于开展碳排放权交易试点工作的通知》，批准北京、上海、天津、重庆、湖北、广东和深圳七省市开展碳交易试点工作。2021年7月16日，全国统一的碳排放权交易市场正式开启上线交易。截至2021年底，全国碳排放配额成交量达1.79亿吨二氧化碳当量，交易额76.61亿元。[④]

排放权交易相较于税收和收费更具灵活性，是达到既定减排目标颇为经济有效的方法，并提供了一个清晰的价格信号来衡量减排投资。[⑤]而且，排放权交易相较于其他政策方式以更低的成本减少了排放，激励企业创新，也比其他政策工具更能应对经济波动。[⑥]因此，排放权交易虽然不是环境保护筹资的唯一手段，但因其灵活性、低成本和市场性质的优势，也是颇为值得推广的政策手段之一。2020年的一项研究发现，即使碳价设定为低价，欧盟排放交易系统也成功减少了二氧化碳排放。[⑦]

---

①Stavins R N. Experience with Market-Based Environmental Policy Instruments［M］. Handbook of Environmental Economics. Cambridge: Elsevier，2003:355-435.

②European Commission. EU ETS Handbook［R］. Brussels:European Commission，2015:4.

③World Bank. State and Trends of Carbon Pricing 2021［R］. World Bank，2021:13.

④生态环境部. 全国碳市场第一个履约周期顺利结束［EB/OL］.（2021-12-31）［2022-04-20］. https://www.mee.gov.cn/ywgz/ydqhbh/wsqtkz/202112/t20211231_965906.shtml.

⑤IETA. Emissions Trading［EB/OL］.［2020-09-23］. https://www.ieta.org/Emissions-Trading.

⑥IETA. Benefits of Emissions Trading［EB/OL］.［2020-09-23］. https://www.ieta.org/resources/Resources/101s/ieta-emissions-trading-101-library-april2015.pdf.

⑦Bayer P，Aklin M. The European Union Emissions Trading System Reduced CO2 Emissions Despite Low Prices［J］. Proceedings of the National Academy of Sciences. 2020(16).

5.2.2 环境保护税的财力分配与使用方向

1.环境保护税的财力分配

地方政府是一国环境保护投资的重要力量，当前的环境污染大多有地域性特征，治理环境污染也是各地方政府的责任。①在可获得数据的30个OECD成员国中，2000—2016年间，城市和地区负责了55%对气候变化有直接影响的部门支出以及64%的投资。②因此，若环境保护税的收入可以直接由地方政府管理和使用，将会在很大程度上缓解地方政府的环境保护支出压力。但由于环境保护税具有较强的惩戒性与抑制性色彩，作为地方税的环境保护税，可能会造成地方政府与企业的合谋，或为了更高的税收而放松环境管制，这就违背了环境保护的初衷。③在各国的环境保护税实践中，法国对全国性的污染项目由中央和地方共同征收，地方性污染项目则由地方政府征收，便于地方政府直接应用于污染项目的治理，减少资金划拨程序。④但欧盟环境保护税清单显示，中央税收收入通常包括占比较高的环境保护税种，对于污染税这种收入占比较小的税种才通常由地方政府征收。⑤因此，即使地方政府得到了对污染税的征收权，也很难弥补其全部环境保护成本。过去十多年中，印度尼西亚税收体系在增加收入和行政效率方面都取得了较大的成效，但地方政府直接筹集的税收收入仅占税收总收入的10%，地方在很大程度上仍然依赖于中央政府的转移支付以资

①罗宏，陈煌，杨占红. 环境保护税与中国实践[M]. 北京：中国环境出版集团，2019.

②OECD. Financing Climate Objectives in Cities and regions to Deliver Sustainable and Inclusive Growth[EB/OL](2019-09-17)[2020-09-24]. https://www.oecd.org/cfe/Financing-Climate-Flyer.pdf.

③马蔡琛，苗珊. 后哥本哈根时代全球环保税制改革实践及其启示[J]. 税务研究，2018(2).

④葛新锋，朱易捷. 我国实施环保税面临的问题及国际经验借鉴[J]. 金融纵横，2018(3).

⑤ EUROSTAT. Environmental Taxes：A Statistical Guide [R]. Brussels：European Commission，2013：28.

助环保等公共服务。[①]

在我国征收排污费的早期，排污费由中央和地方按 1:9 的比例分成，2017 年 12 月颁布的《国务院关于环境保护税收入归属问题的通知》则要求“环境保护税全部作为地方收入”。尽管环境保护税的环保意义要高于其财政收入意义，但在全面“营改增”之后，其作为完全归属地方的税种，日益成为地方政府的重要收入来源。不过，环境保护税的收入仍旧难以覆盖地方环境保护的相应支出。2019 年，全国环境保护税收入 221 亿元，同比增长 46.1%；而全国节能环保支出 7 444 亿元，同比增长 18.2%。[②]

2.环境保护税的使用方向

环境保护税收入是否应该专款专用是理论界长期以来讨论的话题。在环境保护税征收和使用的建议中，经常有研究者强调将环境保护税作为“指定用途”的收入。庇古在 1920 年的《福利经济学》一书中就提出应将环境保护税专门用于特殊目的。[③]但实际上，特定目的税之收入水平不太可能全面追踪特定政策领域的适当支出水平，从而会导致资金不足、资金过多或税率不断调整的情况出现。[④]Bretta（2000）从政治不确定性的角度出发，指出特定目的税与财政收支良好准则之概念背道而驰，往往是低效率的。此外，如何对专款专用的环境保护税加以跟踪和监督，以确保其用于环境保护方面，也是个难题。

---

① OECD. OECD Green Growth Policy Review of Indonesia 2019 ［R］. OECD Environmental Performance Reviews，2019:112.

②财政部. 2019 年财政收支情况 ［EB/OL］. （2020-02-10）［2020-10-13］. http://www.gov.cn/xinwen/2020-02/10/content_5476906.htm.

③ Jiang T. Earmarking of Pollution Charges and the Sub - Optimality of the Pigouvian Tax［J］. Australian Journal of Agricultural and Resource Economics，2001(4).

④OECD. Environmental Taxation:A Guide for Policy Makers［R］. Paris:OECD，2011:8.

然而，即使对于税收收入专款专用的使用效率和经济效果仍存在很大争议，在各国环境保护税收入的使用上，进行专款专用的例子仍旧很多。OECD 和欧盟的数据统计中，分别显示了 18 个国家的 65 种特定目的税以及 23 个国家的 109 种特定目的税，但总体而言，收费收入专款专用的情况要高于税收收入。[①]日本的能源税大多专门用于道路建设等专用支出，此外还有小部分税收用于机场建设、石油补贴以及燃油补贴。[②]在韩国，部分运输税自 2005 年开始用于环境保护的专项支出。[③]部分国家还将环保相关税收收入用于专门设定的环境保护基金，以对特定目的税之征收和使用进行严格管理。例如，OECD 成员国设立综合环境基金，以规范环境保护税收入的使用，分为国家级综合环境基金和地方环境基金。[④]美国在设立由环保部门专门管理的超级基金之基础上，还针对不同税收类型设置了相应的基金储备。例如，对石油征收消费税以资助石油溢油责任信托基金，对煤炭征收消费税为黑肺伤残基金提供资金。[⑤]我国《环境保护税法》中并没有对环境保护税专款专用的明确要求，地方政府可以对环境保护税收入进行分配和管理。在未来的绿色税收体系构建中，可以选择收费收入进行专款专用，而税收收入则用于充实一般公共预算。

---

①OECD. Environmentally Related Taxes in OECD Countries: Issues and Strategies [R]. Paris: OECD, 2001: 26.

②Ishi H. A Design of Environmental Taxes in Japan [J]. Hitotsubashi Journal of Economics, 1995 (1).

③Bird R M, Jun J. Earmarking in Theory and Korean Practice [R]. Toronto: International Tax Program Paper 513, 2005.

④郭朝晖. 关于我国环境保护税制设计的思考[J]. 地方财政研究, 2011(5).

⑤Williams III R C. Environmental Taxation[R]. Cambridge: National Bureau of Economic Research Working Paper, 2015: 7.

5.2.3 绿色税收体系的配套税种设置

与污染相关的环境保护税只是绿色税收体系的一部分。除此之外，能源税、运输税等也是绿色税收体系的重要组成。

1.能源税

能源税是指政府为了减少能源的浪费并促进能源的有效使用，对石油、煤炭、天然气、电力等能源征收的税收，从而激励企业和个人使用清洁能源，减少能源的使用和浪费。其中，碳税是对化石燃料的碳含量收税，也是能源税的一部分。1990 年芬兰开始实施碳税，最初仅涵盖热力和电力生产，后来逐渐扩展到运输和取暖燃料。①

从历史上看，大多数国家通过征收能源税，使得碳排放量相应减少。英国自 1990 年征收能源税以来，二氧化碳排放量稳定下降，到 2016 年，降至 19 世纪最后十年以来的最低水平；丹麦和瑞典在 20 世纪 90 年代初期采用碳税以来，其碳排放量分别减少了 25%和 20%。②在我国，能源税并不是一个独立的税种，而是散见于以各种能源产品为课税对象的间接税，以及更广泛意义上的能源开采环节的资源税。③但目前消费税等税种对燃油、石油等能源的征税，未能充分体现其环境保护意义，因此在后续能源税的构建中，可以将消费税中的燃油、汽油等能源相关税目以及相应收费项目提取出来，单独设立能源税（或燃油税）进行征收，从而进一步强调其环境保护作用。

---

①World Bank. Putting a Price on Carbon with a Tax ［EB/OL］.［2020-09-27］. https://www.worldbank.org/content/dam/Worldbank/document/SDN/background-note_carbon-tax.pdf.

②Kagan J. Energy Tax[EB/OL].(2018-06-05)[2020-09-27]. https://www.investopedia.com/terms/e/energy-tax.asp.

③崔景华，李浩研. 碳税与能源税之制度协调模式分析[J]. 税务研究，2012(2).

2.运输税

运输税也是绿色税收体系的重要组成部分，是政府为了维护公路、河流和机场而对车辆、轮船和飞机征收的税。[①]运输税的分类方式有两种，一种是根据课税对象进行分类，分为对车辆、基础设施或车辆使用的收税；另一种是根据固定的或可变的征税对象进行分类。[②]例如，车辆购置税的征收与车辆使用的地点和数量无关，是在购买车辆时征收，是相对固定的；而使用费、过路费等则是与具体使用情况有关，是可改变的。

其中，固定类运输税是最直接也最容易计量的税收方式，欧盟内部化交通成本的核心要素是"高速公路大型运输车辆税标签指令"。该指令为欧盟的重型货车收费政策提供了基础，使成员国能够承担全部基础设施成本，并且自 2011 年修订以来还承担一些外部成本（空气污染和噪音）。[③]在我国，车船税和车辆购置税便属于运输税的范畴，尽管这两种税的开征初衷并不是为了环境保护的目的，但由于其征税对象是消耗燃料等环境污染物的车辆（或船舶），并且也在一定程度上体现了对使用新能源的车船可以减征或者免征的税收优惠，因此也具有环境保护税的色彩，应该纳入绿色税收体系之中。

3.其他税收

污染税和资源税也是绿色税收体系的重要组成部分。污染税是旨在减少污染及其对环境的负面影响的经济机制的税收，应税对象是对人和环境有负面影响的物理、化学或生物污染物，确定税收时应考虑到污染物的数量、危害性、标准和实施时间。资源税则是对资源开发活动的征税（参见3.4 节）。此外，消费税等其他税种中，也包含了对石油、燃料等

---

① OECD. Glossary of Tax Terms ［EB/OL］. ［2020 -09 -26］. https://www.oecd.org/ctp/glossaryoftaxterms.htm#T.

②Schroten A, Scholten P, VAN Wijngaarden L, et al. Transport Taxes and Charges in Europe［R］. Brussels：European Commission，2019：22-23.

③Eurostat. Transport Taxes and Charges in Europe［R］. Brussels：European Commission，2019：14.

征税的环境保护相关税目。

5.2.4 以环境保护税为基础的绿色税收体系构建

我国实施的环境保护税是对污染环境相关措施征收的税收，是税制改革和生态环境保护发展过程中必不可少的一个步骤。但目前的“环境保护税”实际上类似于国际上对于污染类环境保护税的定义，这部分税收通常仅占广义环境保护税总收入的很少一部分。因此，在后续生态环境税收政策的发展过程中，可以考虑在当前实施的环境保护税基础上，不断扩充绿色税收体系所包含的税种，并将税收与收费政策相互配合，从而进一步从绿色税收体系的全局角度，来统筹考虑环境保护相关税费的管理和使用问题。

1.绿色税收体系的税收基础

在绿色税收体系的构架中，不应只包括目前的污染类环境保护税，而应在目前环境保护税的基础上逐步丰富相关税种。在目前的税收体系中，已初步覆盖广义环境保护税的相关税种，如环境保护税、资源税、车船税、车辆购置税以及消费税等。这说明，我国的绿色税收体系已初具雏形，但相关税种呈现相互独立的状态，并未形成系统的环境保护税收组合。因此，逐步扩展绿色税收体系，完善各税种在环境保护中的作用，是后续绿色税制发展的重中之重。

目前部分税种的设立，并不以环境保护为首要目标，但具有环境保护的性质。例如，车船税本身具有财产税或行为税的特点，但也同样具有环境保护税中运输税的性质。而消费税中燃料、汽油、柴油等税目也具有环境保护税的元素，但由于现行消费税重点在于调节消费结构，抑制超前消费需求，并没有充分考虑消费应税产品的行为所产生的环境外部成本。①

①贾文婷. 构建中国环境税法律体系之设想[J]. 中国环境管理干部学院学报，2011(6).

因此，在构建绿色税收体系的过程中，应进一步明确各税种的环境保护作用，可以考虑将消费税等税种中的环境保护相关税目提取并组成新的环境保护专门税种。例如，将对汽油、柴油、航空煤油、燃料油等征收的消费税，以及对煤、天然气等征收的资源税提取组成能源税进行统一征收，并进一步明确能源使用的征税环节。同时，通过完整的绿色税收体系建设，可以系统划分在能源、资源使用的不同阶段，环境保护相关税收所应发挥的作用，通过绿色税收体系厘清资源使用各环节的征税内容，明确各税种的用途，也避免了对同一资源使用在不同环节的重复征税。

2.绿色税收体系的政策结合

绿色税收体系的建设中，相关政策工具除了环境保护税收之外，收费也是非常重要的部分。收费和税收之间并非不可兼得的。在发展较完善国家的绿色税收体系中，税收和收费都是其中重要的组成部分，同时也设计了多种环境保护经济政策，有利于满足对于环境保护筹资的多种需求。在实际使用中，当税收收入的主要作用是补充一般性预算时，对于排污费、水资源费等收费收入，则可以采取专款专用的原则，有针对性地纳入环境保护基金中，用于弥补政府环境保护支出。目前我国在实行环境保护税的同时，仍旧保留了污水处理费、车辆通行费、水资源费等环境保护相关行政事业性收费。在进一步“费改税”的推进过程中，可以保留部分行政事业性收费，并对其加以规范统一界定，既给予地方更多的自主权，又避免各地之间差异过大的情况。将行政事业性收费与税收相结合共同构成绿色税收体系，可以进一步明确税收与收费之间的职责、用途等多方面的相关关系，有利于政策之间的配合使用。

此外，也可以将税费征收与其他政策手段相结合。例如，在税费征收的基础上实行排放权交易，通过市场手段内化环境外部性成本，通过监管类与灵活类政策的结合，提高环境保护效率。一些绿色税收体系发展较为完善的欧洲国家（例如瑞典、丹麦），均在电力、工业、运输业和商业等领域同时使用税费征收和排放权交易的方法。此外，押金—退款计划[①]、环境保护补贴也是环境保护的资金政策。[②]这些环境保护政策方法同税费政策的组合，可以更加有效地促进环境保护。

3.绿色税收体系的管理使用

目前对于“环境保护税收应专款专用还是并入一般预算？”“环境保护税收应纳入中央税还是地方税？”等问题仍然存在很多争议。一方面，环境保护税作为污染环境的企业和个人缴纳的税收，应具体应用于弥补环境保护的财政支出；而另一方面也有研究者指出，这种专款专用的税收模式是低效率的。而在是否纳入地方税方面，地方作为环境保护支出的主要主体，需要得到一定的资金补偿，但由于环境保护支出的数额巨大，地方政府环保支出的大头仍然依靠中央的财政拨款，因此将环境保护税统一纳入中央税并由中央集中拨付，也不失为一个有效率的选择。面对这样的争议，构建包括环境保护税、资源税、能源税以及相关收费共同构成的绿色税收体系，则可以较好地解决此类问题。

对于专门目的税与一般税的划分，可以借鉴国际上的广泛经验，将税收收入纳入一般预算进行统筹使用，以进一步充实一般公共预算资金；而收费收入则采取专款专用的方式，设立相应的基金账户实行专款专用，并随预算定期报告其收支情况，有助于环境保护资金的有效使用。

对于中央税与地方税的划分，也可以在绿色税收体系的构架下，通过对不同税收和收费的统筹安排，合理规划中央与地方的环境保护相关收入。例如，目前车船税、环境保护税属于地方税，另外垃圾处理费、地方

---

①押金—退款计划是一种以市场为基础的工具，由产品费用(押金)以及对回收或适当处理废弃材料的补贴(退款)组成，其目的通常是阻止对废弃材料进行非法或不适当的处理。押金—退款计划可以提高材料收集率和回收材料的质量，从而更有可能使用回收材料而不是新材料用于生产，并减少消耗自然资源。

②OECD. OECD Policy Instruments for the Environment [EB/OL](2016-06-28)[2020-09-24]. http://www.oecd.org/environment/tools-evaluation/PINE_Metadata_Definitions_2016.pdf.

水域的水资源费等也属于地方收费范畴，而诸如车辆购置税等税种则属于中央固定收入。在后续的绿色税收体系建设与财政体制优化中，需要从全局考虑各税种与收费项目在中央和地方之间的合理划分，既要保证地方财政收入，又要加强中央对环境保护资金支出的监管力度，避免环境保护税收全部纳入地方管理的弊端，提高环境保护资金的使用效率。

5.3 推进碳达峰、碳中和目标的绿色税制[①]

2020 年 9 月，习近平主席在第七十五届联合国大会上提出，中国将采取更加有力的政策和措施，力争二氧化碳排放于 2030 年前达到峰值，努力争取 2060 年前实现碳中和。[②]这是我国积极应对全球气候变化的又一重要举措，也是坚持绿色发展理念的重要体现。绿色发展是可持续发展中国化的理论创新，追求经济社会的全面绿色转型已经成为当今时代的必然要求，而税制领域向绿色转型就是其中的重要环节。

5.3.1 碳达峰、碳中和目标下绿色税制的理论基础

碳达峰是指二氧化碳排放量达到历史最高值，然后经历平台期进入持续下降的过程，是二氧化碳排放量由增转降的历史拐点。碳中和是指一定时期内人类活动所移除的二氧化碳与人类活动所排放的二氧化碳达到平衡，实现二氧化碳净零排放。[③]2020 年 9 月，我国在联合国大会上提出碳达峰、碳中和目标；2020 年 12 月，在气候雄心峰会上进一步宣布，到2030 年，中国单位国内生产总值二氧化碳排放将比 2005 年下降 65%以上，非化石能源

---

①本节由张莉和马蔡琛合作完成。

②习近平在第七十五届联合国大会一般性辩论上发表重要讲话［EB/OL].(2020-09-22)[2021-04-15].http://www.gov.cn/gongbao/content/2020/content_5549875.htm.

③IPCC. Global Warming of 1.5°C［R]. Geneva:Intergovernmental Panel on Climate Change，2018：544-545.

占一次能源消费比重将达到25%左右，森林蓄积量将比2005年增加60亿立方米，风电、太阳能发电总装机容量将达到12亿千瓦以上。

为了推动碳达峰、碳中和目标的实现，政府可以采用一系列政策工具，其中便包含绿色税制。绿色税制促进碳达峰、碳中和的作用机理在于，对碳排放和开发使用森林资源等行为征收限制性税收，通过税收优惠政策鼓励低碳发展。通过税收的双向调控作用，减少碳排放，增加碳汇，最终实现碳达峰、碳中和的目标。

1.针对碳排放和森林资源开发利用征收限制性税收

碳排放及森林资源开发利用具有较强的负外部性，单纯依靠市场机制难以调节，必须适度发挥政府的作用。针对上述行为征收限制性税收可以将碳排放及森林资源开发利用的外部社会成本内化为行为者自身的成本，使生产者和消费者的决策发生改变，从而减少整个社会中的碳排放量，增加碳吸收量，促进碳达峰、碳中和的实现。

在针对碳排放所征收的限制性税收中，最具有代表性的似乎是所谓碳税。理论上，碳税是直接针对碳排放征收的税种，更接近于行为目的税，征税目的在于减少碳排放。征收碳税，会使企业生产成本提高，为了减少碳税的缴纳，企业可能会选择提高能源效率、减少化石能源的使用，或者是采用相关的碳捕捉技术，以减少向空气中排放二氧化碳。但在实际操作中，由于碳排放实时监测技术难以满足税收征管需求，且人类活动的碳排放主要来自化石燃料的燃烧，各国普遍采用将化石燃料消费税及资源税改造为碳税的方式，根据化石燃料中的含碳量，确定其碳税税率。除碳税之外，对化石能源所征收的资源税、消费税等也能够提高碳排放成本，进而减少化石能源的开发和使用。这类税收也是推动碳达峰、碳中和目标实现的绿色税制之重要组成，在我国主要体现为对原油、天然气、煤等矿产所征收的资源税，以及成品油消费税。此外，我国乘用车消费税以及乘用车车船税在税制要素设计上主要考虑排气量，而二氧化碳是汽车尾气的主要成分之一，因此，乘用车消费税以及乘用车车船税也是针对碳排放的限制性税收，属于推进碳达峰、碳中和目标实现的绿色税收。

针对森林资源开发利用所征收的限制性税收，主要包括资源税和消费税中同森林资源相关的税目。这类税收有助于减少人们对森林资源的使用，达到增加碳汇以及推进碳达峰、碳中和目标实现的目的。我国尚未将森林资源纳入资源税的征收范围，而消费税中的木制一次性筷子和实木地板等税目，可以在一定程度上发挥保护森林资源的作用。

2.以税收优惠政策促进低碳发展

要完成碳达峰、碳中和目标，实现碳减排，除了针对碳排放和森林资源开发利用征收限制性税收之外，还可通过税收优惠政策来促进节能减排，推动能源结构的转型。我国企业所得税中包括针对节能设备投资额的抵免政策，以及针对合同能源管理项目、[①]节能环保、资源综合利用项目或产品的减免政策；增值税中包括针对合同能源管理项目的免税政策，以及针对资源综合利用和风力发电的即征即退政策。这些优惠政策有助于鼓励企业使用节能环保设备，综合利用资源生产电力、热力产品，促进节能环保技术和节能服务产业的发展，推动能源结构的转型，推动碳达峰、碳中和目标的实现。

另外，我国对节约能源的车船减半征收车船税，对使用新能源的车船免征车船税，对新能源汽车免征车辆购置税，这类税收优惠政策也有助于促进节能减排。

此外，通过对林业项目所得减免企业所得税、对碳捕捉和存储技术等

---

①合同能源管理(energy performance contracting,EPC)是指节能服务公司与用能单位以契约形式约定节能项目的节能目标,节能服务公司为实现节能目标向用能单位提供必要的服务,用能单位以节能效益、节能服务费或能源托管费,支付节能服务公司的投入及其合理利润的节能服务机制。合同能源管理项目(energy performance contracting project)是以合同能源管理机制实施的节能项目。详细参见：国家市场监督管理总局，国家标准化管理委员会. 合同能源管理技术通则：GB/T 24915-2020[S]. 国家标准化管理委员会，2020: 1).

给予税收优惠政策，可以促进二氧化碳的移除，发挥碳汇对碳中和的推动作用。在我国，综合运用废纸、农作物秸秆生产纸浆、秸秆浆和纸享受增值税即征即退 50%的优惠政策，也有助于保护森林资源，增加碳汇。

5.3.2 碳达峰、碳中和目标下现行税制的不足之处

1.现有税制对碳排放和森林资源开发利用的调控作用有限

在消费税方面，我国消费税中的成品油税目能够体现出对碳排放的限制作用。碳排放的主要来源是化石燃料的燃烧，对化石燃料征税可以普遍提高人类活动的碳排放成本。但是目前对化石燃料所征收的消费税范围有限，仅涉及成品油，其他化石燃料并没有纳入征收范围。尤其是煤炭，一直以来都占据我国能源消费的绝大部分，2019 年我国煤炭消费占能源消费总量比重为 57.7%。①作为化石燃料，煤炭燃烧排放大量二氧化碳，对煤炭征收消费税有助于减少煤炭的使用量，从而促进碳减排。目前的消费税没有将煤炭纳入征收范围，从碳达峰、碳中和的角度看，未能充分发挥其对碳排放的限制作用。在对车辆征收的消费税方面，摩托车和小汽车中的乘用车根据排量的不同设置了差别税率，能够体现出绿色税制的属性，但从碳达峰、碳中和的角度看仍存在一定的改进空间。例如，小汽车中的中轻型商用客车目前适用 5%统一税率，没有考虑排量因素的影响。在消费税中，木制一次性筷子和实木地板税目的征收可以增加人们使用森林资源的成本，但是目前这两个税目的税率均为 5%，税率较低，发挥的作用较为有限。

在资源税方面，目前我国原油和天然气的税率为 6%；煤的税率在 2% ~10%，具体计征方式由省、自治区、直辖市人民政府提出，报同级人民代表大会常务委员会决定。目前，多数省、自治区、直辖市的煤炭资源税税率低于 6%，即在资源开采环节，煤炭的税负低于原油和天然气的税负，

①中华人民共和国国务院新闻办公室.《新时代的中国能源发展》白皮书（全文）[EB/OL].(2020-12-21)[2021-04-15].http://www.scio.gov.cn/zfbps/32832/Document/1695117/1695117.htm.

不利于税收调控作用的发挥。一直以来，我国煤炭资源较为丰富，对煤炭开采环节征收较低的税收可以从总体上降低用能成本，促进经济的发展。我国目前已进入高质量发展阶段，随着碳达峰、碳中和目标的提出，需要更加关注节能减排，而煤炭作为主要的化石燃料，需要承担更多的减排任务。另外，目前的森林资源并没有纳入资源税的征收范围。森林是主要的自然碳汇，将其纳入资源税管理，有助于增加开发利用森林资源的成本，从而保护森林资源，吸收更多二氧化碳，推动碳达峰、碳中和目标的实现。

在车辆购置税方面，目前的车辆购置税针对新能源汽车免税，这一政策有助于引导消费者生活方式向绿色转型，从而促进低碳经济的发展。但车辆购置税对其他车辆不分排量，统一按照10%的税率征收，未能充分发挥绿色税收在车辆购置环节的调控作用。

2.税收优惠政策对低碳发展的推动作用有待加强

(1) 企业所得税中促进低碳发展的税收优惠政策有待完善

促进低碳发展的企业所得税优惠政策，主要包括针对节能设备投资额的抵免政策和促进低碳发展的减免政策。抵免政策方面，企业购置并实际使用列入《节能节水专用设备企业所得税优惠目录》范围内的环境保护、节能节水和安全生产专用设备，可以按专用设备投资额的10%抵免当年企业所得税应纳税额；企业当年应纳税额不足抵免的，可以在以后五个纳税年度结转抵免。这一政策规定有助于激励企业使用节能设备，减少碳排放，实现生产的绿色转型。但当前的《节能节水专用设备企业所得税优惠目录》为2017年的版本，近几年低碳节能技术发展迅速，没有列入目录内的新设备享受不到相应的抵免政策。

企业所得税中促进低碳发展的减免税政策也有需要更新完善之处。首先，符合条件的节能服务企业实施合同能源管理项目的所得，第一年至第三年免征企业所得税，第四年至第六年减半征收企业所得税。在碳达峰、碳中和的背景下，我国正在大力推进合同能源管理项目，[①]而目前这一企业所得税减免政策力度不足，仍有改进的空间。例如，工业锅炉、工业窑炉技术改造和电机系统节能、能量系统优化技术改造项目年节能量折算后不小于1000吨标准煤，才可以申请享受上述减免政策，较小规模的合同能源管理项目无法享受税收优惠，因此该政策难以充分调动中小型节能服务企业的积极性。其次，企业从事符合条件的环境保护、节能节水项目的所得，自项目取得第一笔生产经营收入所属纳税年度起，第一年至第三年免征企业所得税，第四年至第六年减半征收企业所得税。该政策的优惠期计算取决于获得第一笔生产经营收入的时间，然而有些符合条件的企业可能存在有生产经营收入但不能盈利的情况，难以充分享受这一优惠政策。最后，企业以《资源综合利用企业所得税优惠目录》规定的资源作为主要原材料，生产符合条件的产品取得的收入，减按90%计入收入总额。该优惠目录的实施有助于提高用能效率，减少化石能源的使用，但这个优惠目录也需要根据技术水平和政策背景的变化进行及时更新。

(2) 增值税中相关税收优惠对低碳发展的激励作用不足

在免税政策方面，主要是对于合同能源管理项目免征增值税。该政策有助于促进节能服务行业的发展，对碳达峰、碳中和发挥积极作用。但免税政策对于用能单位的激励作用有所不足，用能单位难以抵扣合同能源管理项目进项税额。在即征即退政策方面，对纳税人销售自产的利用风力生产的电力产品，实行增值税即征即退50%的政策。该优惠政策旨在鼓励风力发电，促进能源的低碳清洁转型，助力低碳发展。要实现碳达峰、碳中和的目标，改变能源结构是重要环节。由于化石能源的使用是碳排放的主要来源，因此需要提高非化石能源占能源消费总量的比重，大力提升风电、光伏发电等清洁低碳、安全高效能源的规模。从绿色税制的角度看，

①《中华人民共和国国民经济和社会发展第十四个五年规划和2035年远景目标纲要》指出，要“推广合同能源管理、合同节水管理、环境污染第三方治理等服务模式”。

增值税即征即退的优惠政策有助于促进这类低碳能源的发展。但目前除了风力发电之外，其他清洁发电技术并没有增值税的优惠政策。

3.缺少专门针对碳减排目标的碳税

实现碳达峰、碳中和的关键在于碳减排，我国目前的税制中没有专门针对碳排放征收的碳税。虽然消费税和资源税等税种能够发挥一定的促进节能减排作用，但从这些税种本身的设计目的看，并非专门针对碳排放的直接调控，税收收入与二氧化碳排放之间缺乏直接关系，难以充分发挥税收对碳排放的有效调控作用。

开征碳税对于碳减排的效果在一些国家已经得到验证。如瑞典在征收能源税的基础上，于 1991 年开征碳税，2017 年瑞典国内温室气体排放量比 1990 年下降了 26%。[①]英国 2013 年提高碳税税率之后，2017 年温室气体的排放量达到了 1890 年以来的最低水平。[②]我国目前还缺少专门针对碳减排目标的税收，可以考虑适时开征碳税。

我国已经实施碳排放权交易制度，在此背景下开征碳税依然可以发挥不可替代的作用。碳排放权交易制度有可能面临市场失灵的风险，例如，美国首个碳排放权交易系统——区域温室气体减排行动，在 2009—2013 年间的交易配额严重供过于求，传递价格信号的功能基本丧失。[③]对于企业而言，碳税机制下的碳排放成本能够形成稳定预期；对于政府而言，碳税机制下可获得的财政收入也能够有较为稳定的预期。与碳排

①CPLC.Should Every Country on Earth Copy Sweden's Carbon Tax?[EB/OL]. (2019-10-18)[2021-04-15]. https://www.carbonpricingleadership.org/blogs/2019/10/18/should-every-country-on-earth-copy-swedens-carbon-tax.

② UK Government.Final UK Greenhouse Gas Emissions National Statistics: 1990-2017[EB/OL]. (2019-03-28)[2021-04-15]. https://www.gov.uk/government/statistics/final-uk-greenhouse-gas-emissions-national-statistics-1990-2017.

③吴大磊，赵细康，王丽娟. 美国首个强制性碳交易体系（RGGI）核心机制设计及启示[J]. 对外经贸实务，2016(7).

放权交易相比，碳税在经济效率、价格稳定性、透明度方面更具优势。①因此，为了弥补碳排放权交易的不足，可以考虑适时开征碳税。从国际经验看，碳排放权交易系统和碳税制度并不冲突，且逐渐呈现出相互融合、协调配合的特点。

5.3.3 碳达峰、碳中和目标下税制的完善建议

为了实现碳达峰、碳中和目标，我们需要对税制进行全面改革。首先，优化现有税制中针对碳排放和森林资源开发利用的限制性税收；其次，改革相应的税收优惠政策，激励低碳技术和产业的发展，促进生产和生活的绿色转型；最后，可以考虑开征碳税，合理设计碳税制度。

1.完善现有税制中针对碳排放及森林资源开发利用的限制性税收

我国应进一步完善消费税、资源税、车辆购置税等绿色税收，强化其对碳减排和碳汇的调控作用。

由于碳排放的主要来源是化石燃料的使用，因此对化石燃料征收消费税对于碳减排的作用较为直接，对碳达峰、碳中和的推动效果也比较显著。建议将除成品油之外的主要化石燃料纳入消费税征收范围。尤其是对煤炭征收消费税，有助于推动煤炭行业率先达峰，为碳达峰、碳中和目标奠定基础。另外，提高化石能源开采环节所征收的资源税税率，有助于增加化石燃料的开发利用成本，以此限制其过度开采和使用。煤炭作为我国最主要的化石能源，其开采环节的资源税税率为2%~10%，多数省、自治区、直辖市煤炭的税率低于原油和天然气的税率（6%），可以考虑将煤炭的最低税率调整为6%，最高税率仍维持10%的水平。

对于小汽车消费税、车辆购置税，可以进一步完善其对碳排放的调控作用。虽然小汽车的排量与其最终所消耗的化石能源之间没有绝对的对应

---

① Congressional Research Service.Carbon Tax and Greenhouse Gas Control:Options and Considerations for Congress[R].Washington DC:CRS Report for Congress，2009:7-16.

关系，但按小汽车的排量实施差别税率，有助于鼓励对节能汽车的消费，抑制对大排量汽车的消费，起到推动碳达峰、碳中和的作用。在具体制度设计上，可以考虑在消费税中针对不同排量的中轻型商用客车设计差别税率。另外，也可根据车辆排量的不同，设计累进的车辆购置税税率，发挥税收的调控作用，鼓励人们生产和生活方式的绿色转型。

在保护森林资源方面，可以考虑将森林资源纳入资源税的征收范围，以此提高森林资源的开发成本；也可将消费税中的木制一次性筷子、实木地板两个税目的税率从5%提高至10%，以此提高森林资源的使用成本。这样有助于发挥税制在保护森林资源方面的调控作用，加强碳吸收，推动碳达峰、碳中和。

2.完善促进低碳发展的税收优惠政策

虽然我国现有的企业所得税和增值税优惠政策能够发挥一定的绿色税制调控作用，但从碳达峰、碳中和的角度看，还需进一步完善针对低碳发展的税收优惠，从而激励企业节能减排，减少森林资源的开发利用。

针对企业所得税中环境保护、节能节水、安全生产等专用设备的抵免政策，需要定期更新相应的优惠目录。随着碳达峰、碳中和目标的提出，低碳设备和技术发展迅速，可以考虑每年对《节能节水专用设备企业所得税优惠目录》进行更新，鼓励企业使用节能环保设备，进而从税制领域推动低碳经济的发展。关于环境保护、节能节水项目的企业所得税减免政策，应调整其优惠政策适用条件，将“自项目取得第一笔生产经营收入所属纳税年度起”享受优惠政策，调整为“自项目获利的纳税年度起”享受优惠政策。通过该优惠政策的完善，可以更好地发挥税收的激励作用，引导企业低碳生产。关于资源综合利用企业所得税减免政策，应加入碳汇方面的考量，例如将“综合运用废纸、农作物秸秆生产纸浆、秸秆浆和纸”补充到《资源综合利用企业所得税优惠目录》中，以此鼓励相关资源的综合利用，保护森林资源，促进碳吸收。在碳达峰、碳中和的背景下，合同能源管理项目的发展已经受到越来越多的关注，为了推动节能服务领域的发展，尤其是发挥中小型节能服务公司的积极作用，可以考虑将享受合同能源管理项目企业所得税优惠政策的标准适当降低。例如，针对工业锅炉、工业窑炉技术改造和电机系统节能、能量系统优化技术改造项目，将享受优惠政策的标准由“年节能量折算后不小于 1000 吨标准煤”，调整为“年节能量折算后不小于 800 吨标准煤”。

在增值税方面，可以将合同能源管理项目的免税政策改为即征即退政策，允许用能单位进行进项税额抵扣，在保障节能服务公司享受税收优惠的前提下，鼓励用能单位积极参与合同能源管理项目，有效促进节能减排。推动碳达峰、碳中和目标的实现，需要将能源结构向清洁、低碳方向调整。结合我国碳排放的实际情况，电力行业的低碳发展尤为重要。而增值税的优惠政策可以对相应行业的发展带来一定的推动作用。但是，目前针对清洁能源发电的增值税优惠政策中，只有风力发电享受 50%即征即退政策，未来可以考虑将这一优惠政策推广到其他清洁能源发电领域。例如，光伏发电增值税即征即退 50%的政策于 2020 年失效后没有新的优惠政策，可以考虑恢复这一即征即退政策。

3.适时考虑开征碳税

碳达峰、碳中和目标的设定，对碳减排提出了更高的要求，开征碳税有助于发挥绿色税制对碳排放的调控作用。我国应考虑开征碳税，具体的碳税制度设计方案可以分为如下两类：

第一，借鉴国际上大多数实施碳税国家的经验，对消费税或资源税的相关税目进行改造，根据化石能源的含碳量确定碳税税率。结合我国税制现状，主要是对能源矿产资源税以及成品油消费税进行碳税改造。这样在征管上更有效率，可以有效减少化石能源的开发和使用。但该方案只关注化石能源的开发和使用量，在开发及使用量不变的前提下，即使企业后续采取碳捕捉技术有效减少二氧化碳的排放量，也不会减少碳税的缴纳。因此，该方案难以有效激励企业捕捉和利用二氧化碳。

第二，从碳达峰、碳中和的目标看，我国的碳税设计更适合直接针对碳排放征收。实施直接针对碳排放征收的碳税，既可以减少企业和个人的能源消耗，也可以鼓励企业升级设备、改进技术，以实现二氧化碳的捕捉和利用。直接针对碳排放征收的碳税可以选择设置单独的税种，也可以在环境保护税中设置二氧化碳税目。我国环境保护税是针对应税污染物排放征收的税种，从这个意义上讲，如果能将二氧化碳定义为污染物，那么按照污染物排放量征收的碳税，就可以设置在环境保护税体系中。空气中二氧化碳含量过高导致的气候变化，已然是不容忽视的问题，这也相应地产生了将高浓度的二氧化碳视为污染物的观点。例如，美国联邦最高法院就曾在判决中明确二氧化碳为污染物。[①]因此，将高浓度二氧化碳视为污染物而列入环境保护税税目，以此征收碳税，具有一定的可行性。直接针对碳排放而征收的碳税在征管方面，可以参照目前环境保护税的制度安排，即能够实时监测二氧化碳排放的情况下，按照污染物排放量征收，实时监测有困难的，可以按照所消耗化石燃料中的含碳量进行征收。

5.4 “以税控烟”视角的烟草税制改革[②]

世界卫生组织（WHO）的研究报告显示，全球有超过13亿的烟民。[③]烟草成为非传染性疾病的最大诱因，全球每年吸烟带来的经济成

---

①OYEZ. Massachusetts v.Environmental Protection Agency［EB/OL］.（2007-04-02）［2021-04-15］. https://www.oyez.org/cases/2006/05-1120.

②本节由马蔡琛和朱旭阳合作完成。

③World Health Organization. Tobacco［EB/OL］.（2021-06-26）［2022-04-21］.https://www.who.int/news-room/fact-sheets/detail/tobacco.

本超过14360 亿美元，占全球年度 GDP 的 1.8%。[①]《世界卫生组织烟草控制框架条约》（FCTC）指出，烟草税收可以减少烟草的需求和消费，呼吁各国利用税收政策控制烟草消费和促进公共卫生。

5.4.1 烟草税制改革的研究进展

学术界对烟草消费税的研究由来已久。亚当·斯密曾指出："食糖、甜酒和烟草在到处都不是生活必需品，但已变成几乎是普遍的消费物品，因而是极适宜的课税对象。"[②]早在 80 多年前，我国著名经济学家何廉、李锐进一步明确："重课奢侈税，为近世财政上之趋势，烟酒二项，为奢侈品中之要者，故各国多重课之。"[③]

在不同的历史时期，学术界对烟草消费税的研究侧重点有所不同。本节将其大体划分为两个阶段：第一阶段，从各国烟草消费税的产生到 20 世纪 80 年代。这一时期侧重于研究烟草消费税对政府收入的影响，以及烟草消费税的税负承担，"以税控烟"的思想并不强烈。第二阶段，从 20 世纪 90 年代至今，主要研究烟草消费税的控烟作用和对公共卫生的贡献。

1.第一阶段：提高烟草消费税，增加政府收入

从历史早期来看，大多数国家开征烟草消费税就是为了获取财政收入。美国南北战争期间，国会通过了对包括烟草在内的一些物品征收消费税的法案，以增加财政收入；战争结束后，许多消费税被废止了，而烟草消费税却保留下来，并一度成为政府收入的主要来源。[④]英国征收烟草消

---

① Goodchild M，Nargis N，d'Espaignet E T. Global Economic Cost of Smoking-attributable Diseases[J]. Tobacco Control，2018(1).

②[英]亚当·斯密. 国富论(下卷)[M]. 杨敬年，译. 西安：陕西人民出版社，2006：1020.

③何廉，李锐. 财政学[M]. 上海：商务印书馆，1935：256.

④WIKI. Cigarette Taxes in the United States [EB/OL].(2017-07-18)[2017-07-20]. https://en.wikipedia.org/wiki/Cigarette_taxes_in_the_United_States.

费税拥有相当长的历史（始自19世纪60年代），但仅在近20年间才将其作为控烟的主要措施。①

John B. Legler 和 PerryShaoiro（1968）认为，美国许多州的支出水平不断上升，各州致力于增加财政收入，烟草消费税就是其中重要的措施。②Andrew Jones 和 John Posnett（1988）从卷烟价格和市场需求的角度，考察了卷烟消费税的税率变化对政府税收和福利提供的影响，认为如果提高的烟草消费税能够部分转嫁到烟草价格上，就可以实现税收收入的较大提升。③这一阶段虽然也有烟草消费税对烟草消费的一些研究，但并未成为主流观点。

2.第二阶段：提高烟草消费税，以期“以税控烟”

在过去的半个世纪中，尤其是20世纪90年代以来，社会各界对于烟草消费的健康危害日益重视，一些国家开始运用烟草消费税来控制烟草消费。Chaloupka F J 等人（2000）认为，更高的烟草消费税可以导致更高的卷烟价格，进而促使烟草消费的大量减少。④Cebula R J 等人（2014）利用美国各州的数据，再次证明了烟草消费税与卷烟消费量的负相关关系，并试图根据尼古丁和焦油的含量，重新设计卷烟消费税的税率。⑤

---

①The Write Pass Journal. What is the History of UK Tobacco Taxation Policy, What are the Outcome form the Past to Date?[EB/OL].(2016-12-16)[2017-07-20].https://writepass.com/journal/2016/12/what-is-the-history-of-uk-tobacco-taxation-policy-what-are-the-outcomes-from-the-past-to-date/.

②Legler J B, Shapiro P.The Responsiveness of State Tax Revenue to Economic Growth [J].National Tax Association, 1968(1).

③Jones A, Posnett J. The Revenue and Welfare Effects of Cigarette Taxes[J]. Applied Economics, 1988(9).

④Jha P, Chaloupka F. Tobacco Control in Developing Countries [M]. Oxford: Oxford University Press, 2000.

⑤Cebula R J, Foley M, Houmes R. Empirical Analysis of the Impact of Cigarette Excise Taxes on Cigarette Consumption: Estimates from Recent State-level data [J]. Journal of Economics & Finance, 2014(1).

随着 2003 年 WHO 通过了《世界卫生组织烟草控制框架条约》(FCTC)，“以税控烟”的呼声越来越高。许多研究者通过实证分析或比较分析，证明了烟草消费税对烟草消费以及公共卫生的影响。Zhang B 等人(2006)考虑了社会人口关系、烟草控制变量以及价格弹性，认为烟草消费税是减少青壮年吸烟的有效策略。[①]Lee J M (2008) 认为，在卷烟价格低且消费者对价格敏感度不高的国家，提高烟草消费税的税负，对于政府、烟草生产商、吸烟者构成多赢的局面。[②]Van Baal PH 等人 (2007) 将烟草消费税增加的影响转化为戒烟率的影响，认为尽管烟草消费税会增加医疗及税收成本，但其带来之额外税收收入的 3%，即可弥补相关成本。[③]Denu R A (2017) 研究了美国 2014 年因吸烟致癌的死亡率，认为最有效的政策就是提高烟草消费税。[④]

然而也有研究者辩证地认为，提高烟草消费税会加大烟草的非法贸易，加剧逃税或避税。Ouellet J F 等人 (2010) 认为，提高烟草消费税在控烟方面的作用有限，降低烟草消费税却能有效减少烟草走私等非法贸易。[⑤]Coady M H 等人 (2013) 通过分析纽约市 2008 年州卷烟消费税增加的效应 (对每包烟加税 1.25 美元)，认为烟草消费税的增加会促使人们避

---

①Zhang B，Cohen J，Ferrence R，et al. The Impact of Tobacco Tax Cuts on Smoking Initiation among Canadian Young Adults.[J]. American Journal of Preventive Medicine，2006(6).

②Lee J M. Effect of a Large Increase in Cigarette Tax on Cigarette Consumption: An Empirical Analysis of Cross-sectional Survey Data[J]. Public Health，2008(10).

③Van Baal PH，Brouwer WB，Hoogenveen RT，et al. Increasing Tobacco Taxes: A Cheap Tool to Increase Public Health.[J]. Health Policy，2007(2).

④Denu R A. Estimates of Cancer Deaths Prevented by Raising Cigarette Taxes.[J]. Jama Internal Medicine，2017(5).

⑤ Ouellet J F，Restuccia M，Tellier A，et al. The Impact of Cigarette Tax Reduction on Consumption Behavior: Short-And Long-Term Empirical Evidence from Canada[EB/OL].(2010-05-21)[2017-07-21.]http://www.cirano.qc.ca/en/summaries/2010s-25.

税，从其他各州走私低税香烟的黑市反而繁荣起来。①按照纽约市长Michael Bloomberg的话——“非法香烟使本市和本州损失数十亿美元”，②Guindon G E等人（2014）进一步认为，提高烟草消费税虽有助于减少烟草消费，但却促使烟草消费者、生产商等利益相关者设计各种方法来逃税或避税。③针对上述问题，Curti D等人（2015）做出了辩护：提高烟草税后，人们会转而消费更便宜的自制卷烟，并不会加大烟草的非法贸易。④WHO（2015）的研究报告中再次强调，将烟草消费税提高到占烟草制品零售价的75%以上，是最有效的控烟措施；而截至2014年，仅有33个国家达到这一水平。⑤

就国内研究而言，石坚等（2010）模拟了提高卷烟从量消费税对各利益相关主体的影响，认为这一改革有效且可行。⑥郑榕等（2013）从国际烟草消费税的经验出发，认为应大幅提高卷烟消费税中的从量税比重。⑦但对于烟草消费税的控烟效力，也有研究者表示担忧。付大永（2015）就认为，提高烟草消费税会促使多数烟民选择低劣或低价的香烟，而不会放弃烟草的消费量。⑧

---

①Coady M H，Chan C A，Sacks R，et al. The Impact of Cigarette Excise Tax Increases on Purchasing Behaviors among New York City Smokers.[J]. American Journal of Public Health，2013(6).

②[美]哈维·S.罗森，特德·盖亚.财政学(第十版)[M].郭庆旺，译. 北京：中国人民大学出版社，2015:305.

③Guindon G E，Driezen P，Chaloupka F J，et al. Cigarette Tax Avoidance and Evasion: Findings from the International Tobacco Control Policy Evaluation（ITC）Project[J]. Tobacco Control，2014(3).

④Curti D，Shang C，Ridgeway W，et al. The Use of Legal，Illegal，and Roll-you-own Cigarettes to Increasing Tobacco Excise Taxes and Comprehensive Tobacco Control Policies-Findings from the ITC Uruguay Survey[J]. Tobacco Control，2015(Supplement 3).

⑤WHO. WHO Report on the Global Tobacco Epidemic，2015: Raising Taxes on Tobacco[R]. WHO，2015.

⑥石坚，等. 提高中国烟草税税负的经济影响分析[J]. 财贸经济，2010(2).

⑦郑榕，高松，胡德伟. 烟草税与烟草控制——全球经验及在中国的应用[J]. 财贸经济，2013(3).

⑧付大永. 烟草税调整产生的负面效应与解决路径[J]. 现代经济信息，2015(10).

在此需要引起足够注意的是，某些所谓权威机构往往总是认为烟草具有某种先天的罪恶。在这种类似于原教旨主义的禁烟狂热下，其所推动或资助的所谓权威研究，往往是带有预设结论的僵化证明，而并非客观的科学研究探索（如果不能得出他们的预设结果，这些技术援助项目或者研究资助项目就很难获准结项）。因此，对于这些所谓权威机构所鼓吹的烟草消费税之诸多经济社会效益，我们也同样不能偏听偏信，而应结合各国的现实国情，做出因地制宜的辩证思考和理性选择。

5.4.2 烟草消费税政策的比较分析：21 世纪以来的各国实践

1.提高烟草消费税以提升卷烟价格

来自各国的数百项所谓研究，已然证实烟草消费的减少有一半归功于更高的烟草税收，且在低收入和中等收入国家尤为有效。虽然大多数国家近年都倾向于提高烟草消费税，但具体策略有所不同。通过分析梳理各国实践，我们将其分为两类：一是逐步提高烟草消费税；二是一次性提高烟草消费税。

（1）逐步地自动提高烟草消费税

在各国实践中，往往将烟草消费税的提高与国内通货膨胀挂钩，连续地适度提高烟草消费税。譬如，英国在 1993 年引入了烟草消费税自动调节机制，以每年高于通货膨胀率 3%的标准来提高烟草消费税（2012 年改为高于通胀率 5%）。通过这一举措，英国的烟草价格在近 20 年内增加了 200%，烟草消费税占烟草制品价格的比例达到 82%，吸烟流行率从 21 世纪初的 27%下降到 20%。[①]同样，新西兰和加拿大也采用了自动调节的方法。新西兰每年根据其 CPI 提高烟草消费税，进而提高扣除通货膨胀因素的烟草产品价格（如 2011 年和 2012 年的烟草消费税在 CPI 的基础上增加

①Campaign for Tobacco-Free Kids. Tobacco Tax Success Story: United Kingdom［EB/OL］.(2012-12)［2017-07-20］. http://global.tobaccofreekids.org/files/pdfs/en/success_UK_en.pdf.

了 10%）；[①]加拿大也每隔 5 年利用 CPI 自动调节烟草消费税。[②]

此外，有些国家直接规定了烟草消费税的年涨幅。墨西哥于 2009 年引入从量税，规定从 2010 年起每包卷烟征收 0.8 比索（0.05 美元）的从量税，并且每年上涨 0.4 比索（0.025 美元）。[③]菲律宾经过 2012 年的税改后，规定 2017 年统一卷烟消费税后，税率每年递增 4%。[④]

提高烟草消费税以提高烟草价格有一个必要前提，即烟草消费税或烟草价格的涨幅要高于国内通货膨胀和消费者购买能力的提高。如果其涨幅低于国内通货膨胀率，则“以税控烟”无法发挥效力。

（2）一次性提高烟草税

与逐步提高烟草消费税相比，还有一些国家采用一次性提高烟草消费税的策略。全球大约 90%的国家都对卷烟征收消费税，[⑤]卷烟消费税分为从量税和从价税。在一次性提税以减少烟草消费方面，从量税的作用效果更为显著。例如，美国 2009 年提高了卷烟联邦消费税的税率，卷烟消费税从 0.39 美元/包增加至 1.01 美元/包，税率提高了 158%，一年之后的卷烟销售量减少了 11.1%。[⑥]牙买加在 2010 年将其卷烟消费税从 6 牙买加元（0.052 美元）/支，增加至 10.5 牙买加元（0.091 美元）/支，

---

①The Treasury of New Zealand. Increase in Tobacco Excise and Equivalent Duties［R］. The Treasury of New Zealand，2012.

②Government of Canada. Economic Action Plan 2014: The Road to Balance［EB/OL］.（2014-02-11）［2017-07-20］.http://www.budget.gc.ca/2014/docs/themes/road-voie-eng.html.

③Hugh Waters，Hana Ross，Luz MyriamReynalesShigematsu. The Economics of Tobacco and TobaccoTaxation in Mexico［R］.Campaign for Tobacco-Free Kids，2010.

④Campaign for Tobacco-Free Kids. Tobacco Tax Success Story: Philippines［EB/OL］.（2014-09）［2017-07-20］. http://global.tobaccofreekids.org/files/pdfs/en/success_Philippines_en.pdf.

⑤WHO. WHO Technical Manual on Tobacco Tax Administration［R］. WHO，2010.

⑥Campaign for Tobacco-Free Kids. Tobacco Tax Success Story: United States of America［EB/OL］.（2012-10）［2017-07-20］. http://global.tobaccofreekids.org/files/pdfs/en/success_USA_en.pdf.

并在2015 年增加至 12 牙买加元（0.13 美元）/支。[①]由于欧盟最低烟草消费税率的规定，波兰在 2011 年将其卷烟从量税提高至 158.36 兹罗提（42.18 美元）/1000 支。[②]

在通货膨胀的环境中，从量税的税负会随通胀而降低。如果从量税的税率不能提高到一定程度，不仅难以减少烟草消费，还会因通货膨胀而使从量税的税负相对降低，反而导致吸烟者具备了更多消费香烟的相对能力。

2.简化烟草税制结构

许多国家的烟草税制结构相当复杂，体现了不同烟草制品区别对待的特点。这种差异促使吸烟者转而消费那些税负较低的烟草制品，削弱了“以税控烟”的政策效果。此外，复杂的税制结构也为偷税或避税提供了可能。因此，简化烟草消费税的税制结构，成为各国的共同选择。

第一，减少税率档次。如果税率档次过多，会促使吸烟者转而消费较为便宜的产品，反而更不利于低收入群体的健康。因此，部分国家便致力于减少税率档次。塞内加尔在 2014 年将其 20%、40%的两档从价税率，改为统一的 45%；[③]2012 年，肯尼亚将四档从量税简化为一个单层结构，对比从量税率 1200 先令/1000 支和从价税率 35%，按其中税负较高者来征税；之后，肯尼亚于 2015 年再次简化税制，统一按 2500 先令/1000 支征收。[④]

---

①WHO. WHO Report on the Global Tobacco Epidemic，2015: Raising Taxes on Tobacco[R]. WHO，2015.

②Christina CzartCiecierski，Rajeev Cherukupalli，Marzenna A Weresa. The Economics of Tobacco and Tobacco Taxation in Poland[R]. Campaign for Tobacco-Free Kids，2011.

③WHO. WHO Report on the Global Tobacco Epidemic，2015: Raising Taxes on Tobacco[R]. WHO，2015.

④Campaign for Tobacco-Free Kids. Successful Passage of the Kenya Excise Duty Act，2015[EB/OL].（2016-05-02）[2017-07-20]. http://global.tobaccofreekids.org/files/pdfs/en/Tax_Campaign_Case_Study_factsheet_en.pdf.

第二，更加倚重从量税。与从价税相比，从量税更加便于征管。因为烟草产品的价值有时颇难确定，个别生产商为了减少其纳税义务，会通过内部转让定价的方式，来规避生产环节的消费税（我国的烟酒、汽车等消费税应税产品，均存在此类问题），而从量税的计税依据则比较容易确定。2008 年，印度尼西亚开始降低从价税的税率，更加倚重从量税，除了自制卷烟的税率为 30 卢比/包之外，其他烟草产品的从量税税率统一为 35 卢比/包。①2009 年，波兰将其从价税税率从 41%降低为 31%，同时提高从量税税率，使得从量税在烟草总税负中的比重从 36.75%上升至 42.76%。②有些国家甚至取消了从价税，比如，牙买加在 2008 年的税制改革中，就取消了从价税，将从量税增加到 6 牙买加元（0.052 美元）/支。③

减少税率档次与倚重从量税，两者并非只能取其一，某些原本税制就较为复杂的国家，可以二者同时采用。如菲律宾在 2012 年进行了“烟酒税”改革，用两级烟草消费税取代了之前的四级税制，并于 2017 年对烟草制品征收统一的从量税（即 30 比索/包），2017—2023 年税率每年增加 4%，从 2024 年开始每年增加 5%。④2013 年，巴基斯坦联邦税务局在 2013—2014 年的预算中，简化了卷烟消费税的结构，取消了从价税，并将从量税的层级减少至两个。⑤

①Sarah Barber, Sri Moertiningsih Adioetomo, Abdillah Ahsan, Diahhadi Setyonaluri. Tobacco Economics in Indonesia[R].Campaign for Tobacco-Free Kids, 2008.

②Christina CzartCiecierski, Rajeev Cherukupalli, Marzenna A Weresa. The Economics of Tobacco and Tobacco Taxation in Poland[R].Campaign for Tobacco-Free Kids, 2011.

③WHO. WHO Report on the Global Tobacco Epidemic, 2015: Raising Taxes on Tobacco[R]. WHO, 2015.

④Southeast Asia Tobacco Control Alliance. SEATCA Tobacco Tax Index: Implementation of WHO Framework Convention on Tobacco Control Article 6 in ASEAN Countries 2021 [R]. Southeast Asia Tobacco Control Alliance, 2021:3.

⑤Burki SJ , Pasha A G, Pasha H A, et al.The Economics of Tobacco and Tobacco Taxation in Pakistan[R]. Campaign for Tobacco-Free Kids, 2013.

3.强化税收管理

不同地区烟草消费税的增加，会扩大司法管辖区之间的烟草价格差异，这种差距对人们跨境进行烟草贸易是一个鼓励。许多烟草企业不仅利用非法贸易赚取利润，还以之规避税收。例如，美国纽约州2008年提高每包香烟的税收之后，导致大量的烟贩子从弗吉尼亚州用卡车运送香烟来纽约州私下贩卖，其每车走私烟的获利可以高达100多万美元。①

近年来，由于非法烟草贸易的猖獗，各国开始采取措施加强税收征管。2000年，英国卷烟非法交易量占烟草消费量的1/5，这促使英国进一步打击非法贸易，加强税收征管。②其措施主要包括：巩固既有的税务机关权利、鼓励相关组织的配合、在烟草产品上做标记以便于识别合法产品与非法产品、使用X光扫描进口产品等。通过这些措施，英国的烟草非法贸易在2012年降至9%。③

与英国的全方位措施相比，巴西和肯尼亚等发展中经济体的手段则相对单一。2007年，巴西要求卷烟生产商安装可以计算产量的设备。一个称为"蝎子"的系统于2008年3月在全国上线，这不仅改善了税款征收，还简化了与税务有关的各种报告。肯尼亚税务局也采用了应税货物管理系统，以加强消费税管理。由于"蝎子"系统的运用，巴西的卷烟消费税在2009年增加了30%，2012年至2015年又增加了105%。④⑤而肯

①[美]哈维·S.罗森，特德·盖亚.财政学(第十版)[M].郭庆旺，译.北京：中国人民大学出版社，2015：307.

②Campaign for Tobacco-Free Kids. Tobacco Tax Success Story: United Kingdom [EB/OL].(2012-12)[2017-07-20].http://global.tobaccofreekids.org/files/pdfs/en/ success_UK_en.pdf.

③Nagy J. Tackling Cigarette Smuggling with Enforcement: Case Studies Reviewing the Experience in Hungary, Romania and the United Kingdom[J]. World Customs Journal. 2012.

④Framework Convention Alliance. The Use of Technology to Combat the Illicit Tobacco trade[EB/OL].(2008-03-10)[2017-07-20] .http://www.fctc.org/images/stories/INB-2/INB-2_Factsheet_Use_of_Technology2.pdf.

⑤WHO. WHO Report on the Global Tobacco Epidemic, 2015: Raising Taxes on Tobacco[R]. WHO, 2015.

尼亚的税收征管系统，帮助其税务当局从大约 900 个网点没收了 30 多万件非法产品。①

5.4.3 中国烟草税制的现状分析与改革路径

1.我国烟草行业的税制结构与税负状况

我国烟草行业的税收主要包括消费税、增值税、烟叶税、企业所得税、关税、城市维护建设税及教育费附加等。其中，增值税征税范围较广，其税制调整难以专门针对烟草行业，企业所得税、关税、城市维护建设税及教育费附加也是同样的道理。在现行税制中，只有烟草消费税和烟叶税聚焦于烟草行业。

随着我国税收制度的调整和烟草行业的发展，烟草业已然成为名副其实的“纳税大户”。2010—2014 年，烟草行业年均税利增长 10.02%；2015 年税利总额 11436 亿元，增长 8.73%，增速明显放缓；2016 年，烟草行业实现工商税利总额 10795 亿元，较之 2015 年有所下降，随后继续连年增长，2021 年烟草行业实现工商税利总额 13581 亿元，同比增长 6.08%，创历史新高。②2021 年 WHO 的全球烟草流行趋势报告显示，我国每包卷烟的烟草消费税占零售价格的 54.5%，低于世界平均水平（61.5%）。③不过，自 2015 年 5 月我国提高卷烟批发环节的消费税税率且在批发环节又加征

①Campaign for Tobacco-Free Kids. Successful Passage of the Kenya Excise Duty Act，2015(2016-05-02)[EB/OL].[2017-07-20].http://global.tobaccofreekids.org/files/pdfs/en/Tax_Campaign_Case_Study_factsheet_en.pdf.

②国家烟草专卖局，中国烟草总公司. 2016 年全国烟草工作会议[R]. 中国烟草，2016；国家烟草专卖局，中国烟草总公司. 2017 年全国烟草工作会议[R]. 中国烟草，2017；国家烟草专卖局，中国烟草总公司. 2021 年烟草行业实现税利总额和财政总额创历史新高［EB/OL］.（2022-03-06）[2022-04-21]. http://www.tobacco.gov.cn/gjyc/hyyw/202203/9f01836c18af4e4c9cdde126c6e9c614.shtml.

③ WHO. WHO Report on the Global Tobacco Epidemic，2021: Raising Taxes on Tobacco[R]. WHO，2021.

从量税以来，卷烟税负水平有所提高。[①]

2.烟叶税存废的利弊分析

烟叶税的前身是烟叶特产税，即对烟叶征收的农业特产税。我国对烟叶征税的历史由来已久。1933 年，国民政府财政部就针对土烟而设立了土烟叶特税，规定每净重市秤百斤，征收四元一角五分。[②]1958 年，新中国颁布实施了《农业税条例》，征税范围就包括烟叶收入。1994 年的税制改革中规定，在烟叶收购环节征收农业特产税，税率为 31%（1999 年下调为 20%）。

2004 年，财政部和国家税务总局下发通知，除对烟叶暂时保留征收农业特产税外，取消对其他农业特产品征税。2006 年 1 月，废止了《农业税条例》，不再向除烟叶之外的农产品征收农业税。这一时期，对于是否继续对烟叶征税引起了社会各界的讨论。为了实现改革的平稳过渡，国务院在 2006 年 4 月发布并实施了《中华人民共和国烟叶税暂行条例》，废止了烟叶特产税。但是烟叶税与烟叶特产税的征收范围、征收对象、征收环节、税率等均不变，故二者并无实质上的差异。2017 年 12 月 27 日，《中华人民共和国烟叶税法》由中华人民共和国第十二届全国人民代表大会常务委员会第三十一次会议通过，自 2018 年 7 月 1 日起施行。

现行烟叶税作为地方税，收入完全归属地方政府。2020 年全国烟叶税收入 108.67 亿元，仅占全国税收收入的 0.07%。[③]但由于烟叶税是地方税种，将 100 多亿收入分到具体的市县，却是一笔很大的地方自主财力，与

①Goodchild M，Zheng R. Early Assessment of China's 2015 Tobacco Tax Increase［J］. Bulletin of the World Health Organization，2018(7).

②何廉，李锐. 财政学［M］. 上海：商务印书馆，1935：261.

③数据来源：财政部. 2020 年全国一般公共预算收入决算表［EB/OL］.（2021-09-17）［2022-04-21］. http://yss.mof.gov.cn/2020zyjs/202109/t20210917_3753573.htm.

地方的经济利益密切相关。

在财政增收形势趋缓的情况下，烟叶税能够在一定程度上稳定地方财政。[①]此外，我国烟叶税的征收主要集中在云南省、贵州省、河南省、四川省等中西部地区，而有些省市没有烟叶税收入（如江苏省、北京市、上海市等地）。对于中西部和边远地区而言，烟叶税的征收可以增加当地财政收入，有利于推动当地经济发展。

不过，开征烟叶税的负面效应也相当明显，主要体现在两个方面：

第一，烟叶税加重了烟农的负担。表面上看，烟叶税是由烟草公司承担的，但烟草公司利用其垄断地位，往往会压级压价收购烟叶，将税负转嫁给烟农，故烟叶税的实际承担者是烟农。[②]此外，我国现行税制中已经取消了农业税和农业特产税，对于非烟农来说，他们已经完全免除了农产品的税费，而对烟农却要征税，这对于烟农来说很不公平，也不符合减轻农民负担的总体税制改革方向。

第二，烟叶税不利于控制烟草消费。由于烟叶税收入归属地方财政，烟叶的种植面积、产量、收购数量与地方财政紧密相关。基于财政增收的激励，地方政府有时甚至会鼓励农民种植烟叶，甚或出现强制农民种烟的现象。个别地区就曾出现过地方政府大力鼓动农民种烟，反而导致烟农收入大幅减少的诉讼案件。[③]这不仅使得农民丧失了自主选择生产经营的权利，还诱发了烟叶产量的不正常增加，更有甚者可能会因“烟贱”而“伤农”。这又从一个侧面再次证明了前文所述的一个观点：大凡具有惩罚性和抑制性色彩的税种，不管如何加以改造（在生产抑或批发、零售环节征收），都是不能作为地方税或中央地方共享税的。

---

①安仲文. 我国烟叶税存在的问题与对策[J]. 税务研究，2008(5).

②王诚尧. 改革烟叶税，严控烟叶和卷烟生产与消费[N]. 中国税务报，2012-08-15.

③吴道科. 县政府强制农民种烟当被告[J]. 山东人大工作，2006(5).

3.完善烟草税制的若干思考

(1) “一去一提”：适时取消烟叶税，提高烟草消费税

许多国家并未对烟叶征税，而我国的烟叶税不仅加重了烟农的负担，还诱使地方政府鼓励烟草的种植，不利于烟草消费的有效控制。运用税收手段控制烟草消费，就要降低地方政府对烟草行业的税收依赖。取消烟叶税后，农民可以更为自主地选择种植的农作物，进而减少烟草制品的原料供给，同时还应该适当提高卷烟消费税，提升烟草产品的价格，抑制对烟草产品的需求。

取消烟叶税后，对于那些产烟量大而发展又相对滞后的地区，会在一定程度上影响地方政府的可用财力。为解决这一问题，可以考虑在取消烟叶税的同时，以从量税的方式，提高卷烟消费税的单位税额，作为弥补种烟大省烟叶税损失的专项财力。为了防止地方政府人为扩大补助基数而突击种植烟叶，在计算专项补助的时候，应以取消烟叶税政策出台之前若干年（建议为五年）的平均烟叶税收入作为测算基础。同时，还应明确该项补助的过渡时限（原则上不超过五年）。

(2) 简化税制结构，逐步统一税率，提升从量课税的占比

众多国际经验显示，相对简单的税制结构对于“以税控烟”更加有效。我国现行卷烟消费税属于从价税与从量税相结合的征收方式，并且还有两级税率和两道征收环节。两级税率会使得消费者转而消费低税率的烟草制品，难以有效地控制烟草消费。由于我国从价税在烟草总税负中占有较大比例，故短期内难以直接取消从价税，可考虑先将从价税改为统一税率，以防止在提高烟草消费税时吸烟者转而消费更便宜（很可能也是质量更加低劣）的产品，避免进一步恶化吸烟者的健康水平。然后再逐步降低从价税的比重，同时提高从量税的占比。

此外，我国卷烟消费税的征收环节是生产环节和批发环节，且烟草行业具有较强的垄断性，运用税收来调控烟草消费，难免会受到体制的约

束。当国家拟提高烟草消费税来控烟时，烟草公司可能出于各种考虑，自己承担税收的增加而保持零售价格的不变。例如，2009 年我国调增了卷烟消费税，但卷烟的零售价格几乎没有发生变化。[①]因此，可以考虑将烟草消费税的征收环节移至零售环节，以保证零售价格随税收的增加而上升，从而实现“以税控烟”之目的。

(3) 完善烟草消费税的税收征管

税收征管同样是“以税控烟”的重要一环。有效的税收征管可以减少非法贸易，增强控烟的效果。2020 年，我国全年共查处 5 万元以上假私烟案件 8505 起，查获假烟 45.8 万件、走私烟 11.5 万件。[②]国际经验显示，智能编码技术有助于打击非法贸易，即给每盒、每条、每箱卷烟分配唯一的编码，以便进行电子化的识别和追踪。[③]可以借鉴一些国家加强烟草消费税征管的做法，依托金税工程，运用大数据技术，开发一个可以自动记录、控制、传输烟草厂商产品信息的税收征管信息系统，实现对烟草产品产量的源头监控。

①和讯网.烟草加税提价：政府增收烟民减少吸烟?[EB/OL].(2015-05-14)[2017-07-20]. http://news.hexun.com/2015-05-14/175811249.html.

②毓敏，宁志，郑旭南. 贯彻新发展理念 构建新发展格局 奋力开创烟草行业高质量发展新局面[EB/OL].(2021-01-26)[2022-04-21]. http://www.echinatobacco.com/html/site27/syyw/147014.html.

③东方烟草网. 聚焦全球非法烟草贸易 [EB/OL]. (2014-08-12)[2017-07-20]. http://www.eastobacco.com/gjyc/201408/t20140812_335611.html.

第6章 面向"一带一路"倡议的税收政策协调

- 中外沟通的"反E型"路线图:"一带一路"倡议的千年雏形
- 丝绸之路经济带沿线各国税收政策的国际协调
- "一带一路"倡议推进中的税收风险防范
- 加快完善"一带一路"税收征管合作机制

在高质量发展时期,共建"一带一路"是促进共同发展的有效途径,而"一带一路"倡议也对国际税收协调和税收风险提出了新的挑战。本章在民生发展、绿色发展研究的基础上,拓展到国际化视角,考察丝绸之路经济带沿线各国的税收制度实践,并探讨各国税收政策的协调、税收风险防范以及税收征管合作机制的建设,进而提出基于"一带一路"倡议的税制改革建议。

古代丝绸之路实际上是依托于亚欧大陆的自然地理条件而形成的商贸通道，经历了漫长的历史过程才逐步形成。自张骞“凿空”西域之后，丝绸之路正式形成，但是“丝绸之路”的概念最早却出现在1877年，是由德国地理学家Ferdinand Freiherr von Richthofen在其著作《中国》一书当中提出的。①他将“从公元前114年到公元127年之间，中国与河中地区以及中国与印度之间，以丝绸贸易为媒介的这条西域交通路线”称为“丝绸之路”。②古丝绸之路绵亘万里，延续千年，积淀了以和平合作、开放包容、互学互鉴、互利共赢为核心的丝路精神。这或许正如汤因比与池田大作在对话录中所言及的：我（指池田大作）曾经问过博士本人（指汤因比）：“您希望出生在哪个国家？”汤因比面带微笑地回答说，他希望出生在“公元一世纪佛教已传入时的中国新疆”。③

当代丝绸之路经济带，不仅有着与古代丝绸之路这一商贸通道紧密关联的创新而立体化的内涵，又为丝绸之路赋予了全新的历史使命，使其在完全不同的现代科技条件和经济全球化环境中，焕发出新的青春和活力。包括丝绸之路经济带在内的“一带一路”倡议，是推进新型全球化、构建互利共赢的新型国际分工合作关系的重要载体。④本章试图通过对“一带一路”倡议的相关财税政策进行系统梳理，分别从促进税收政策协调、加强税收风险防范、推动税收征管合作等多重视角提出相关政策建议。

---

①赵崔莉. 明清丝路贸易与对外开放[M]. 北京：人民出版社，2016：4.

②杨建新. 从古代丝绸之路的产生到当代丝绸之路经济带的构建——亚欧大陆共同发展繁荣和复兴之路[J].烟台大学学报（哲学社会科学版），2016（5）.

③[英]A. J. 汤因比，[日]池田大作. 展望二十一世纪：汤因比与池田大作对话录[M]. 荀春生，等译. 北京：国际文化出版公司，1985：中文版序言.

④白永秀，王颂吉，何昊，等. 丝路驼铃——丝绸之路经济带[M]. 重庆：重庆大学出版社，2019.

6.1 中外沟通的"反E型"路线图："一带一路"倡议的千年雏形

6.1.1 两千年前的两次中外沟通事件

数千年来，中西方之间的互动影响与策应，因其"多米诺骨牌"的连锁效应，叙述甚需笔墨，故在此仅就中外沟通的三条外向路径，做一必要交代。

尽管更具启示价值的中西比较之历史起点，大体应始于16世纪中叶，这是一个较具共识的判断。然而，就文明的相互影响而言，或许500年的尺度，仍旧略显短促了一些。当我们从两千年的尺度上来考察的时候，至少有两个事件的后续影响，对于东西方而言，都是远远超越了500年的范围。且其变迁路径，均与我们今日所言的"一带一路"倡议有关，故值得一叙之。

打开中国古代地图，我们会发现，华夏文明诞生于一个地理相对封闭的区域。中国的东南方濒临大海，西南方有青藏高原和云贵高原做屏障，更有世界的屋脊喜马拉雅山脉，西北方向有昆仑山脉和天山山脉环绕，而在中国的北方有阿尔泰山、阴山和大兴安岭，在广阔的蒙古高原上依次连绵不断。东南的大海和三面环山，阻隔了华夏先人与世界大规模沟通的可能，在大航海时代到来之前，如欲与世界连接就只有打通陆路。

事件之一：中国汉朝对匈奴的战争，最终或许导致罗马帝国的灭亡。

公元90年前后，东汉的窦宪为立功赎罪，大破北匈奴于金微山（大约系今蒙古西北的阿尔泰山），[①]匈奴残部西迁，据传逐步吸收所经之处的土

①吕思勉. 吕著中国通史[M]. 上海：华东师范大学出版社，1992：372.

著族群，在离开蒙古故地约四百年后，匈奴王阿提拉（Attila，公元434—453年在位）兵临罗马城下，终于成为欧洲的大威胁。[①]在北匈奴逃往欧洲的路途中，攻击沿途的日耳曼蛮族（包括西哥特人），日耳曼人蜂拥而至西方，寻求罗马帝国的庇护。定居于罗马帝国内部和周围的日耳曼人的生育率很高，人口众多，作为罗马帝国的雇佣军，逐步取得了军队的支配权，罗马皇帝逐渐成为蛮族的傀儡，直至公元476年，西罗马帝国彻底崩溃。[②]自西罗马帝国灭亡到15世纪文艺复兴运动之间长达一千年的历史，也就是所谓的“黑暗中世纪”。

应该说，窦宪恰似传说中的那只蝴蝶，其翅膀的扇动，或许无意中促成了遥远欧洲数百年后的狂风暴雨。从东汉击溃北匈奴致其西迁，直接或间接导致了欧洲史上的蛮族入侵、罗马帝国灭亡、中世纪开始等一系列连锁反应。这既是欧亚大陆桥所体现的东西方文明普遍联系的一个例证，也体现了对于东西方文明之相互影响，需要从千年史的长程维度来加以考察，才可更为清晰地展现其演化脉络。

事件之二：汉代佛教传入中国与本土道教的兴起。

尽管汉代佛教何时由何路径开始传入中国，职业历史学家尚存争论，但主流的观点认为，东汉明帝梦见金人，遣使入天竺，以白马负经而至，立白马寺于洛阳城西。也大体在这一时期，在佛教输入的外部刺激下，中国传统的神祇信仰，因激发而发展成为本土的宗教——道教。[③]因道教之抗衡，佛教未能完全笼罩中国。在佛法初来之际，其在北方较为盛行；而南方则萌生了中国本土化的道教。后世之佛教四大石窟（洛阳龙门石窟、大同云冈石窟、敦煌莫高窟、天水麦积山石窟）均在北方，而道教祖庭或名山多居于南方（江西龙虎山、四川青城山、

①许倬云. 万古江河：中国历史文化的转折与开展[M]. 上海：上海文艺出版社，2006：95.

②易富贤. 大国空巢：反思中国计划生育政策[M].北京：中国发展出版社，2013：29-30.

③许倬云. 万古江河：中国历史文化的转折与开展[M].上海：上海文艺出版社，2006：101-105.

湖北武当山等）。[①]这种南北思想因抗衡而均衡的特点，也是促使中国文化更具包容性的因素之一。

佛教之传播路径，也就是张骞“凿空”西域、班超率属员36人打通丝绸之路的线路。东汉明帝派遣使者秦景、王遵等十二人，出使西域，在大月支（今阿富汗至中亚一带）写得佛经四十二章。后来唐代玄奘大师西天取经，大乘佛教来到中国，也是循着这个路径，经秦凉高昌等地，越新疆北路，经中亚地区、阿富汗而进入印度境内。[②]印度坐落在南亚次大陆上，位于中国本土之南（略偏西），但缘何却叫作“西天取经”呢？大略是由于其路线“先西行而后南折”，而最为艰难险阻的一段路程在于西行之途。

另外，在唐朝，与玄奘同时代的王玄策，曾多次出使印度，并创下了“一人灭一国”的战争史和国际关系史奇迹。[③]从王玄策所行路线看，所取的是新开通的吐蕃（西藏）、泥婆罗（尼泊尔）的“车道”，这比玄奘去印度时走的路线要近。也就是说，唐王朝与印度之间有另一条通道，即由唐蕃古道经尼泊尔进入印度。这大体也就是汉武帝通“西南夷”而开辟的自

①佛道两家之于中国南北的影响，在两千多年间，颇多形势变迁。例如，到了明末清初，顾炎武在《日知录》中就总结道：北方之士，斗狠劫杀，饱食终日，无所用心，晚年多好学仙；南方之士，轻薄奢淫，群居终日，言不及义，好行小慧，晚年多好学佛。

②玄奘取经的具体路线如下：长安（今陕西西安）——秦州（今甘肃天水）——兰州——凉州（今甘肃武威）——瓜州（今甘肃安西县东南）——玉门关——伊吾（今新疆哈密）——高昌（今新疆吐鲁番）——阿耆尼国（今新疆焉耆）——屈支国（今新疆库车）——跋逯迦国（今新疆阿克苏）——凌山（今天山穆苏尔岭）——大清池（今吉尔吉斯斯坦伊塞克湖）——素叶城（即碎叶城，今吉尔吉斯斯坦托克马克西南）——昭武九姓七国（都在今乌兹别克斯坦境内）——铁门（乌兹别克斯坦南部兹嘎拉山口）——今阿富汗北境——大雪山（今兴都库什山）——今阿富汗贝格拉姆——巴基斯坦白沙瓦城——印度。

③唐太宗贞观二十一年（公元647年），王玄策以右卫率府长史衔作为正使，蒋师仁为副使，仍取西藏、尼泊尔“车道”，再次至中天竺。但是，由于国王尸罗逸多驾崩，其国发生内乱，叛臣阿罗那顺自立，发兵阻止王玄策一行入境。玄策遂只身奔吐蕃（西藏），召吐蕃兵一千二，并泥婆罗（尼泊尔）骑兵七千西进，旋破中天竺的国都曲女城，生俘阿罗那顺，归长安，献于唐太宗阙下，唐太宗即拜王玄策为朝散大夫。

中国西南地区至今日越南、印度等南亚和东南亚诸国的道路。这条路线的进一步延伸，还可以经由南亚次大陆或中南半岛，取陆路或海路，直达欧洲或西亚地区。这也就是后世“茶马古道”的隐约雏形。

6.1.2“一带一路”倡议的千年雏形：北线、中线、南线的“反E型”路线图

结合前述的分析，古代中国与中亚、欧洲等国的交往路径，归纳起来，大致有三条：

一是“北线”。也就是汉代击溃匈奴后，北匈奴逃跑的路线。后来宋元交替之际，成吉思汗麾下的蒙古铁蹄，一直攻打到多瑙河畔，也大体就是循着这条路线。这条路线就中国本土的早期发展而言，其实际价值大多属于传说性的，其对西方文明发挥作用的机制也是间接的。或因北方游牧帝国强大后的向西征伐，或因游牧民族战败而溃逃，均具有多米诺骨牌效应的连锁反应特点。但是，其影响却不像多米诺骨牌效应那样颇具规律可循，更加类似于台球比赛中的“撞球效应”。诸球连环相撞后，到底会去向何方，即便是高手也往往难以预料。从这个意义上讲，大凡经由“北线”而发生之东西交流事件，往往是震古烁今、影响千年的。①

二是“中线”。系由张骞、班超等开拓的古丝绸之路，东汉佛法由白马西来、唐玄奘西天取经等，均发生在这一条全世界最为出名的丝绸之路古道之上。

三是“南线”。就是王玄策出使印度的路线，以及古代西南地区的“茶马古道”。抗日战争时期的滇缅公路补给线，也是这条南下的路线。公

①在“北线”历史上，也有较为理想之和平合作状态。例如，清代的国际贸易中，以中原地区的茶和纺织品，在输入蒙古后，又可沿北方草原的道路，运往俄国，再经由俄国转运到东欧与中欧市场。今日英语中，“茶”有两个不同发音的单词，“cha”和“tea”。据许倬云先生考证，前者就是从北线输入欧洲的茶，演变而来的。

元 12 世纪初叶，宋室南迁，建立南宋政权，由于金、西夏、吐蕃、大理等国阻隔，丝绸之路断绝，转而大兴南洋海上贸易，堪称一条古代“海上丝绸之路”，[①]总体上也可归入“南线”的大概念之中。

这三条路线的历史形成，系中国山川形势使然，大体其地势西高东低、河流多自西向东入海（中国甚少南北走向的河流，也无向西之河流，隋之开运河，也正是这个缘故），其向西路线多为崇山峻岭、沙漠戈壁、深谷激流所阻绝。因此，尽管历时千年，这几条东西方向的通道路线仍旧具有很强的现实价值。这三条“北上、西出、南下”的路线，呈“反 E 型”。这是千古以来，中国文明主动谋求向西发展，或其东向发展过程因各种原因而略显顿挫之际，或主动或被动地开启的经济文化交流新通道。应该说，这三条路线中的“中线”和“南线”，已然大体勾勒出当下“一带一路”倡议的雏形。

6.2 丝绸之路经济带沿线各国税收政策的国际协调[②]

自 2013 年首次提出共同建设“丝绸之路经济带”“21 世纪海上丝绸之路”的倡议以来，受到沿线各国的积极响应，为世界经济的发展创造了良好的机会。而丝绸之路经济带沿线国家与我国的经济联系十分紧密，因此国际税收协调问题就显得愈发重要。随着我国与沿线国家经贸合作的进一步发展，进出口贸易呈现明显增势，进而增加了涉税协调的规模及复杂程度。本节从国际税收关系的核心问题——税收协调的视角出发，考察丝绸之路经济带沿线各国税收协调的进展，进而分析其面临的挑战及相应的政策建议。

①这条路线基本上是由今日中国的南海，沿中南半岛与马来半岛，绕行至今日印度尼西亚，再沿马来半岛西岸北上，跨过孟加拉湾驶往锡兰，折南沿印度次大陆北航，再跨海进入波斯湾，或进入红海，远达地中海的亚历山大港。这与当下之“海上丝绸之路经济带”的构想，具有一定的相似性。

② 本节由马蔡琛和桂梓椋合作完成。

6.2.1 丝路沿线各国税收制度的特点

丝绸之路经济带空间范围的探讨上，国内研究者尚未就其覆盖的国家和地区达成共识。白永秀等人（2014）基于区域特征与功能差异，分别从广义和狭义两个层面进行界定，将包括中国、俄罗斯、中亚五国在内的核心区和包括上海合作组织、欧亚经济共同体部分成员国及观察员国在内的扩展区，纳入狭义丝绸之路经济带；将核心区、拓展区以及包括西亚、欧盟等国家和地区在内的辐射区，称为广义的丝绸之路经济带。[①]李玮（2014）基于历史传承和战略需求的角度，提出了一个 64+1 的框架列表，涵盖了中亚五国、部分东亚国家、西亚 18 国，东南亚 12 国、南亚 5 国及欧洲和北非的部分国家。[②]董锁成（2014）在此基础上，指出丝绸之路经济带的范围除了亚欧非的 65 个国家外，还有 29 个国家在辐射范围内。[③]张亚斌等（2016）从地理意义上大致划分为东亚五国、中亚五国、南亚两国、西亚四国、欧洲十一国等 25 个国家和地区。[④]

考虑到丝绸之路经济带的内涵特征与空间范围，本节选取 27 个沿线代表性国家作为研究对象，具体包括核心区（中国、俄罗斯、哈萨克斯坦、乌兹别克斯坦、土库曼斯坦、吉尔吉斯斯坦、塔吉克斯坦）、中东欧（波兰、罗马尼亚、塞尔维亚、匈牙利、捷克、立陶宛、拉脱维亚、克罗地亚、斯洛伐克共和国、爱沙尼亚、阿尔巴尼亚、斯洛文尼亚、保加利亚）和中东（埃及、约旦、以色列、沙特阿拉伯、科威特、阿联酋、土耳其）三个地区。

---

①白永秀，王颂吉.丝绸之路经济带的纵深背景与地缘战略[J]. 改革，2014(3).

②李玮. 丝绸之路经济带发展报告(2014)[M]. 北京：社会科学文献出版社，2014：106-115.

③董锁成，等. 丝绸之路经济带经济发展格局与区域经济一体化模式[J]. 资源科学，2014(12).

④张亚斌，刘俊，李城霖.丝绸之路经济带贸易便利化测度及中国贸易潜力[J].财经科学，2016(5).

1.不同收入水平国家的税种结构差异明显

在主体税种的选择上，不同收入水平的国家各有侧重。对于高收入国家而言，大部分国家的社会保障缴款比例较高，占税收收入的比重平均接近40%；货物和劳务税同样占有较高份额，且在以色列、匈牙利等国占有主导地位。对于中等收入国家而言，货物和劳务税所占份额明显较高。中低收入国家的国际贸易与出口税的比例明显高于高收入国家和中上收入国家。（详细参见表6.1）

表6.1 部分丝绸之路经济带沿线国家的税种结构特征①

地区	国家	收入水平②	社会保障缴款③	商品和劳务税④	国际贸易与出口税⑤	收入、利润与资本利得税⑥	其他税⑦
核心区	中国	中上收入	32.54%	42.37%	3.13%	21.92%	0.05%
	俄罗斯	中上收入	30.96%	28.06%	19.12%	2.75%	0.00%
	哈萨克斯坦	中上收入	4.48%	19.40%	20.66%	34.80%	0.00%
	吉尔吉斯斯坦	中低收入	22.83%	44.26%	9.11%	14.68%	0.00%
	乌兹别克斯坦	中低收入	22.34%	32.38%	14.06%	17.17%	0.00%

①按照IMF的分类方法，一个国家的税收大致可以分为六类：(1)所得、利润与资本利得税；(2)工薪税；(3)财产税；(4)货物和劳务税；(5)关税；(6)其他税。

②世界银行采用以下分类标准对于国家经济水平进行定义：低收入经济体定义为使用世界银行阿特拉斯法计算的人均国民总收入为1005美元或更少的国家；中低收入经济体的人均国民总收入在1006美元和3955美元之间；中上等收入经济体的人均国民总收入在3956美元和12235美元之间；高收入经济体的人均国民总收入为12236美元或更高。

③社会保障缴款(social contributions)包括雇员、雇主和自雇人士的社会保障缴款，以及其他来源无法确定的缴款，还包括政府实施的社会保险计划的实际或估算捐款。

④货物和劳务税(taxes on goods and services)包括一般销售和营业税或增值税、商品的选择性消费、服务的选择性税收、商品或财产使用税、矿物开采和生产税以及财政垄断利润。

⑤国际贸易与出口税(taxes on international trade)包括进口关税、出口关税、出口或进口垄断利润、汇兑利润和交换税。

⑥收入、利润和资本利得税(taxes on income, profits and capital gains)按个人的实际或假定净收入，公司和企业的利润以及土地、证券和其他资产的资本收益(无论是否已实现)征收。

⑦其他税(other taxes)包括雇主工资或劳务税、财产税以及不能分配给其他类别的税收，如迟缴或不缴纳税款的罚款。

续表

地区	国家	收入水平	社会保障缴款	商品和劳务税	国际贸易与出口税	收入、利润与资本利得税	其他税
中东欧	阿尔巴尼亚	中上收入	20.04%	57.90%	3.08%	15.81%	0.08%
	爱沙尼亚	高收入	34.31%	42.08%	0.00%	23.61%	0.00%
	保加利亚	中上收入	28.00%	53.10%	0.06%	18.70%	0.08%
	波兰	高收入	46.08%	39.44%	0.00%	13.70%	0.77%
	捷克	高收入	49.75%	34.38%	0.00%	15.79%	0.08%
	克罗地亚	中上收入	36.29%	51.40%	1.68%	8.60%	0.35%
	拉脱维亚	高收入	34.97%	53.54%	0.04%	11.31%	0.09%
	立陶宛	高收入	41.67%	39.28%	0.00%	18.84%	0.21%
	罗马尼亚	中上收入	29.98%	46.51%	0.00%	22.89%	0.61%
	塞尔维亚	中上收入	37.50%	48.45%	3.01%	8.02%	0.02%
	斯洛伐克共和国	高收入	44.22%	33.51%	0.00%	22.27%	0.00%
	斯洛文尼亚	高收入	44.16%	43.73%	0.00%	11.88%	0.23%
	匈牙利	高收入	35.82%	43.60%	0.00%	18.46%	2.13%
中东	阿联酋	高收入	82.79%	12.23%	2.49%	0.00%	0.00%
	土耳其	中上收入	33.52%	43.34%	1.33%	18.43%	2.05%
	以色列	高收入	19.68%	40.22%	0.84%	34.37%	4.05%
	约旦	中低收入	19.73%	52.36%	6.29%	15.16%	0.18%

注：[1] 约旦、塞尔维亚、克罗地亚缺失近年数据，采用 2013 年数据计算；俄罗斯缺失近年数据，采用 2015 年数据计算；其他国家采用 2016 年数据计算。

[2] 土库曼斯坦、塔吉克斯坦、沙特、科威特缺失数据。

[3]埃及缺少社会保障缴款数据，阿联酋缺失所得、利润与资本利得税数据。

数据来源：根据 World Development Indicators 数据库中相关指标整理。

2.间接税多设定单一比例税率，但免税及零税率范围差异较大

从丝绸之路经济带沿线国家征收增值税、货物和劳务税、消费税的情况来看，大多数国家征收的是增值税，譬如拉脱维亚、波兰等；少部分国家征收货物与劳务税（Goods and Services Tax，简称 GST）与消费税，譬如约旦。特别地，科威特至今尚未征收增值税。[①]从税率来看，平均名义税率约为 15%，基本较为接近，且均实行单一比例税率（详细参见表 6.2）。单一税率能够体现增值税税负中性且便于计征的优点，并且在理论上最有利于消除重复征税。[②]

但优惠税率、免税及零税率范围的设置差异较大，譬如，以色列增值税法不包含任何豁免注册的条款。在阿尔巴尼亚进行货物出口、国际运输、从事与海事活动有关的服务、向阿尔巴尼亚中央银行供应黄金、提供与国外零用品或服务相关的中介服务均可免征增值税。[③]阿联酋自 2018 年 1 月开始实施增值税以来，对食品、健康、教育、石油产品、社会服务、自行车、金融服务和（住宅）房地产行业免征增值税。[④]在捷克，基本婴幼儿营养食品、特定药品、书籍、磨坊产品和其他适合无麸质饮食的产品，享受 10%的优惠增值税税率；基本食品、特定医药产品、报纸、特殊医疗设备、供暖、社会住房，享受 15%的优惠增值税税率。在俄罗斯，10%的优惠税率适用于基本食品、儿童用品、医疗用品和纯种牛；零税率适用于特定商品和服务，包括向外交官提供的服务、与 2018 年 FIFA 世界杯相关的商业活动以及从俄罗斯领土提取的原始碳氢化合物的销售。

---

① Trading Economics. Kuwait Personal Income Tax Rate [EB/OL]. [2022-04-25]. https://tradingeconomics.com/kuwait/personal-income-tax-rate.

②何杨，王文静. 增值税税率结构的国际比较与优化[J]. 税务研究，2016(3).

③EY. Worldwide VAT, GST and Sales Tax Guide 2018[R]. EY, 2018: 5.

④The Official Portal of the UAE Government-VAT[EB/OL]. (2021-08-17)[2022-04-25]. https://government.ae/en/information-and-services/finance-and-investment/taxation/valueaddedtaxvat.

3.公司所得税税率及特定行业优惠差异较大

丝绸之路经济带沿线国家的公司所得税大多选择比例税率，但税率差异较大，其中税率最低的乌兹别克斯坦仅为7.5%，而阿联酋对于计税收入在5000000迪拉姆以上的石油勘探生产公司设置的税率高达55%。①

此外由于不同国家的具体国情不同，所鼓励发展的行业也有所差异，因而产生了较大的行业优惠差异。譬如，2017年5月3日，乌兹别克斯坦签发总统令，设立7个自由经济区，区内企业培育药用植物原料和对原料进行加工，可以享受免征公司所得税等优惠政策。②土耳其公司在国外进行的建筑和维修活动之利润可以免征公司所得税。③但共同点是大部分国家对于企业的研发投入都制定了相应的税收优惠，具体分为两种类型：

（1）直接从税基中扣除

例如，匈牙利公司、匈牙利艺术与科学学院及其研究机构、公共研究中心和国家直接或间接拥有的研究中心合作开展的某些研发活动，可以享受研发费用的三倍扣除，扣除限额为5000万福林（约合950000人民币）。④立陶宛规定，如果投资研发公司的科学研发活动与产生（或将产生）经济利益实体的通常或预期活动相关，则允许对研发费用进行三倍扣除。2018年1月该国又引入了新的税收激励措施，针对专利

---

①United Arab Emirates: Tax System［EB/OL］.（2019-01）. https://en.portal.santandertrade.com/establish-overseas/united-arab-emirates/tax-system.

② EY:《Worldwide Corporate Tax Guide 2018》［EB/OL］.（2018-12）. https://www.ey.com/Publication/vwLUAssets/EY_Worldwide_Corporate_Tax_Guide_2018/%24File/EY-2018-worldwide-corporate-tax-guide.pdf.

③Investment In Turkey［EB/OL］.（2019-01-09）. http://www.invest.gov.tr/zh-CN/investmentguide/investorsguide/Pages/Incentives.aspx.

④EY.Worldwide Corporate Tax Guide 2018［EB/OL］.(2018-12)［2019-02-18］. https://www.ey.com/Publication/vwLUAssets/EY_Worldwide_Corporate_Tax_Guide_2018/%24File/EY-2018-worldwide-corporate-tax-guide.pdf.

发明的商业利用所产生的利润，在三倍扣除基础上，还可以享受原适用公司所得税税率减5%的优惠。①斯洛文尼亚符合规定的研发活动，可以从税基扣减研发活动开支的100%，未使用的税收减免部分可以在五个财政年度结转。②

(2) 津贴奖励

斯洛伐克共和国有权在2014年至2020年期间得到结构基金(Structural Funds) 和凝聚力基金(Cohesion Fund) 的支持。大部分资金将由公共机构（例如城市、非营利性公司）提取，而只有一小部分将用于企业。公司可获得的奖励主要集中在旅游业，加强研发 (R&D) 和员工培训。

表6.2　丝绸之路经济带沿线国家税率一览

地区	国家	公司所得税(%)	个人所得税(%)	增值税税率(%)
核心区	俄罗斯	15.5–20	13	20
	哈萨克斯坦	20	10、20	12
	吉尔吉斯斯坦	10	10	12
	塔吉克斯坦	23[1]	8–21	18
	土库曼斯坦	20	10	15
	乌兹别克斯坦	7.5	8–22	20
中东	阿联酋	10–55[2]	—	5
	埃及	22.5	10–25	14
	科威特	15	—	—
	沙特阿拉伯	30 – 85	20	5
	土耳其	20	15–35	18
	以色列	24	10–50	17
	约旦	35	7–20	16

①Lake J, Yildiz H M. On the Different Geographic Characteristics of Free Trade Agreements and Customs Unions[J]. Journal of International Economics, 2016, 103: 213–233.

②数据来源：根据中华人民共和国商务部(http://za.mofcom.gov.cn)、中华人民共和外交部(http://www.fmprc.gov.cn)相关信息整理。

续表

地区	国家	公司所得税(%)	个人所得税(%)	增值税税率(%)
中东欧	阿尔巴尼亚	15	13-23、15	20
	爱沙尼亚	20	10、21	20
	保加利亚	10	5 、10	20
	波兰	15、19[3]	18 - 32	23
	捷克共和国	19	15	21
	克罗地亚	12、18[4]	12-40	25
	拉脱维亚	15	24	21
	立陶宛	15	15	21
	罗马尼亚	16	16	19
	塞尔维亚	15	10	20
	斯洛伐克	19	19-25	20
	斯洛文尼亚	19	16 -50	22
	匈牙利	9	16	27

注:[1] 由生产活动的所得适用 14%的税率,但不得低于总收入的 1%。其余的所得按照 24%税率征收。从 2017 年初开始,税率下降 1%。

[2] 企业所得税(适用于当地而非联邦)仅对天然气和石油公司产生的收入征收,不考虑居住身份。

[3] 15%的公司税率仅适用于前一纳税年度的销售收入(包括应交增值税)的初创纳税人和纳税人不超过兹罗提(PLN)等值 120 000 欧元(小型纳税人)。

[4] 企业所得税的标准税率为 18%。12%的较低企业所得税税率适用于在前一税收期间实现收入少于 HRK 300 万元的纳税人。

数据来源:根据 KPMG 国际税收政策数据库、EY《Worldwide VAT, GST and Sales Tax Guide 2018》、《Worldwide Corporate Tax Guide 2018》、《Worldwide Personal Tax and Immigration Guide 2017-18》及各国官方网站资料整理。

6.2.2 丝绸之路经济带沿线各国的税收政策协调

1.关税协调初具成效，但增值税协调层次不高

关税的协调主要通过签订贸易协定来推进，主要有自由贸易区与关税同盟两种形式。Lake 等人（2016）通过研究地理特征对于自贸区和关税联盟形成的影响指出，因为高昂运输成本的影响，小型的近距离国家之间通常会采用关税联盟的形式进行关税协调，而远距离的国家更适合采用自由贸易协定的方式进行关税协调。因为与关税联盟不同，自由贸易协定允许国家形成重叠的自由贸易区域，并且可以独享优惠。①

（1）在关税同盟的建立方面，最为典型的是俄哈白关税同盟

2007年，白俄罗斯、哈萨克斯坦和俄罗斯签署了建立三国关税同盟的协议，于2010年1月成立了白俄罗斯、哈萨克斯坦和俄罗斯海关联盟（现称欧亚海关联盟）。2012年1月，三国建立了欧亚经济空间，确保单一的商品、服务、资本和劳动力市场的有效运转，并建立连贯一致的工业、交通、能源和农业政策。②

（2）在自贸协定网络及自贸区建设方面，通过多个自由贸易区建立，逐步实现了关税削减

譬如，中欧自由贸易区（Central European Free Trade Agreement，CEFTA）③为了实现多边贸易自由化，取消了现有的自由贸易协定网络，由CEFTA 2006协议取代，协议包含有关工业和农产品贸易自由化、技术性贸易壁垒等新贸易问题的特殊规定。④通过中巴经济走廊，土库曼斯坦、哈萨克斯坦和乌兹别克斯坦能够以管道和公路途径出口液体货物。⑤《独联体自由贸易区协议》（Договор о зоне свободной торговли. Договор）

①Lake J，Yildiz H M. On the Different Geographic Characteristics of Free Trade Agreements and Customs Unions[J]. Journal of International Economics，2016，103：213-233.

②数据来源：根据中华人民共和国商务部（http://za.mofcom.gov.cn）、中华人民共和国外交部（http://www.fmprc.gov.cn）相关信息整理。

③中欧自由贸易区目前的成员是波兰、捷克、斯洛伐克、匈牙利、斯洛文尼亚、罗马尼亚、保加利亚。

④Ranchev G.Tax Harmonization Aspects of See Regional Integration Processes［J］. MEST Journal，2016(6)：161-169.

⑤Avais M M A，Shaikh M S，Mahesar H A，et al. China-Pak Economic Corridor: Social Analysis For Pakistan[J]. The Government-Annual Research Journal of Political Science，2016，5(5).

于2011年10月18日签订，2012年9月20日生效，首批签署国包括俄罗斯、白俄罗斯、乌克兰、哈萨克斯坦、摩尔多瓦、亚美尼亚、吉尔吉斯斯坦和塔吉克斯坦8个国家。乌兹别克斯坦于2013年5月31日签署了加入独联体自由贸易区的备忘录，规定协定缔约方与乌兹别克斯坦国家间相互贸易不征收进口关税。①

而在增值税的国际协调方面，从各国增值税税率的变动来看，大部分丝路沿线国家的增值税税率呈小幅度上涨，譬如波兰2011年由22%上升至23%；克罗地亚2012年自23%上升至25%；匈牙利2012年由25%上升至27%；立陶宛2010年自19%上升至21%；塞尔维亚2012年自18%上升至20%；俄罗斯2019年自18%上升至20%。也有少部分国家的增值税税率小幅度下降，譬如罗马尼亚2016年自24%下降至20%，2017年又下降至19%。②总体来说，增值税的税率呈趋同态势，但增值税的协调仍停留在税率趋同的初级阶段。

2.双边税收协定密集，但条约亟待更新完善

税收协定（tax treaty）一般是指国与国之间签订的避免对所得和资本双重征税和防止偷逃税的协定，其中双边税收协定是当今的主要形式。③最初，双边税收协定是为避免双重征税而签署的，20世纪80年代以来税收协定进一步发展出了两项新功能，主要适用于个体纳税人：一是通过由居住国收取预扣税（withholding tax）来防止双重不征税。二是通过让来源国向居住国提供其居民的收入信息，从而强制实行基于居民的个体征税。④

---

①驻亚美尼亚经商参处.亚美尼亚批准了《独联体自由贸易区协定》[EB/OL].（2016-06-24）. http://www.ccgp.gov.cn/gjdt/201606/t20160624_6949383.htm.

② Trading economics.Sales Tax Rate-VAT［EB/OL］.（2019-01）. https://tradingeconomics.com/sales-tax-rate.

③潘春阳，袁从帅. 税收协定与中国对外直接投资——来自“一带一路”沿线国家的经验证据[J]. 国际税收，2018(10).

④Aviyonah R S，Halabi O. Double or Nothing: A Tax Treaty for the 21st Century［R］. Law & Economics Working Papers，2012.

此外，双边税收协定的作用还包括减少国际避税和逃税，从而保护国内税基。[①]鉴于丝路沿线国家中的大部分属于发展中国家，而签署双边投资条约可以保留现有的外国直接投资（foreign direct investment）存量，并吸引新的外国投资者，因而积极对税收协定网络进行完善是非常必要的。

从部分丝路沿线国家与其他国家签署的双边税收协定来看，除少数国家（如约旦、阿尔巴尼亚）仅签署 30 多份税收协定外，大部分国家签署了超过 50 份税收协定，还有部分国家超过 80 份（参见表 6.3）。截至2021 年 12 月底，我国已与 109 个国家（地区）正式签署了避免双重征税协定，其中与 102 个国家（地区）的协定已生效，[②]明显高于丝路沿线其他国家。丝路沿线国家中除约旦外，均与我国签订了避免双重征税协定，其中，乌兹别克斯坦、土库曼斯坦、吉尔吉斯斯坦等国还与我国签署了国际运输收入专项税收协议。[③]

表 6.3　部分丝绸之路经济带沿线国家与其他国家签署的双边税收协定情况

国家	签署数量	国家	签署数量	国家	签署数量
哈萨克斯坦	50	土耳其	83	拉脱维亚	59
乌兹别克斯坦	52	波兰	83	克罗地亚	60
埃及	57	罗马尼亚	88	斯洛伐克	67
约旦	35	俄罗斯	80	爱沙尼亚	56
以色列	54	塞尔维亚	56	阿尔巴尼亚	39
沙特阿拉伯	41	匈牙利	27	斯洛文尼亚	56
科威特	59	捷克	88	保加利亚	68
阿联酋	94	立陶宛	53	中国	107

资料来源：作者根据《EY—Worldwide Corporate Tax Guide 2018》及各国税务局官网数据整理。

①Aviyonah R S, Halabi O. Double or Nothing: A Tax Treaty for the 21st Century [R]. Law & Economics Working Papers, 2012.

② Baker P L., An Analysis of Double Taxation Treaties and Their Effect on Foreign Direct Investment[J]. International Journal of the Economics of Business, 2014(3).

③数据来源：我国签订的避免双重征税协定一览表 http://www.chinatax.gov.cn/chinatax/n810341/n810770/common_list_ssty.html.

综合来看，丝绸之路经济带沿线国家的税收协定网络较为健全，已初步构筑了较完善的国际税收协调渠道，但在协定的签署时间方面，条约网络面临着较为老旧或尚不完善的问题。我国与丝路沿线国家签订的避免双重征税协定大多集中于20世纪八九十年代至21世纪初，且近年来时有修订。2005年以来，与我国第一次签订避免双重征税协定的丝路沿线国家有沙特阿拉伯（2006年1月）、捷克共和国（2009年8月）、土库曼斯坦（2009年12月）、塔吉克斯坦（2008年8月）等。继2016年7月我国与罗马尼亚重新签署双边税收协定以来，又陆续与新西兰（2019年12月）、意大利（2019年3月）、西班牙（2018年11月）、柬埔寨（2016年10月）、肯尼亚（2017年9月）、加蓬（2018年9月）、刚果（布）（2018年9月）、安哥拉（2018年10月）、阿根廷（2018年12月）、卢旺达（2021年12月）等国签署了税收协定（其中，新西兰、意大利、西班牙是重新签署；其余国家是新签订的）。应该说，完善双边税收协定的任务，仍旧任重道远。

6.2.3 丝路沿线各国税收政策协调的主要挑战

1.各国不均衡发展与税制差异的客观阻碍

丝绸之路经济带沿线国家的经济发展水平差异较大，既有诸如塔吉克斯坦的人均GDP不足1000美元的经济欠发达国家，也有诸如阿联酋的人均GDP高达40000美元的高收入国家。[①]从主体税种的选择来看，不同经济水平的国家差异明显，即使是同一税种其征收范围、税率、税收优惠政策的设置也是千差万别。从税种的设置来看，不同收入水平国家的税种结构差异明显。间接税多设定单一比例税率，但免税及零税率范围差异较大，甚至个别国家目前尚未开征增值税，公司所得税税率及特定行业优惠

①World Bank Data[DB/OL].（2018-11）. https://data.worldbank.org/indicator/NY.GDP.PCAP.CD.

差异较大。从税收服务质量来看，各国的税收征管效率也有较大差异。例如，完成一次公司所得税审查，在捷克需要 5.3 周，在斯洛文尼亚需要53 周，在约旦需要 62.7 周，竟然达到了十倍的差距。[①]

2.跨国税收争议难以解决

丝路沿线国家总体上可以分为大陆法系、英美法系和伊斯兰法系，不同法系的国家有其特有的法律层级、法律适用规则、法律审判模式，这会给投资者带来较多的涉税风险。我国"走出去"企业如果不能重视自身经营业务的涉税事项，对投资国的税收协定、税收制度及税收征管制度了解不够，可能会被当地税务机关定性为逃避税收，被处以高额的滞纳金或罚款，还可能自动放弃了利用税收协定获取税收优惠这一"隐性利润"，而承担了无谓的高昂成本。例如，中国联通红筹公司应该在西班牙享受按限制税率 10%缴纳所得税的优惠待遇，2009 年度到 2011 年度共计多缴纳了多笔税款，经过与西班牙税务当局沟通后收到多笔退税款，累计1062 万欧元（约合人民币 9828 万元）。[②]又如，华新水泥股份有限公司旗下的亚湾公司 2013 年和 2014 年的利息，根据我国与塔吉克斯坦签订的税收协定可以享受免税待遇，经国税局、大使馆与塔吉克斯坦税务当局多次沟通后，成功免除了高达 500 万美元的所得税。[③]随着"一带一路"倡议的持续推进，跨国经贸日益增长，税收争议也随之更加多见。

由于丝路沿线国家的法治化水平参差不齐，在某些国家可能会面临东道国税务机关的违规和不透明执法。在实际税收争议解决中，如果仅由主管机关口头协商，没有强制规定的调解程序，调解过程不规范、不透明，

①PWC：Paying Taxes Report 2018[EB/OL].（2018-01-01）. https://www.pwc.com/gx/en/services/tax/publications/paying-taxes-2018.html.

②刘光明. 近亿元多缴税款如何从西班牙退回中国[N]. 中国税务报，2011-08-29.

③朱彦. 湖北企业境外维权 税务尽心相助[N]. 中国税务报，2015-03-23(001).

将会损害“走出去”企业的税收利益。假若东道国的税务争议处理程序过于复杂、处理时间过长，也会影响企业的运营效率。

3.数字经济高速发展对税收政策协调的影响

近年来，全球经济的数字化趋势明显，加快了世界范围的产业和经济结构调整，成为经济增长的重要推动力。2020 年，全球网络零售交易额近 4.3 万亿美元（约合人民币 27.72 万亿元），同比增长 27.6%，我国网上零售额达到 11.76 万亿元，同比增长了 10.9%。①数字经济发展推动了更多的跨境商品交易，但丝路沿线各国的信息化发展水平和网络销售渗透水平参差不齐，而跨境电子商务会涉及数据收集、互联网金融、互联网物流等领域，且具有利益分布多次重叠、消费碎片化的特点。这给相关税收法规的确定造成了一定困扰。

此外，随着数字经济模式的发展，收入来源更加多样化，各国所得税法主张的基于传统居民税收管辖权和所得来源地税收管辖权的国际税收协调模式也受到了严重冲击，主权国家的税收能力被一定程度削弱。电子商务作为当前跨国交易的重要途径，当销售流程和产品不可见或短暂可见时，很难确定在哪里开展经营活动以及向哪里征税。②这将导致双方国家税收机关都难以认定“营业场所”所在地，也就难以有效行使税收管辖权。

---

①电子商务和信息化司. 中国电子商务报告(2020)[R]. 商务部，2021：2；驻法兰克福总领事馆经济商务处. 2020 年全球在线零售贸易增长 27.6%至 4.3 万亿美元，今年中国将成为全球首个在线零售交易额超过社会零售总额一半的国家［EB/OL］.（2021-03-22）[2022-04-21].http://frankfurt.mofcom.gov.cn/article/xgjg/202103/20210303046406.shtml.

②BEPS Action Plan at 10. In endorsing the BEPS Action Plan in July 2013，EU Tax Commissioner Algirdas Šemeta -European Common Memo［EB/OL］.（2012-06-20）[2019-02-11]. http://europa.eu/rapid/press-release_MEMO-13-711_en.htm.

4.BEPS 行动计划背景下的国际逃避税风险

随着 BEPS 行动计划[①]的推广和新经济业态的丰富，国际税收规则不断变化，跨国公司也在不断研究新的避税方式，其形式愈发隐蔽、手段更加丰富。目前，各国差异明显的税制，参差不齐的税收征管能力水平，为吸引外来投资引发的税收竞争等，都为跨国企业的避税行为提供了土壤。国际货币基金组织的专家曾估计，全球跨国公司的税收基础侵蚀和转移（BEPS）造成的税收损失约为 6000 亿美元。[②]

丝路沿线国家对于反避税也持坚决态度，并采取了一系列措施推进反避税工作，但一些国家制定的反避税条款仍不够完善。例如，科威特税法中并没有明确的转移定价条款，仅有简单的关联方交易规则。而且，跨国公司设计的税收构架往往庞大而复杂，一些重要的重组和交易行为难以在信息披露中体现。如何在设置吸引外来投资的税收优惠措施和控制不合理商业避税模式的滋生之间取得平衡，仍旧是亟待解决的重要课题。

6.2.4 税收政策国际协调的政策建议

1.完善和规范税收协定网络

（1）更新并完善现有的税收协定网络

对于已有的税收协定，许多国家已然进行了完善和调整。譬如，捷克共和国从 2000 年开始，陆续与菲律宾、乌兹别克斯坦、斯洛伐克、挪威、科威特、塔吉克斯坦等国签订了税收协定，与比利时、拉脱维亚、土耳

---

①BEPS 行动计划是 2013 年由 OECD 和 G20 主导的全球性反对税基侵蚀与利润转移的国际税收协调机制，其基本目的是在全球范围内推动建立国际财税新秩序和新规则，包括 15 项行动计划，主要包含三方面内容：第一，保持跨境交易相关国内法规的协调一致；第二，突出强调实质经营活动并提高税收透明度；第三，提高税收确定性。

②Crivelli E，Mooij R，Keen M. Base Erosion, Profit Shifting and Developing Countries[R]. IMF Working Papers, 2015.

其、法国、波兰和丹麦修改了协定。[①]斯洛伐克自2000年之后与埃及、新加坡、墨西哥、越南等国签署了13个协定，最近的一次是2012年与科威特签订的协定。[②]罗马尼亚2000年之后签署了23个新的协定，2016年，罗马尼亚修改并更新了与保加利亚和挪威的协定。[③]

我国目前的税收协定网络还是较为健全的，但与丝绸之路经济带沿线国家签订的避免双重征税协定大多集中于20世纪八九十年代至21世纪初。因而，亟须吸收国际税收实践的最新成果，依照“双轮驱动”的思路推进现有税收协定网络的更新：第一，应当抓紧时机根据经贸关系与尚未签订税收协定的国家签署双边税收协定；第二，应当积极就较为老旧的条约进行重新修订。

(2) 规范税收协定的条文解释

在修订现有的税收协定时应当注意以下问题：第一，适时修订协定相关条款。目前我国与有些国家的税收协定中尚未引入税收饶让条款，或仍然为单边税收饶让，这将导致我国“走出去”企业不能正常享受到对方国家的税收优惠，因此应当适时引入饶让抵免条款。此外还应引入税收豁免权以及强制仲裁等规定，维护国家税收主权与企业税收利益。第二，规范税收协定条文解释。规范税收协定、税收法律、法规及规范性文件中对同一概念的解释，减少相互交叉、重叠及产生歧义的条款，制定易于理解、便于遵从的征管规范。[④]第三，及时将BEPS行动计划的要求纳入税收协

①Czech Republic Individual - Foreign tax relief and tax treaties［EB/OL］.（2019-01）. http://taxsummaries.pwc.com/ID/Czech-Republic-Individual-Foreign-tax-relief-and-tax-treaties.

②Slovak Republic Double Tax Treaties［EB/OL］.（2019-01-14）. https://www.finance.gov.sk/en/taxes-customs-accounting/direct-taxes/income-tax/international-taxation/double-tax-treaties/.

③Dumiter F, Jimon Ş. Double Taxation Conventions in Central and Eastern European Countries［J］. Journal of legal studies, 2016(32).

④李海燕，兰永红. 海上丝绸之路沿线国家税务风险防控的国际借鉴研究［J］. 国际税收，2017(4).

定。在BEPS行动计划中，第2项（消除混合错配安排的影响）、第6项（防止协定优惠不当授予）、第7项（防止人为规避构成常设机构）、第14项（使争议解决机制更有效）和第15项（制定用于修订双边税收协定的多边协议）均与税收协定相关。在进行税收协定更新时，应当注意相应调整协定的国内法解读，防止税收协定条款的滥用，进一步打造更加健康的国际税收环境。

2.建立税收争议解决机制

（1）设置专门机构来处置国际税收争议

在国际税收协调中税收争议的解决，除依据国际税收协定外，税收司法机构也扮演着举足轻重的角色。由于这些国际税收争端的相关利益主体主要为跨国纳税人，往往会涉及多个国家的税收权益，从而影响到国与国之间的经贸关系，因此，国际税收争议的解决更加需要司法机构的保障，需要更加专业的司法审判人才，还需要和海关等机构的有效合作。

目前我国负责处理国际税收争议的机构是国家税务总局，主要通过启动与相关国家税务当局的协商谈判程序进行。面对"一带一路"倡议背景下的复杂法律环境，应当构建专门负责解决境内外国际税收争议的机构，建立及时有效解决棘手税收争议问题的沟通处理渠道。①具体操作层面，第一，可以建立巡回税务法庭，借鉴美国、加拿大、德国的做法，结合区域经济发展状况及经济结构等特点，设立跨行政区划的司法辖区，设置固定地点由法官进行巡回，并在每年的固定时间进行法官集会交流（进一步论述，可以参阅本书第7章）。第二，可以建立专门的税务人才培养基地，提升涉外税务人员技能及素质，培养能够应对国际税收争议的税务领军人才，选拔具备国际化视野的税务法官和税务律师，保障"走出去"企业的合法经济利益。

---

①张富强. 论强国战略下"一带一路"国际税收争议解决机制的完善[J]. 法学杂志，2018(8).

（2）引入强制仲裁条款

目前中国跨国企业的税收争议解决办法主要是协商程序，即由企业利用税收协定与对方税务当局沟通协商，或启动相互协商程序而由我国税务机关协商解决。强制仲裁是一种新的税收争议解决办法，作为相互协商程序的补充，已经得到不少国家的认可（譬如英国、美国、德国）。①其优点在于，提供了比国家法院更为中立的平台，通常比司法程序更加机密，其裁决比法院判决更容易执行。注重依托国际和中国的现有司法、仲裁和调解机构，充分吸收整合国际国内的法律服务资源，构建诉讼、调解、仲裁有效衔接的多元化涉税纠纷解决机制。②

在具体操作中，可以参考《OECD税收协定范本》以及BEPS第14项行动计划的标准，③在目前签订的税收协定中补充税收争议的相互协商反馈时间，再将现有的相互协调程序作为强制仲裁的前置程序。在此基础上，明确规定强制仲裁的提起条件及流程、适用范围、执行规则，并由纳税人自行决定是否接受仲裁结果。

3.探索应对跨境商品交易的税收管理新模式

（1）积极推动全球税收情报交换制度的建立

目前有两种国际商定的税务信息交换标准：“基于请求的税收信息交换（Exchange of Informationon Request，EOIR）”（例如双边专项税收情报交换）和“税收信息自动交换（Automatic Exchsnger of Information，AEOI）”（例如公用报告标准CRS）。2017年6月，OECD正式公布了全球税务论坛各国税收情报交换之合规问题的最后结果。OECD所设定的评级标准一共有

①Norton P M. China's Belt and Road Initiative: Challenges for Arbitration in Asia [J]. University of Pennsylvania Asian Law Review, 2018(2).

②顾华详. “一带一路”共建与比较法学研究[J].湖南财政经济学院学报,2018(4).

③BEPS第14项计划“使争议解决机制更加有效”主要包括:(1)提高相互协商程序效果和效率的“最低标准”“最佳实践”“强制仲裁”三个层次的主要措施;(2)对确保措施有效性的同行审议(peer review)结果进行公示;(3)同行审议的标准和方法。

四级，分别是"合规"（compliant）、"大体合规"（largely compliant）、"部分合规"（partially compliant）和"不合规"（non-compliant）。[①]政府之间的税收情报交换通常通过三种不同的方式实现：（1）根据要求交换信息；（2）自发的信息交流；（3）自动交换信息。通过对于丝路沿线国家税收协调情况的分析，可以发现，很多国家签署的税收协定虽然规定了税收信息交换条款，但在实际操作中税收信息的交换并未得到有效执行，比如土耳其的税收情报交换就仅为部分合规。

我国自2017年起开始执行《多边税收征管互助公约》，2018年起开始实施《金融账户涉税信息自动交换多边主管当局间协议》，[②]但目前尚未在税收协定中就如何进行税收情报的交换做出明确规定。针对这一问题，首先，应当在与丝路沿线国家的现有双边税收协定中，专门就税收信息交换的内容、时间、方法进行说明，逐步完善专项情报交换、自动情报交换、行业范围情报交换等规定。其次，建立专门的情报信息收集处理系统，对税务机关或相关部门收集到的税收情报进行规范化、信息化、标准化，在保证税收信息来源可靠的前提下，提高税收情报使用的效率。最终，将双边协定拓展为多边税收信息交换协定，从而建立起维护国家税收权益的多维度税收协定体系。

（2）应用并推广电子税收技术

正处于密集创新和高速增长阶段的数字经济，对于现有税收征管模式提出了新要求。在跨境税收中，不同国家的数字化程度不同，跨境贸易相关信息的完善程度也存在差异，直接导致纳税主体的确定存在问题。高效的数字税收系统可以提高政府对公民（G2C）服务的效率。此外，税收活

①OECD. Brief on the State of Play on the International Tax Transparency Standards September 2017［EB/OL］.（2017-09）. http://www.oecd.org/tax/exchange-of-tax-information/brief-and-FAQ-on-progress-on-tax-transparency.pdf.

②江苏省国际税收研究会. 国际税收征管协作中的问题和对策［J］. 国际税收，2017(1).

动的数字化，还会有效提升政府治理的现代化水平，因为有关税收遵从的所有信息都是可见的，并可供管理者查看。①目前，有些丝路沿线国家已然开始了电子税收（e-taxation）的相关实践。譬如，哈萨克斯坦自2015年起开始实行电子税收计划（the E-Taxation Project），致力于简化交易中的涉税程序，并且实现了在线税务登记、电子签名等功能，并可以通过电子税收平台在线与哈萨克斯坦国内收入服务系统（Kazakh Internal Revenue Service）实现交互共享。②

同时，税收数据化通过减少文件备案后的更正并节省时间、在线填写税务文件、在线税务登记和退税以及在线税收支付等功能性战略，也将有效提升国际税收征管效率。我国应当在"金税三期"和"金税四期"的基础上，进一步推广电子税收技术，完善风险管理信息系统，努力获取可靠的情报信息进行验证，从而实现税收情报数据收集系统的进一步优化。

6.3 "一带一路"倡议推进中的税收风险防范③

2018年5月，"一带一路"税收合作会议在阿斯塔纳召开，与会者就税收法治、纳税服务及争端解决等相关议题进行了深入探讨，并联合发布了《阿斯塔纳"一带一路"税收合作倡议》。④税收风险防范已然成为"一带一路"倡议推进中的重要议题。

---

① Saha P, Nath A K, Salehi - Sangari E. Evaluation of Government E-Tax Websites: an Information Quality and System Quality Approach[J]. Transforming Government People Process & Policy, 2012, 6(3): 300-321(22).

② Kassen M. E-government in Kazakhstan: A Case Study of Multidimensional Phenomena[M]. Routledge, 2016: 60-61.

③本节由马蔡琛和苗珊合作完成。

④新华网. "一带一路"税收合作会议发布联合倡议[EB/OL]. (2018-05-16)[2019-01-27]. http://www.xinhuanet.com/fortune/2018-05/16/c_1122843729.htm.

6.3.1 防范税收风险助力丝路经济带发展的作用机理

丝绸之路经济带空间范围广阔，制度环境复杂，因此，在丝绸之路经济带的建设和发展中，税收风险是必然存在的，准确识别并进行有效防范是十分必要的。综合来看，税收风险防范对丝绸之路经济带发展的推动作用，主要体现在以下几个方面：

首先，税收风险防范是维护竞争秩序的安全锁。自古以来，税收竞争便是贸易发展逃避不开的难题。税收竞争发展至今，逐渐演变成为对资本和经营活动采取减税措施（甚至包括一些不恰当的税收优惠措施），以提高生产要素的流入。①这些恶性税收竞争手段会扭曲贸易和投资模式，侵蚀国家税基，并将部分税收负担转移至劳动力和消费等流动性较低的税基上，从而不利于就业，破坏了税收的公平性。②丝绸之路经济带作为一个刚刚起步的新型经济区域，各国间的投资往来、经济合作日益频繁，税收的竞争也在所难免，但有效的税收风险防范能够通过多边或单边协定等措施，推动各国间的税收协调，从而维护竞争秩序，避免恶性税收竞争带来的危害。

其次，税收风险防范是国际经贸合作的保护伞。丝绸之路经济带的本质是新的经济发展区域，其中经贸合作是非常重要的一环，而区域性经济合作多始于自由贸易，其面临的最大障碍便是关税和非关税壁垒，因此区域性经济合作与税收风险是相伴而生的。2014 年，外交部针对非洲某国开展的经贸领域调研报告显示，“走出去”企业所面临的问题中，与税收相关的占 60%。此外，某直辖市国税局对辖区内 50 家境外投资企业开展的专项调查显示，43%的企业在进行境外投资和经营时，面临着较大的涉税

---

①吴建，程莹. 国际税收协调路径探讨——基于区域性反有害税收竞争实践[J]. 现代财经，2011(10).

②OECD. Harmful Tax Competition: An Emerging Global Issue[R]. OECD, 1998.

争议、税收歧视等税收问题。[①]随着丝绸之路经济带沿线各国交流合作的推进，商品、资本、技术、劳动力等经济要素的跨国流动日益频繁，税收分配关系变得错综复杂，税收风险成为丝绸之路经济带发展过程中不可忽视的重要问题。如何减少关税和非关税贸易壁垒，如何避免由税制差异、税收管辖权等因素导致的重复征税，如何防止跨国企业滥用税收优惠等措施。这些问题越来越成为丝绸之路经济带进一步发展的阻碍，而有效的税收风险防范能够保护各国间的经贸往来，进而推动丝绸之路经济带的繁荣发展。

最后，税收风险防范是提升竞争力的助推器。丝绸之路经济带沿线多为发展中国家，尽管具有较大的发展潜力，但当前竞争力较弱，营商环境参差不齐。依据世界经济论坛公布的2017—2018年度全球竞争力指数(Global Competitiveness Index)，丝路16国中仅有3个国家排名在前50名，分别为中国（第27位）、俄罗斯（第38位）和印度（第40位），[②]其余大部分国家排名较为靠后。在世界银行2018年颁布的对世界190个经济体的经商便利度评估中，俄罗斯（第35位）、哈萨克斯坦（第36位）、亚美尼亚（第47位）的经商环境较为理想，而伊朗（第124位）、阿富汗(第183位)、巴基斯坦（第147位）、塔吉克斯坦（第123位）等国的经商便利度排名在百位之后，营商环境不够理想。[③]目前来看，丝绸之路沿线部分国家的税制不够健全，特别是在国际税收治理方面，仍处于起步阶段。因此，加强税收风险防范能够有效推动各国税制的完善，进而提升各国竞争力。

---

①陈有湘，董强. 构建“一带一路”战略下的国际税收风险应对机制[J].税收经济研究，2015(6).

②World Economic Forum. World Economic Forum. Global Competitiveness Index 2017-2018[EB/OL]. , [2018-04-10]. http://reports.weforum.org/global-competitiveness-index-2017-2018/competitiveness-rankings/#series=GCI.

③World Bank. Doing Business 2018 Reforming to Create Jobs[EB/OL]. [2018-04-10]. http://www.doingbusiness.org/~/media/WBG/DoingBusiness/Documents/Annual -Reports/English/DB2018 -Full -Report.pdf.

6.3.2 丝绸之路经济带的税收风险及其来源

就单个国家而言，准确识别并防范税收风险，可以避免税收流失和恶性竞争，同时倒逼国内的税制改革和征管能力的提升，促使其加快建立与国际接轨的税收制度。就区域发展而言，丝绸之路经济带沿线各国在资源、产业等方面均具有较强的互补性，具有广阔的合作空间，识别并防范税收风险有利于为各国的经贸往来降低成本，进而推动该区域内资源、资本、劳动力等生产要素的自由流动，以优化资源配置，提高该区域的整体竞争力。随着丝绸之路经济带倡议的落地实施，如何识别并防范税收风险是当前亟待解决的难题。

1.丝绸之路经济带的税收风险

(1) 税制差异明显

丝绸之路经济带沿线国家众多，税法的规定千差万别。从法律体系方面来看，大多数国家采用大陆法系，亦有部分国家采用英美法系（譬如，印度、巴基斯坦）。从税收管辖权方面来看，大多数国家同时使用居民管辖权和地域管辖权，即同时对本国居民的全球所得和非居民来源于本国的所得征税。从税种来看，各国之间仍存在一定的差异，例如，除去俄罗斯，丝路经济带的其他国家增值税制度的运行多不依赖于出口退税，逐渐偏离了国际法规的规定。①

考虑到沿线各国的合作以跨境投资居多，而公司所得税是影响国际投资的重要因素之一。因此，公司所得税是各国企业“走出去”和“引进来”最为关注的问题，与丝绸之路经济带的发展息息相关，但各国对其规定却差异颇大，为跨境投资增加了许多困扰。

从纳税标准和应税所得的角度来看（参见表 6.4），丝路 16 国对纳税人判断标准和应税所得的处理方式不尽相同。大部分国家在区分居民纳税

①杰弗里·欧文斯. 新丝绸之路发展中的税收问题研究[J].国际税收，2017(4).

人和非居民纳税人时，采用一种标准（即公司注册登记地，如俄罗斯、蒙古等）或两种标准（即公司注册登记地或管理控制地，如巴基斯坦、吉尔吉斯斯坦等）。当然，也存在一些拥有特殊规定的国家，如哈萨克斯坦采用三种标准对居民纳税人进行判定，即公司注册登记地或管理控制地或实际经营地，而阿富汗则并未公布区分居民和非居民的判断标准。在考察应税所得的处理方式时，我们发现，各国在对经营所得和其他所得征税时区别不大，但对股息所得和资本所得的纳税处理却采取了不同的方式。对于股息所得，丝路 16 国中的大部分国家选择了特殊的征收方式，即不征税（如哈萨克斯坦）和区别征税（如印度），仅有少数国家选择按照正常所得征税（如阿富汗、蒙古）。相反地，在对资本利得征税的处理上，大多数国家选择了按正常所得征税（如俄罗斯、哈萨克斯坦等），仅有少数国家（如印度、巴基斯坦、摩尔多瓦），选择了区别征税。

表 6.4　部分丝路国家公司所得税纳税人判断标准及应税所得处理方式

<table>
<tr><td colspan="3">纳税人判断标准</td></tr>
<tr><td colspan="2">判断标准</td><td>代表国家</td></tr>
<tr><td colspan="2">公司注册登记地</td><td>白俄罗斯、俄罗斯、蒙古、乌克兰、乌兹别克斯坦</td></tr>
<tr><td colspan="2">公司注册登记地或管理控制地</td><td>巴基斯坦、吉尔吉斯斯坦、土库曼斯坦、印度</td></tr>
<tr><td colspan="2">公司注册登记地或管理控制地或实际经营地</td><td>哈萨克斯坦</td></tr>
<tr><td colspan="3">应税所得的处理方式</td></tr>
<tr><td>所得类别</td><td>处理方式</td><td>代表国家</td></tr>
<tr><td rowspan="3">股息所得</td><td>不征税</td><td>哈萨克斯坦、吉尔吉斯斯坦、乌克兰、乌兹别克斯坦</td></tr>
<tr><td>按正常所得征税</td><td>阿富汗、蒙古</td></tr>
<tr><td>区别征税</td><td>巴基斯坦、白俄罗斯、俄罗斯、摩尔多瓦、土库曼斯坦、亚美尼亚、印度</td></tr>
<tr><td rowspan="3">资本利得</td><td>不征税</td><td>—</td></tr>
<tr><td>按正常所得征税</td><td>阿富汗、白俄罗斯、俄罗斯、哈萨克斯坦、吉尔吉斯斯坦、土库曼斯坦、乌克兰、乌兹别克斯坦、亚美尼亚</td></tr>
<tr><td>区别征税</td><td>巴基斯坦、摩尔多瓦、印度</td></tr>
</table>

资料来源：刘鹏."一带一路"沿线国家的公司税制比较[J].上海经济研究，2016(1).

从税率的角度来看（参见表 6.5），除蒙古采用累进税率外，其他国家均采用比例税率。由表 6.5 不难看出，各国的税率水平差异较大，高者如巴基斯坦，可以达到 31%或 35%，低者如乌兹别克斯坦，仅为 7.5%，但大多数国家的税率水平处于 10%~20%之间。总的来说，丝路 16 国中大部分国家的公司所得税税率低于我国，仅印度和巴基斯坦的税率明显高于我国。特别地，印度对外国公司及其分支机构征收更高的所得税，高出10%（国内公司税率为 30%，外国公司及其分支机构税率为 40%），这在全球范围内都是很少见的。此外，部分国家征收了分支机构利润汇出税，即分支机构扣除在当地缴纳的公司所得税后，在将利润汇出时还要再缴纳一次税，如哈萨克斯坦、乌兹别克斯坦、巴基斯坦、蒙古，这无疑增加了境外承包、境外劳务的税负。预提税（withholding tax）是针对跨国资本流动征收的直接税。除印度外，各国均征收股息预提税，且税率大多集中于10%~15%之间。但大多数国家与中国协定的股息预提税税率或低于本国规定或与本国规定持平，这得益于中国与各国的双边或多边税收协定，为我国企业“走出去”创造的良好条件。

通过上述分析，我们不难发现，丝路 16 国间的税制差异较大，税制协调性差，特别是在公司所得税方面。加之受到语言障碍的影响，各国很难及时全面地掌握彼此的税收政策和征管规定，很容易出现境外亏损无法弥补、境外优惠无法饶让、协定待遇无法落实、境外税收执法不公等问题，大大增加了丝绸之路经济带的税收风险。

表 6.5　部分丝路 16 国公司所得税税率情况一览表

国家	标准税率	分支机构利润汇出税率	股息预提税税率	协定股息税率
俄罗斯	15.5–20[1]	0	0/13/15[2]	5/10
哈萨克斯坦	20	15	15	10
乌兹别克斯坦	7.5	10	10	10
土库曼斯坦	8/20/2[3]	—	15	5/10
吉尔吉斯斯坦	10/5/0[4]	—	10	10

续表

国家	标准税率	分支机构利润汇出税率	股息预提税税率	协定股息税率
印度	30[5]	0	0	10
巴基斯坦	31/35[6]	12.5	12.5	10
阿富汗	20	—	20	—
蒙古	10/25[7]	20	20	5
白俄罗斯	18/25[8]	—	12	10
亚美尼亚	20	—	10	5/10
乌克兰	18	0	15	5/10
摩尔多瓦	12	0	6[9]	5/10

注:1.教育和药品公司税率为0%。2.支付给其他俄罗斯公司或居民的股息预提税税率为13%,支付给外国公司的股息预提税税率为15%。3.非政府居民企业的所得税率为8%,其他居民企业的税率为20%,个人独资企业的所得税税率为2%。4.标准税率为10%,租赁企业5%,金矿开采、精选、精炼合金和黄金的企业享受0%的优惠税率。5.国内公司税率30%,外国企业及其分支机构税率40%,考虑到附加税费和地方税,有效税率分别为国内公司33.99%,外国企业43.26%。6.银行为35%,其余为31%。7.采用累进税率,每年应纳税所得在30亿图格里克(MNT)以内的部分税率为10%,超过的部分税率为25%。8.18%为标准税率,银行、保险公司利润的税率为25%。9.2008-2011年度的为15%。

资料来源:EY. Worldwide Corporate Tax Guide 2017 [R], EY, http://www.ey.com/Publication/vwLUAssets/Worldwide_Corporate_Tax_Guide_2017/ $FILE/Worldwide%20Corporate%20Tax%20Guide%202017.pdf, 2017; 中国注册税务师同心服务团. "一带一路"发展战略涉税问题概览[M]. 北京:中国税务出版社,2015.

(2) 新型反避税需求

在全球化进程的推动下,世界经济活动深度融合,企业生产经营活动不再局限于某一地区,而是将生产链在全球范围内进行整合。这种边界的模糊给了跨国企业越来越多的机会实施激进的税收筹划策略,以使其税负最小化,各国面临愈发严峻的税基侵蚀与利润转移 (Base Erosion and Profit Shifting) 风险。为此,G20领导人达成共识,呼吁在全球范围内建立公平和现代化的国际税收体系,并委托OECD于2015年发布了《关于税基侵蚀和利润转移的行动计划》 (BEPS) 的最终版本。这项行动计划虽然源于发达国家,但丝路沿线发展中国家众多,税收征管能力较弱,可能面临更大的BEPS风险。

首先，从国家层面来看，近年来我国对丝路沿线国家直接投资不断增长，转让定价规则的差异将会为公司避税行为提供空间，产生新型税收风险。世界范围内大型跨国公司由无形资产引致的利润分配不当进而导致的税基侵蚀，是发达国家和发展中国家共同面对的严峻挑战。例如，美国苹果公司通过分拆知识产权将利润转移至税率更低的爱尔兰，从而实现税负的规避。[①]为此，BEPS 行动计划倡导各国实施转让定价国别报告，即要求全球合并收入超过 7.5 亿欧元的跨国公司，由母公司向所在国税务机关报告转让定价相关信息，OECD 还在其网站建立了双边税收情报自动交换系统，实现签署国税务机关之间的信息共享。目前已有 74 个国家和地区签署了《转让定价国别报告多边主管当局间协议》，而其中丝路经济带国家中仅有中国、俄罗斯、印度、巴基斯坦、哈萨克斯坦和格鲁吉亚六国签署了该协议，[②]其他国家则由于立法缺失、征管水平落后等因素，缺乏信息共享的能力。

其次，从企业层面来看，对投资目标国税收制度的不熟悉，可能给企业带来额外风险或损失。一项针对北京市部分“走出去”企业的调查显示，缺乏专业税务人员，忽视境外分支机构税收管理和国际税收风险防控，是企业普遍存在的问题。[③]近年来，在 BEPS 行动计划的推动下，越来越多的丝路沿线国家制定了防止税基侵蚀与利润转移的政策，重点关注企业滥用税收协定优惠、不当转移定价等问题，并规范了强制披露义务。例如，中俄税收协定待遇优于两国国内税法待遇，但同时也规定了利益限制条款，以防止税收协定优惠的不当授予；[④]哈萨克斯坦虽未正式签署转移

---

①励贺林.无形资产转让定价规则发展趋势及对我国应对 BEPS 的启示[J].税务研究，2014(8).

②国家税务总局. 转让定价国别报告［EB/OL］.［2022-04-21］. http://www.chinatax.gov.cn/chinatax/n810219/n810744/n2959156/index.html.

③孔丹阳，王宝杰. 服务“一带一路”战略 从树立税收风险理念开始[J]. 国际税收，2016(4).

④国家税务总局. 中国居民赴俄罗斯投资税收指南.［EB/OL］.［2018-03-01］. http://www.chinatax.gov.cn/n810219/n810744/n1671176/n1671206/c2069894/part/3317813.pdf.

定价国别报告协议，但国内已颁布实施《转移定价法》，明确了在哈外国石油公司所开展业务的相关条款。[①]由于丝路沿线国家税收制度差异较大，若企业未能提前规划，则可能引致东道国税务机构的反避税调查，这样不仅会在短期内造成经济损失，还会损害企业的社会声誉，对企业的长期投资活动造成不利影响。

此外，值得引起注意的是，随着经济的发展，信息化水平的提升和各国间投资活动的繁荣，一些新型的经济活动方式逐渐兴起（如数字经济）。然而这些新兴的经济活动方式往往处于税法的真空地带，为国际税收征管带来了挑战。特别是数字经济时代下，如何分配跨境活动产生收入的征税权利问题，引起了世界各国的关注。[②]目前来看，以欧盟为代表的发达国家正在致力于对数字经济进行合理地征税。[③]《"一带一路"大数据报告(2018)》首次公布了数字丝路畅通度指数，指出中国与"一带一路"国家的数字丝路畅通度为45.55，总体呈现出国别差异大（最高分85.22，最低分13.2）和部分国家、地区的潜力大（如立陶宛）这样两个特征。[④]这表明，数字经济对于丝绸之路经济带的发展愈发重要，如何对其征税也是各国亟须协商解决的问题。

2.税收风险的来源

综合来看，丝绸之路经济带的税收风险主要来源于两个方面：一是税收征管能力薄弱，二是对税收风险缺乏足够的重视。

---

①国家税务总局. 中国居民赴哈萨克斯坦投资税收指南.[EB/OL].[2017-04-27]. http://www.chinatax.gov.cn/n810219/n810744/n1671176/n1671206/c2581971/part/2581990.pdf.

②OECD. Tax Challenges Arising from Digitalisation—Interim Report 2018[R]. OECD,2018.

③European Commission. Digital Taxation:Commission Proposes New Measures to Ensure that all Companies Pay Fair Tax in the EU [EB/OL]. (2018-03-21)[2019-01-11]. https://ec.europa.eu/malta/news/digital-taxation-commission-proposes-new-measures-ensure-all-companies-pay-fair-tax-eu_en.

④中国一带一路网.《"一带一路"大数据报告(2018)》发布:俄罗斯合作度最高 粤鲁沪参与度最高[EB/OL].(2018-09-19)[2019-01-11]. https://www.yidaiyilu.gov.cn/xwzx/gnxw/66751.htm.

首先，从税收征管能力的角度来看，缺乏适应国际税收规则的税收征管能力一直是丝绸之路经济带面临的重要挑战。刘蓉等（2017）从税收负担、征管效率和行政廉洁程度等方面，考察了“一带一路”沿线各国的税收征管竞争力，发现印度、乌克兰、塔吉克斯坦等国的税收征管竞争力较弱。①在税收征管实践中，受不同的纳税人居民身份标准、不同的抵免制度等因素的影响，较易出现重复征税行为，导致企业税收成本增加。此外，部分国家缺乏防范税基侵蚀和利润转移的政策和措施，也会导致税收的流失。国际货币基金组织的数据显示，中亚国家平均税收收入不到GDP的25%。②究其原因，在于较高的地缘政治风险和较低的经济发展水平。据统计，“一带一路”沿线48个样本国家中，新型政治风险较高的国家占比48%。③较强的税收征管能力始终是以稳定的政治环境为依托的，在高风险的政治环境中，强有力的税收征管自然很难实现。

其次，从对税收风险重视程度的角度来看，企业和涉税服务部门均对税收风险缺乏足够的重视。调查显示，我国“走出去”企业当中的82.5%不了解中美税收协定，只有2.5%的企业在面临税收争议或税收歧视时，利用互相磋商程序解决税务纠纷。此外，只有15%、12.5%和7.5%的企业，分别对OECD转让定价指南、美国《海外账户税收遵从法案》（FATCA）和税基侵蚀与利润转移（BEPS）行动计划、税收情报自动交换等国际税收热点问题有所了解。④涉税服务部门在建立“走出去”企业税收平台、加强对“走出去”企业的国际水平培训及发布年度风险分析报告等方面存在欠缺，也一定程度上反映出其不够重视国际税收风险。

---

①刘蓉，王鑫，毛锐．“一带一路”沿线国家税收征管竞争力比较[J]．税务研究，2017(2)．

②杰弗里·欧文斯．新丝绸之路发展中的税收问题研究[J]．国际税收，2017(4)．

③李香菊，王雄飞．“一带一路”战略下企业税收风险与防控研究[J]．华东经济管理，2017(5)．

④孔丹阳，王宝杰．服务“一带一路”战略从树立税收风险理念开始[J]．国际税收，2016(4)．

6.3.3 丝绸之路经济带税收风险防范的路径选择

1.优化开放友好型税收制度，保障企业走出去

（1）完善国内税制，激励企业走出去

随着丝路经济带合作范围的进一步扩大，全方位的税收协调势在必行。因此，有必要对包括货物劳务税、所得税、关税在内的直接税与间接税进行调整和完善，前瞻性地做好税收协调的准备性工作。同时，要加大税收激励，提升企业对外投资的积极性，激励企业走出去。[①]例如，可通过允许企业从金融机构借款支付的利息作为进项税额抵扣；对金融机构向企业境外投资提供融资、担保取得的收入，免征所得税；允许境外承包工程等项目的境外培训费用据实税前列支等。

（2）改革税收抵免制度，扩大综合抵免的范围

我国的税制结构，特别是企业所得税率，与丝路沿线国家差异较大，可以考虑将我国现行的“分国不分项”的抵免制度，改为不分国别的综合限额抵免制度。其优势在于，综合限额抵免能够使企业在不同国家的投资盈亏相抵，同时也可以简化计算，提高征管效率。[②]目前来看，我国的石油企业已经试行了“不分国、不分项限额抵免法”和“综合限额抵免法”的选择制，在将来这一做法也有可能推广至全部“走出去”企业。[③]此外，还应注意放宽境外抵免的持股、层级、抵补限制和抵免有效凭证的限制，扩大税收减免范围，推动资本输出。可借鉴美国、日本等资本输出大国，在特定的区域和行业，免除“走出去”企业在对方国家所得的企业所得税纳税义务。

---

①文雷，张淑惠.“丝绸之路经济带”的税收协调问题[J].税务研究，2015(6).

②熊鹭.对外投资税制国际比较与借鉴[J].金融与经济，2012(7).

③霍志远，杨雷东.我国“走出去”企业税收风险管控的思考[J].税务研究，2016(11).

(3) 完善配套制度，保障企业走出去

借鉴国际经验，可考虑建立海外投资风险准备金制度，即允许企业对境外投资按照一定比例计提准备（税前），从而有利于提高企业境外投资的抗风险能力。[①]此外，完善境外亏损负担机制也是非常必要的，可以考虑允许向以后年度结转，或抵顶以前年度的利润等方法。为促进对外投资，可考虑引入境外投资延迟纳税机制，如美国允许企业将所得暂时存于国外，在汇回时予以征税，从而提高对外投资企业的抗风险能力和国际竞争力。

2.完善税收协定网络，推动税收协调

(1) 双边合作机制

以税收协定为代表的双边机制，在丝绸之路经济带防范税收风险的过程中，具有举足轻重的地位。因此，我国应加快税收协定的签订进程，争取做到税收协定的全覆盖。同时，应对已经签订的税收协定依据当前的发展状况和需求进行修改完善。首先，在税收协定的签订和修改过程中，侧重于增加税收饶让条款，可借鉴从资本输出国角度思考的OECD范本。特别地，可考虑逐步扩大避免双重征税的免税法的适用范围。例如，我国在与俄罗斯就1994年签署的税收协定进行修改时，就逐步引入了免税法，从而进一步释放企业的投资热情。[②]其次，建立税收情报自动交换制度。税收情报自动交换制度具有获得逃税信息、威慑逃税行为及实现税收公平等重要作用，能够对跨境逃避税实现有效打击，因此在世界范围内得到普遍关注。OECD在2004年对税收协定范本的第26条（即涉及情报交换的规定）进行了修改，扩大了情报交换的实施范围，减少了国际税收情报交换的限制，丰富了税收情报交换的方式。2006年，进一步发布了《为税收

---

①陈展，等. 税收服务"一带一路"战略的有关问题探析[J]. 税务研究，2016(3).

②曾文革，白玉. 论"一带一路"战略下我国对外投资的税收制度安排[J]. 江西社会科学，2017(5).

目的实施情报交换条款手册》，详细介绍了六种税收情报交换方式。因此，我国一方面要推动建立税收情报自动交换制度，另一方面要注重提高税收情报的质量，推动丝绸之路经济带沿线各国使用“统一报告标准”（CRS）来实施税收情报交换。

（2）多边或区域合作机制

在丝绸之路经济带的多边背景下，多边或区域的税收合作机制变得尤为重要，既要保证各国的税收利益，又要增强多边的税收征管效率。目前来看，与欧盟、北美自由贸易区等较为成熟的区域经济组织相比，丝绸之路经济带沿线国家制度的复杂性、差异性等因素，均对区域税收合作机制提出了挑战。从未来的发展来看，建立一个较为统一的区域税收协调平台，仍是今后区域税收合作的重要努力方向。

3.建立税收信息平台，提高税收征管能力

税收征管能力薄弱是丝路经济带税收风险的一个主要原因。特别地，在大数据时代下，大数据、人工智能、物联网、云计算等信息化条件为税务部门及时且准确地寻找税收风险创造了条件。但同时，涉税数据质量低、更新速度慢、数据接口标准不统一、相关专业人才欠缺等也对税收风险管理提出了挑战。[①]在此背景下，可从以下三方面入手，提升税收征管能力，既为“走出去”企业提供优质的税收服务，又保障我国的合法税收权益。

首先，加强税收信息化建设。税务部门可通过整理各国税收政策、税收优惠、税收征管实例等信息，构建国际税收政策信息资讯库。及时搜集涉及各国的政治经济发展状况及法律变更的信息，并发布各国投资税务风险评估报告，适时发出投资风险预警。完善税务部门网站建设，建立用户友好型涉税服务网站，为企业提供更全面及时的税务信息，保

①姚键，王周飞，陈爱明. 基于大数据背景的税收风险管理[J]. 税务研究，2015(11).

障企业"走出去"。

其次，加强税收服务相关制度的建设。一些"走出去"企业可能缺乏对税收协定、所得税抵免等国际税收问题的了解，税务部门可通过网络课堂、税企座谈、宣传手册等方式，通过多种渠道对"走出去"企业进行培训，解读境外投资的政策，普及境外投资时会面临的税收问题及其解决方式。此外，企业在走出去时，还可能会因为制度、民族、文化、信仰等差异而次生出新的税收问题，这就需要借鉴一些国家派驻税务参赞的做法，在主要投资国的驻外使馆派驻税务参赞，解决具体的涉税事宜。

最后，组建国家税收智库。一些新兴的经济活动方式往往处于税法的真空地带，从而为国际避税提供了可能性。这就需要建立由学术研究者、税收征管人员、企业代表等相关人员组成的国家税收智库（譬如，可以进一步加强中国国际税收研究会的高端智库功能），及时针对处于税收真空地带经济活动的税收征管问题进行研究和讨论，并提出有效的解决方法。

6.4 加快完善"一带一路"税收征管合作机制①

自 2019 年 4 月"一带一路"税收征管合作机制建立以来，围绕提高税收确定性、加快税收争议解决、提升税收征管能力、简化税收遵从和税收征管数字化等核心议题，各国之间的税收征管合作更为紧密，税收风险有所降低。然而，在上述领域的建设与发展中仍存在较大的拓展空间，税收制度协调、税收争议解决以及税收征管优化等领域仍旧需要继续推进，从而为"一带一路"国家（地区）间贸易和投资的自由化、便利化提供更

①本节由马蔡琛和管艳茹合作完成。

优良的税收环境。

6.4.1“一带一路”税收征管合作机制的发展现状

1. “一带一路”税收征管合作机制的建设回顾

2018 年 5 月，“一带一路”税收合作会议提出了阿斯塔纳“一带一路”税收合作倡议。其中，倡议第五条提及“建立强有力的‘一带一路’税收合作机制，共同提升税收征管能力，加强税收政策沟通与征管协作”。[①]同年 9 月，“一带一路”税收征管合作机制工作组会议召开，进一步探讨了“一带一路”税收征管合作机制的建立，起草了《“一带一路”税收征管合作机制谅解备忘录》（以下简称《谅解备忘录》）。[②]

2019 年 4 月，第一届“一带一路”税收征管合作论坛拉开帷幕，正式建立了“一带一路”税收征管合作机制。[③]34 个国家和地区的税务部门签署了《谅解备忘录》。[④]目前，“一带一路”税收征管合作机制理事会成员已增加至 36 个，观察员增加至 30 个，它秉持共商共建共享原则，推动了“一带一路”国家和地区税收征管方面的工作交流、经验分享和跨境合作，也有力促进了我国更高水平对外开放，取得了较好成效。[⑤]

作为“一带一路”倡议下的非营利性官方税务合作机制，合作机制

---

①国家税务总局.阿斯塔纳“一带一路”税收合作倡议[EB/OL].(2018-05-16)[2021-05-02].http://www.chinatax.gov.cn/chinatax/n810219/n810744/n1671176/n3465625/c3466012/content.html.

②“一带一路”税收征管合作机制简介[J]. 国际税收,2019(4).

③中华人民共和国中央人民政府. “一带一路”税收征管合作机制在我国宣告成立[EB/OL].(2019-04-18)[2021-05-02]. http://www.gov.cn/xinwen/2019-04/18/content_5384315.htm.

④国家税务总局. 乌镇声明 [EB/OL].(2019-04-20)[2021-05-02].http://www.chinatax.gov.cn/chinatax/n810219/n810744/n1671176/n3465625/c4324846/content.html.

⑤国务院新闻办公室. “一带一路”税收征管合作机制理事会成员已增至 36 个[EB/OL].(2021-03-29)[2022-04-21]. http://www.scio.gov.cn/xwfbh/xwbfbh/wqfbh/44687/45158/zy45162/Document/1701176/1701176.htm.

由理事会、秘书处、"一带一路"税收征管合作论坛（BRITACOF）和"一带一路"税收征管能力促进联盟（BRITACEG）组成。理事会是合作机制的决策机构，主要职责包括设立咨询委员会、召开 BRITACOF 会议以及监督秘书处和 BRITACEG 的工作等。[①]BRITACOF 是一项非营利性的官方活动，旨在为司法管辖区、国际组织、学术机构、商业机构和其他愿意参与"一带一路"税收征管合作的利益相关方，提供一个平台以促进对话、增强税收征管合作、提高能力建设。[②]BRITACEG 致力于开展与税务有关的培训、研究和技术援助方案，帮助成员和观察员推进税收征管能力建设。[③]

2. "一带一路"税收征管合作机制的主要特点

（1）包容性

"一带一路"税收征管合作机制积极融入全球包容性增长框架，助力联合国《2030可持续发展目标》的实现，促进人类命运共同体的构建。合作机制并未建立独有的区域税收规则，而是致力于维护当前的国际税收规则，并考虑了规则体系的完善与区域多边主义的税收发展需求。其目标是在尊重各项通用国际税收标准的前提下，进一步推动各参与方的税收合作，如《乌镇行动计划（2019—2021）》强调"支持税基侵蚀与利润转移第十四项行动计划最低标准的实施"。[④]合作机制以通用的国际税收标准为前提，吸纳更多国家（地区）加入。

---

①Building a Growth-friendly Tax Environment. COUNCIL [EB/OL].http://www.britacom.org/jzgk/council/.

②Building a Growth-friendly Tax Environment. BRITACOF [EB/OL].http://www.britacom.org/jzgk/britacof/.

③Building a Growth-friendly Tax Environment. BRITACEG [EB/OL].http://www.britacom.org/jzgk/britace/.

④Building a Growth-friendly Tax Environment. Wuzhen Action Plan (2019-2021) [EB/OL].(2020-02-28) [2021-05-02]. http://www.britacom.org/zchj/qwfb/202002/t20200228_1098050.html.

(2) 协调性

合作机制坚持共商共建共享原则，以各参与方的法律法规作为重要基础，充分考虑各方的利益与诉求，尊重各方在税收政策与管理方面的独立选择。例如，设立年度财政捐助计划，并确定每个成员的年度财政捐款，①用以支持各成员间的税收协调，平衡各国的税收权益与投资者利益。

在《乌镇行动计划（2019—2021）》的实施框架下，建立了提高税收确定性、加快税收争议解决、提升税收征管能力、简化税收遵从以及税收征管数字化5个工作组。②各工作组包含多个成员，成员间求同存异、密切合作，协调相关工作计划的开展。

(3) 实用性

"一带一路"税收征管合作机制为参与的税务部门、国际组织、学术机构、企业和其他利益相关方提供了高效的对话平台，分享与税务相关的知识产品、培训课程、技术援助以及税收管理实践经验，大大促进了税务部门（尤其是新兴和发展中经济体的税务部门）管理水平的提高。

截至2020年年底，共有来自71个国家和地区的789名税务人员参与了合作机制举办的国际税收征管业务培训，③大大提升了"一带一路"国家（地区）的税收征管能力。此外，合作机制同经济合作与发展组织（OECD）达成了多项共识，其中包括在税收政策、国际税收等领域举办联

①Building a Growth-friendly Tax Environment. COUNCIL [EB/OL].[2021-05-02]. http://www.britacom.org/jzgk/council/.

②Building a Growth-friendly Tax Environment. Wuzhen Action Plan (2019-2021)[EB/OL].(2020-02-28)[2021-05-02]. http://www.britacom.org/zchj/qwfb/202002/t20200228_1098050.html.

③国家税务总局. 国务院新闻办举行新闻发布会，介绍中办、国办《关于进一步深化税收征管改革的意见》深化税收征管改革的全面部署推进新发展阶段税收现代化的总体规划[EB/OL].(2021-04-01)[2021-05-02]. http://www.chinatax.gov.cn/chinatax/n810219/n810744/c101767/c101768/c101769/c5162978/content.html.

合培训，以提高“一带一路”国家（地区）的实际税收征管能力。[①]

6.4.2“一带一路”税收征管合作机制的主要挑战

“一带一路”税收征管合作机制建立时间较短，其间又受到疫情的影响，目前仍处在起步阶段，在税收合作网络、税收争议解决、税收征管能力等方面，仍存在较大的提升空间。在推动共建“一带一路”高质量发展的新阶段，税收征管合作机制面临着新的挑战。

1.税收合作网络进一步拓展的空间较大

截至 2020 年，“一带一路”税收征管合作机制成员间的税收合作网络已初具规模，但仍需进一步扩大。以双边税收协定为例，如表 6.6 所示，与 10 个以上合作机制成员签署税收协定并建立税收合作关系的，仅有中国、印度尼西亚、巴基斯坦与阿联酋四个成员；而一半以上的合作机制成员仅与 3 个以下成员签署了双边协定，其中，安哥拉、刚果民主共和国、加蓬、吉布提与苏里南五个国家，并未与任何一个合作机制成员建立税收合作关系。至于合作机制内部，也未能建立起具有法律效力的合作关系。

表 6.6　“一带一路”税收征管合作机制成员间签署双边税收协定的情况

与3个以下成员签署双边税收协定	安哥拉、柬埔寨、喀麦隆、刚果民主共和国、加蓬、埃塞俄比亚、吉布提、中国澳门特别行政区、蒙古、尼泊尔、尼日利亚、巴布亚新几内亚、卢旺达、塞内加尔、南苏丹、苏丹、苏里南、塔吉克斯坦、乌拉圭
与4~6个成员签署双边税收协定	阿尔及利亚、孟加拉国、格鲁吉亚
与7~9个成员签署双边税收协定	中国香港特别行政区、哈萨克斯坦、科威特、塞尔维亚、斯洛伐克
与10个以上成员签署双边税收协定	中国、印度尼西亚、巴基斯坦、阿联酋

注：表中统计的“一带一路”税收征管合作机制成员不包含阿富汗、冈比亚、萨摩亚、塞拉利昂、索马里。

资料来源：EY . Worldwide Corporate Tax Guide 2020[R]. EY，2020.

①国家税务总局. 关于税收合作，中国与 OECD 又达成四项共识[EB/OL].(2021-02-07)[2021-05-07]. http://www.chinatax.gov.cn/chinatax/n810219/n810780/c5161413/content.html.

从税收情报交换来看，当前涵盖范围最为广泛的多边税收条约为OECD发布的《多边税收征管互助公约》（以下简称“《公约》”）与《金融账户涉税信息自动交换多边主管当局间协议》（以下简称“《协议》”），在多数国家已生效执行。然而，36个合作机制成员中仅有17个成员和9个成员分别签署了《公约》和《协议》。从双边税收协定来看，我国仅与一个合作机制观察员（列支敦士登）签署了税收情报交换协定，涵盖较多税种，同时包括专项情报交换与境外税务检查。①与22个成员（其中1个未生效）签署的避免双重征税协定中有情报交换条款，然而只涉及所得税与财产税等税种，与1个成员（阿富汗）签署的航空协定税收条款不涉及情报交换；②至于其他12个成员，我国尚未与其建立起双边税收合作关系，这可能导致重复征税或者双重不征税等问题。

2.税收争议解决效率仍需提高

目前，“一带一路”税收征管合作机制成员间对于税收争议采取的主要措施为两国（地区）间的相互协商程序（Mutual Agreement Procedure，简称MAP），只有中国香港特别行政区、巴基斯坦、巴布亚新几内亚、斯洛伐克、阿联酋等成员将仲裁作为争议解决机制，其他主要成员未使用仲裁机制。③根据OECD对于各国（地区）相互协商程序的统计，④除格鲁吉

---

①国家税务总局. 中华人民共和国政府和列支敦士登公国政府关于税收情报交换的协定[EB/OL].[2021-05-02]. http://www.chinatax.gov.cn/n810341/n810770/c1152813/5026966/files/49dc2670a6084d9aa8e8d876f3c5b4c0.pdf.

②国家税务总局. 中华人民共和国政府和阿富汗王国政府民用航空运输协定[EB/OL].[2021-05-02].http://www.chinatax.gov.cn/chinatax/n810770/2019-07/31/5112210/files/dc8275b0f46e4950b377b059336cdf13.pdf.

③ OECD. MAP Profiles [EB/OL].[2021-05-02].https://www.oecd.org/tax/dispute/country-map-profiles.htm.

④包含的合作机制成员有喀麦隆、加蓬、哈萨克斯坦、中国澳门特别行政区、尼日利亚、巴基斯坦、塞尔维亚、斯洛伐克、中国、格鲁吉亚、中国香港特别行政区、印度尼西亚、巴布亚新几内亚、塞内加尔、阿联酋、乌拉圭。

亚、巴布亚新几内亚、塞内加尔、乌拉圭之外，其他成员均公开了有关纳税人如何了解和使用相互协商程序的规则、指南和程序（包括纳税人的援助请求中需提交的特定信息和文档），中国、乌拉圭以外的多数成员提交了相互协商程序请求的具体时间表，而所有成员中只有中国香港特别行政区与乌拉圭公开发布了多边相互协商程序的指南。①尽管多数成员采取相互协商程序，但各成员的实施程序与解决时限均存在一定差异，不同国家（地区）的税务听证、复议、诉讼等环节也各不相同，因而导致解决税收争议所耗费的时间较多、结案率较低等问题。由表6.7可知，各成员解决MAP案件的平均耗时大多在20个月以上，印度尼西亚解决案件的平均耗时更高达62.84个月，结案效率较为低下，多数成员的结案速度低于案件发生速度，结案率仅在35%左右。

表6.7　2020年"一带一路"税收征管合作机制主要成员相互协商程序案件统计

成员	2020年初库存案件数量（件）	2020年新发生案件数量（件）	2020年结案数量（件）	2020年末库存案件数量（件）	案件解决平均耗时（月）	结案率（%）
中国	121	46	15	152	39.27	10
中国香港特别行政区	20	7	10	17	26.48	43
印度尼西亚	59	12	24	47	62.84	37
尼日利亚	1	1	1	1	0.62	67
塞尔维亚	5	2	2	5	4.81	33
斯洛伐克	40	12	11	41	44.76	24

资料来源：OECD. Mutual Agreement Procedure Statistics per Jurisdiction for 2020［R/OL］.［2022-04-22］. https://www.compareyourcountry.org/map-statistics/en/0/3195+3196+3197+3198+3199+3200+3201/default.

①OECD. MAP Profiles［EB/OL］.［2021-05-02］. https://www.oecd.org/tax/dispute/country-map-profiles.htm.

此外，尽管多数成员公布了相互协商程序的规则、指南和程序，但具体细节仍不甚清晰。综观中国与合作机制成员签署的双边税收协定、国家税务总局发布的《税收协定相互协商程序实施办法》与《特别纳税调查调整及相互协商程序管理办法》，往往只包括了案情提交给缔约国主管税务当局的时限、适用范围、申请资格、受理条件、执行一致意见时限等程序性规定，[①]而对具体的协商流程与时间节点尚未做出明确规定，加之争议案件大多情况复杂，各国出于维护本国税收利益的目的，往往导致协商时间不断拉长。[②]

3.部分成员的税收征管能力不足

根据 2019 年 OECD 发布的税收制度及管理方面的数据进行国际比较，可以发现“一带一路”税收征管合作机制部分成员的税收收入占财政收入的比重较高，比如，2016 年斯洛伐克、中国香港特别行政区、印度尼西亚、格鲁吉亚、中国的净税收收入[③]占政府总收入的比重分别为 35.3%、47.5%、54.9%、62.2%、71.2%。[④]然而，部分合作机制成员存在较为严重的欠税问题，如格鲁吉亚、斯洛伐克、印度尼西亚 2017 年年末欠税总额占税收总收入的比重分别为 76.5%、26.3%、5.4%，应收欠税总额占年末欠税总额的比重分别为 13.8%、9.7%、39.5%。[⑤]根据 2018 年

---

①国家税务总局. 国家税务总局关于发布《税收协定相互协商程序实施办法》的公告[EB/OL].(2013-09-24)[2021-05-02]. http://www.chinatax.gov.cn/n810341/n810755/c3523242/content.html. 国家税务总局. 国家税务总局关于发布《特别纳税调查调整及相互协商程序管理办法》的公告[EB/OL].(2017-03-17)[2021-05-02]. http://www.chinatax.gov.cn/n810341/n810755/c2538695/content.html.

②汤凤林,陈涵. “一带一路”背景下我国双边税收协定的现状、问题与完善建议[J]. 国际税收,2020(5).

③净税收收入指政府税收收入减去转移支付后的余额。

④OECD. Tax Administration 2019: Comparative Information on OECD and Other Advanced and Emerging Economies[M]. Paris: OECD Publishing, 2019:70.

⑤OECD. Tax Administration 2019: Comparative Information on OECD and Other Advanced and Emerging Economies[M]. Paris: OECD Publishing, 2019:95.

ISORA 调查，[①]格鲁吉亚无权对拖欠税款的纳税人接受政府服务进行限制，而斯洛伐克和印度尼西亚虽然有这项权力，但很少甚至从未限制过欠税纳税人的行为。[②]这反映了部分合作机制成员不仅欠税比例较高，而且收回欠税的能力也表现不佳，国家税收征管能力相对不足。此外，征收成本对于部分成员而言也是一大问题。自 2020 年起，受新型冠状病毒肺炎疫情的影响，许多税务部门不得不关闭办公室，全部或部分实行远程工作，无法在所有领域照常开展业务，如难以处理纸质信件和表格、进行实地审计、与纳税人面对面联系以及系统维护等工作，税收征管效能面临较多的挑战。

同时，合作机制成员间税收征管信息化水平存在一定差异，个别国家和地区面临较为严峻的征管信息化挑战。新冠肺炎疫情发生后，OECD 调查了 32 个国家（地区）的税务部门，尽管其中大多数为发达国家(地区)，但仍有三分之一税务部门的内部信息技术系统出现中断。例如，工作人员使用的软件应用程序和工具、内联网等在一段时间内无法使用。四分之一国家（地区）的税务机关外部信息技术系统出现故障，如行政部门网站、纳税人服务网站、电子表格等出现问题。[③]而合作机制成员大多为发展中国家，难免会面临更多的信息技术故障与信息化发展阻碍。

6.4.3"一带一路"税收征管合作机制的发展前瞻

尽管"一带一路"税收征管合作机制的发展存在着诸多问题与挑战，

---

①ISORA 调查是一项多组织的国际调查，旨在收集国家层面的税收管理信息和数据。它由四个组织管理：CIAT、IMF、IOTA 和 OECD。

②OECD.Tax Administration 2019- Database［EB/OL］.［2021-05-11］.https://data.rafit.org/regular.aspx?key=62831423.

③OECD. Tax Administration: Digital Resilience in the COVID-19 Environment［R/OL］.(2021-04-21)［2021-05-02］. https://www.oecd.org/coronavirus/policy-responses/tax-administration-digital-resilience-in-the-covid-19-environment-2f3cf2fb/#section-d1e74.

但充满着更多的机遇与更明确的发展前景。展望未来，应进一步推进税收确定性、税收争议解决、税收征管能力等方面的工作，从而使得“一带一路”税收征管合作机制得到进一步的完善。

1.进一步提高税收确定性

增加税收确定性需要进一步加强税法的透明度和可预期性，使纳税人与税务部门之间建立更强的信任关系。对于“一带一路”税收征管合作机制中的大多数发展中经济体而言，应更加注重税收政策的设计与税收立法的完善，以及税务对话的深入开展。

（1）完善税收政策设计与税收立法

完善的税收政策与税收立法能够在一定程度上保证税收的确定性。尤其是合作机制成员大多为发展中国家，以明确和透明的方式起草国内税收立法与税收政策十分重要。具体而言，应以 OECD 制定的标准为基础，以期在处理国际税收事项时有助于增强跨司法管辖区的一致性和确定性。①在税收政策的发布过程中，也应注意降低复杂性、提高清晰度，为税务部门与纳税人提供更为实用的指导。

（2）进一步加强税务对话

税务部门和企业之间存在着密切的关系，应进一步加强税务交流和税务对话。在“一带一路”倡议下，越来越多的企业选择在“一带一路”国家（地区）进行投资，合作机制成员间的经贸往来不断增多。因此，应通过与企业间的交流，使税务部门加强对企业和行业惯例的了解，进而提高纳税服务质量。②同时，在实施新的税收政策后，借助交流对话机制来了解纳税人的需求，据此开展相关培训，使其适应新的税收环境。③通过优

①Diaz de Sarralde S，von Haldenwang C，Hentze T，et al. Tax Certainty: Proposals for the Short Term and the Long Term[R]. Economics Discussion Papers，2018: 10.

②IMF，OECD. Update on Tax Certainty[R]. OECD，2018: 28.

③Building a Growth-friendly Tax Environment. Wuzhen Action Plan （2019-2021）[EB/OL].（2020-02-28）[2021-05-02]. http://www.britacom.org/zchj/qwfb/202002/t20200228_1098050.html.

化的纳税服务、清晰的执行指引，促使纳税人提高税收遵从度，采取更为负责的涉税行为。

(3) 完善税收合作网络

加强多边税收合作。以充分尊重税收利益主权为基础，建立合作机制下的多边税收合作模式，促进各成员积极参与多边税收合作，提高区域内税收信息交流效率。[①]同时，也可以推动已有的双边税收协定转向多边税收协定合作，提高成员在国际间税收规则的一致性，从而加深成员间的国际税收征管合作程度，扩大税收协定的范围。目前，我国与其他成员签订的双边协定主要与避免重复征税相关，且涉及的税种主要为财产税与所得税。接下来，可以考虑继续加大与各成员的谈判力度，从增加税种、扩大税基、调整税率等方面入手，[②]扩大税收协定的范围，进一步加强合作。

2.进一步加快税收争议解决机制的完善

(1) 拓展税收情报的交换网络

在多边协定方面，合作机制成员之间应加大对已有多边协定的宣传力度，帮助未加入多边合作的成员熟悉条约，促进全部合作机制成员签署《公约》与《协议》。同时，合作机制内部应协商建立并共同签署更符合需要的多边税收情报交换协定，不断增强多边税收条约在合作机制内部的辐射力，以健全"一带一路"税收情报交换制度。

在双边协定方面，应加快安排双边协定的签署，尤其是前文所述的尚未建立税收合作关系的成员，建立更为完整的双边税收协定体系，以减少税收争议的产生。同时，对于已签署且生效时间较早的双边协定，应及时修订相关条款。具体而言，应考察当前合作机制成员间对于税收

①肖学旺，赵军，岳学元，马艳文. 中国与中亚国家税收合作机制研究[J]. 税收经济研究，2020(6).

②张春燕. "一带一路"建设中的国际税收合作机制研究[J]. 经济研究导刊，2018(30).

情报交换方面的需求，在税收情报交换条款上，具体设置税收情报的范畴和交换方法等内容。

在税收情报交换的组织形式上，可考虑在合作机制内部牵头建立税收情报交换平台。平台的建立需要各成员国（地区）的税务部门建立相关工作小组，推广情报交换执行指南，具体包括成员税务管理各环节的程序、时限、支出标准等内容。①

(2) 明晰税收争议的解决程序

在合作机制成员间的税收协定中，完善关于相互协商程序的规定。明确的流程能使合作机制成员间依章程办事，规定的时间节点会使税务部门解决税收争议面临一定的时间压力，避免借故拉长协商时间。②因此，应确定解决税收争议的具体时限，并且对不同类型的税收争议解决程序及步骤做出具体规定。

此外，借鉴解决投资争议国际中心（ICSID）的经验，③可以考虑在合作机制间建立常设性税务调解机构，协商构建详细且灵活的规则，明确客观的任命标准、独立性和透明度标准，确保合作机制所有成员拥有充分的代表权，形成相对统一的制度框架。

(3) 探索其他税收争议解决措施

可以参考采用仲裁机制成员的经验，考虑在合作机制内部建立自愿性仲裁机制。例如，中国香港特别行政区与巴基斯坦于 2017 年签署的《税务(关于收入税项的双重课税宽免和防止逃税)（巴基斯坦伊斯兰共和

①吴志峰，石赟，季洁. 优化“一带一路”税收情报交换机制 提升征管合作质效[J]. 国际税收，2020(12).

②汤凤林，陈涵. “一带一路”背景下我国双边税收协定的现状、问题与完善建议[J]. 国际税收，2020(5).

③Govind S, Turcan L. Cross-Border Tax Dispute Resolution in the 21st Century: A Comparative Study of Existing Bilateral and Multilateral Remedies[J]. Derivatives & Financial Instruments, 2017, 19(5).

国）令》第 25 条第 5 款规定，纳税人将案件呈交缔约一方的主管当局，两年内缔约双方的主管当局未能达成协议解决该案件时，纳税人可提出要求并书面同意，对该案件的尚未解决的争议点提交仲裁。[①]合作机制间采取自愿性仲裁机制，应主要解决事实集中型争议，并采用逐案自愿的形式，[②]以降低对合作机制成员现有税收法规与协定的冲击。

3.持续提升税收征管能力

（1）积极开展涉税合作项目

通过 BRITACEG 完善成员间的交流合作平台，并实现常态化管理。定期开展讨论会与相关培训活动，持续开发知识产品，以促进成员间分享税收管理经验。例如，我国在纳税服务和发票管理方面有着较为丰富的实践经验，可以重点针对这些领域对其他合作机制成员提出参考意见。又如，中国香港特别行政区作为少数采用仲裁机制的成员，其税务主管机构可与其他成员重点交流税收争议解决经验。同时，可以向技术欠发达成员提供一定的理论与技术援助，以弥补其税收征管能力的不足。

通过"一带一路"税务学院加强国际税收征管业务培训。目前，合作机制已在哈萨克斯坦、中国澳门特别行政区、北京、扬州建立了"一带一路"税务学院，[③]截至 2020 年年底，"一带一路"税务学院共举办了20 期国际税收征管业务培训。[④]为提升合作机制成员的税收征管能力，应以

---

①Hong Kong e-Legislation Cap. 112CZ Inland Revenue（Double Taxation Relief and Prevention of Fiscal Evasion with respect to Taxes on Income）（Islamic Republic of Pakistan）Order[EB/OL].(2018-02-01)[2021-05-02]. https://www.elegislation.gov.hk/hk/cap112CZ.

②赵凌."一带一路"背景下税收协定仲裁机制发展评析[J]. 云南财经大学学报,2019(10).

③国家税务总局. "一带一路"税收征管合作论坛新闻发布会实录［EB/OL].(2019-04-20)[2021-05-02]. http://www.chinatax.gov.cn/chinatax/n810219/n810729/n811748/c4276251/content.html.

④国家税务总局. 国务院新闻办举行新闻发布会，介绍中办、国办《关于进一步深化税收征管改革的意见》深化税收征管改革的全面部署推进新发展阶段税收现代化的总体规划［EB/OL].(2021-04-01)[2021-05-02]. http://www.chinatax.gov.cn/chinatax/n810219/n810744/c101767/c101768/c101769/c5162978/content.html.

“一带一路”税务学院为载体，进一步丰富培训形式和培训内容，以吸引更多成员国（地区）的税务人员。

此外，合作机制应深化与OECD、世界银行等国际组织以及亚洲税收管理与研究组织等区域组织的合作，[①]针对税务培训、税收立法、征管合作等方面进行交流，为合作机制成员提供更多提高税收征管能力的实践经验。

(2) 推进税收信息化的有序发展

随着网上报税、移动支付以及预填纳税申报表的选择日益增多，目前税收征管已然呈现向电子管理的转变。税收征管今后应聚焦于以下几个方面：建立税收信息的电子化档案库；将纸质记录转换成数字图像，并从图像中提取数据、存储信息；优先考虑自动化、数字化和电子服务项目；更加强调远程工作的可能性。[②]

对于信息化基础较为薄弱的部分成员，合作机制应通过政府间合作，从硬件和软件两方面帮助其建立基础设施，以提高其税收征管信息化水平，尤其是提高电子发票、数字支付、电子文件提交系统等方面的信息技术水平。应分地区、分阶段构建合作机制内的信息化发展联盟，形成信息化、智能化的税收治理体系和纳税服务生态，坚持经验分享与信息共享，共同加快税收征管的现代化进程。

①国家税务总局“一带一路”税收合作机制课题组.秉持“道同”的税收治理理念 构建“一带一路”税收合作机制[J].财经智库，2019(2).

②OECD.Tax Administration: Digital Resilience in the COVID-19 Environment [R/OL].(2021-04-21)[2021-05-02]. https://www.oecd.org/coronavirus/policy-responses/tax-administration-digital-resilience-in-the-covid-19-environment-2f3cf2fb/#section-d1e74.

第7章　面向税收法治化的税务法庭建设①

●税务法庭的发展与演进

●各国税务法庭实践的比较分析

●建立税务法庭制度的启示与建议

依法治国是实现国家治理体系和治理能力现代化的必然要求。本章对税收法治化建设（特别是税收司法）问题展开研究，对税务法庭建设的发展演进展开分析，从而提出我国建立税务法庭制度的启示与建议。

①本章由马蔡琛和桂梓椋合作完成。

税收司法作为保护纳税人合法权利和国家征税权力的必要屏障，具有非常重要的作用。随着依法治税的推进，税务案件的增多，对于税务案件司法处理的要求也会逐步提高。以2014年涉税违法案件为例，全国共入库税款查补收入1722亿元，同比增长21.4%；查处百万元以上案件7302件，同比增长9.5%；查补税款386亿元，同比增长24.5%。①2021年4月，国家税务总局贯彻《关于进一步深化税收征管改革的意见》精神中要求："以税收风险为导向，精准实施税务监管"，提出8个重点领域和5个涉税违法行为，并要求认真做好查补税款的组织入库工作，提升稽查执法效果。②在涉税案件越来越具有专业性的情况下，司法机关将不得不向税务部门寻求解释，进而导致税收立法权和税法的解释权都集中在税务部门的尴尬局面，这有悖于税务管理的分权与制衡原则，于是税务法庭的设想由此产生。

税务司法的专门化体现了现代司法改革发展的必然趋势，有利于提高纠纷解决的效率，维护纳税人的合法权利，规范税收执法，约束税务行政机构的行为。司法组织专门化是国际大势所趋，许多国家均设立专门的审查机构，来及时、有效地解决税务纠纷，保护纳税人合法权益，因此综合分析税务法庭的相关经验是非常有必要的。

7.1 税务法庭的发展与演进

在国际上，税务司法专门化的实践，早在20世纪二三十年代就已开始。总的来说，税务司法的实践可以划分为三种形态各异并都发挥着有效

①国家税务总局办公厅.2014年全国税务部门组织税收收入情况[EB/OL].国家税务总局信息公开网,2015-01-28.

②国家税务总局稽查局. 税务总局贯彻《关于进一步深化税收征管改革的意见》精神，要求：以税收风险为导向 精准实施税务监管[EB/OL].（2021-04-29）[2022-04-22]. http://www.chinatax.gov.cn/chinatax/n810214/n2686738/n2686748/c5164172/content.html.

作用的组织模式，分别是税务法院、税务法庭、税务法官。有的国家为了更加专业和集中地处理税务案件，设立了独立的司法机构，如美国[①]、加拿大、德国等；也有部分国家在原有的司法架构下，组建了税务法庭，如澳大利亚、芬兰等；还有的国家只设立了税务法官，如英国。

早期对于税务法庭（院）的讨论，主要集中在专门化法院的建立方面，最早关于税务法庭的讨论可以追溯到20世纪40年代，Pearce（1940）认为，专门化法庭上诉过程中的层层审核，对于最终得出正确判决结论是有意义的。[②]Griswold（1944）首先提出了建立专门化法院的方法来处理税务案件。[③]Brown（1948）探讨了税务法院的性质，指出税务法院虽然叫作法院，但是其只是一个拥有司法职能的法庭，并非是独立的执行机构。[④]

大约在20世纪60年代之后，随着小额税务诉讼程序的实践，研究者们开始关注小额税务案件的处理。Worthy（1970）[⑤]和Haderlein等（1971）[⑥]认为，小额税务法庭给纳税人提供了能够更为快速简化和低成本的税务争议处理方法，使得纳税人有机会真正保障自己的权益。Whitford（1984）指出，小额税务法庭在确保公平庭讯的情况下，可以赋予会计师等专业机构相应的权力，并允许其代表客户来精简不必要的

①美国税务法院的前身是“美国税务上诉委员会”，是美国国会在1924年的“收入法”（也称为梅隆税收法案）中设立的，目的在于应对日益增加的税收复杂性相关诉讼，以听取所有上诉，评估额外的收入和遗产税。

②Pearce F L. Trends in Federal Tax Procedure[J]. Journal of Accountancy, 1940(5).

③Griswold E N. The Need for a Court of Tax Appeals [J]. Harvard Law Review, 1944, 57(8): 1153-1192.

④Brown R C. The Nature of the Tax Court of the United States[J]. U. Pitt. L. Rev., 1948, 10: 298.

⑤Worthy K M. The Tax Litigation Structure[J]. Ga. L. Rev., 1970, 5: 248.

⑥Haderlein T M, Cunningham R J, Naveen R S, et al. Small Cases in the Tax Court[J]. American Bar Association Journal, 1971, 57(12):1235-1237.

法庭诉讼。①

进入21世纪以来，国外研究者关注的问题更加具体，通常结合某国税制改革的具体措施或案例进行分析，研究主要聚焦于以下几个主题：

一是税务法庭（院）可能遇到的问题和障碍。例如，Damle（2005）指出，专门化是民法法院的一个独特特征，专门化法院可能会在融入普通法框架时遇到障碍。②铃木潮（2006）认为，税务法院并不能真正公平地解决税务纠纷，它在处理税务纠纷时是有争议的；③Miles（2015）借鉴了外国司法管辖区专业税务裁决的经验，评估了新西兰现有专业化制度的效能，并考察了税法的性质是否适合专业化，得出的结论却是令人沮丧的：在税务方面中更多的司法专业化是不利的。④Tran-Nam等（2016）指出，纳税人解决税务争议存在的高昂诉讼费用，可能成为税务制度有效解决的障碍，特别是在采用专业人士（法律、税务或会计）协助的情况下。⑤

二是税务法庭（院）的裁决标准。Fahey（2009）⑥、Lederman（2014）⑦等指出，司法诉讼法院和地方法院应该使用相同的司法审查标准，对税务法院上诉采用不同的处理方式，反倒会导致上诉审查的人为复杂化。

①Whitford W C. The Small - Case Procedure of the United States Tax Court: A Small Claims Court That Works[J]. Law & Social Inquiry, 1984, 9(4): 797–828.

②Damle S V. Specialize the Judge, Not the Court: A Lesson from the German Constitutional Court [J]. Virginia Law Review, 2005(5).

③铃木潮. 国税不服審判所の意義と実態[J]. 関西学院経済学研究，2006(37).

④Miles S. The Price we Pay for a Specialised Society: Do Tax Disputes Require Greater Judicial Specialisation?[J]. 2015.

⑤Tran-Nam B, Walpole M. Tax Disputes, Litigation Costs and Access to Tax Justice [J]. eJournal of Tax Research, 2016(2).

⑥Fahey D L. Is the United States Tax Court Exempt from Administrative Law Jurisprudence When Acting as a Reviewing Court[J]. Cleveland State Law Review, 2010(3).

⑦Lederman L. (Un) Appealing Deference to the Tax Court[J]. Duke LJ, 2013, 63: 1835.

三是关于税务法庭（院）的性质。Lederman（2008）认为，如果税务法院的性质及地位不明确，可能会导致税务法院难以承担与其职能相匹配的责任。[①]Burke（2010）指出，税务法院是政府司法部门的一部分。[②]

四是税务法庭（院）的法官任命选拔问题。Cords（2012）指出，应该允许任期届满但希望继续留任的税务法官被再次任命，除非该空置职位已有另一名被提名人。[③]

五是税收特殊论（Tax Exceptionalism）问题。很多年来，研究者都认为税收在法律视角下是特殊的，独一无二的，应该受到特别的待遇。Magidenko（2012）认为，税收的特殊性是源于税收制度固有的复杂性，[④]直接给税收特殊论重判死刑是不准确的，结构性税收特殊论是有一定道理的，[⑤]税法应该在一定程度上具有灵活性。[⑥]但现在对于这个问题的态度已经发生了改变，Johnson（2013）辩证地认为，在税收监管背景下拒绝税收特殊性，法院可能会将一般行政法理论带入多个税务领域，这可能产生不利影响。[⑦]

在中国，大约到 1994 年税制改革前后，才开始更多关注税务司法问题。围绕建立税务专门法庭（院）的必要性存在着一定的理论纷争。

---

①Lederman L. Tax Appeal: A Proposal to Make the United States Tax Court More Judicial[J]. Washington University Law Review, 2008(6).

②Burke J M, Friel M K. Understanding Federal Income Taxation[M]. LexisNexis, 2010.

③Cords D. Tax Court Appointments and Reappointments Improving the Process [J]. University of Richmond Law Review, 2012(2).

④Zelenak L. Maybe Just a Little Bit Special, after All?[J]. Duke Law Journal, 2014, 63(8).

⑤Puckett J M. Structural Tax Exceptionalism[J]. Ga. L. Rev., 2014,49:1067.

⑥Magidenko G. Tax Exceptionalism: Wanted Dead or Alive [J]. University of Michigan Journal of Law Reform Caveat, 2012(1).

⑦Johnson S R. Reasoned Explanation and IRS Adjudication[J]. Duke Law Journal, 2014(8).

在早期研究阶段，主要结合我国的法制环境，通过探讨国外已有的涉税诉讼案件，分析在我国设立税务法庭（院）的必要性和现实可行性。张学瑞（1989）认为，就国际经验而言，对一些税务纠纷案件单靠税务机关的行政裁量得不到解决，纳税人可以无须先行给付争议税款而直接向税务法院起诉，但是当案件最终裁决时，纳税人败诉，就将继续交付所涉及的争议税款及其利息。①姜景亮（1996）分析了税务法庭建立的消极影响，指出建立临时的巡回税务法庭是解决矛盾的有效措施。②杜萌昆（1996）分析了西方国家对涉税诉讼案件的处理方式，提出在我国对税务争议、税务违章和税务违法案件都是由普通法院（人民法院）审理的，但从税收法律关系上说，涉税诉讼案件由专门法院审理更为合适。③唐登山（1998）指出，我国的法制环境和人员素质均有利于设置税务法院和税务检察院，且从我国司法机关的组织体系看，税务法院、税务检察院从人民法院和人民检察院中分离出来，是有相应依据的。④

尽管是否应该建立税务法庭（院）仍然处于争议之中，进入21世纪以来，国内研究的重心已然逐步转向如何设计更加合理的税务诉讼案件解决机制，主要关注点集中在以下几个方面：

在税务法庭（院）的设立形式方面，主要有两种观点：

（1）大多数研究者主张直接建立税务法庭或税务法院

如朱大旗（2007）指出，较之税务法庭，设立专门的税务法院更有利于税收司法案件的处理和纳税人权利的保护。⑤李大庆（2015）认为，税务司法是整个税收法治体系的薄弱环节，税务司法制度改革应当注重财税

①张学瑞. 美国税务案件司法管辖概况[J]. 税务研究，1989(5).

②姜景亮. 关于建立税务法庭问题的探讨[J]. 现代情报，1996(6).

③杜萌昆. 在我国建立税务法院或行政法院的探讨[J]. 国际税收，1996(7).

④唐登山. 关于我国设置税务检察院和税务法院的研究[J]. 税务研究，1998(10).

⑤朱大旗，何遐祥. 论我国税务法院的设立[J]. 当代法学，2007(3).

体制与司法体制的协同创新，坚持税务司法专门化的理念，逐步设立专门的税务法院，来保障纳税人获得充分和便利的司法救济。[①]

（2）也有部分研究者主张，可以先设立委员会或者税务法庭作为过渡，而后再转为税务法院

如陈张莉(2012)[②]和廖仕梅（2017）[③]通过分析我国税收救济体系中存在的问题，提出了税务法院的设立可采用两步走方式，先设立全国税收复议委员会或者税务法庭，再转型至税务法院，这样可以同时建立科学的管理体制和审理机制。

在税务法庭（院）的具体设计方面，翟继光（2003）认为，税务法庭在性质上应该属于专业法庭，其受案范围包括税务方面的民事和行政案件。[④]宋槿篱等（2005）主张，由于我国财政资金的分配存在地区差异，各地区可视不同情况设立税务法庭，税务法庭应纳入司法系统，作为审判机关的一个独立庭，与民庭刑庭和行政庭并列，管辖的范围既应该包括税务行政诉讼，也应该包括税务刑事诉讼。[⑤]苏如飞（2016）指出，应根据税源分布的现实，按照经济区域组建税务法院系统并确定管辖范围，通过实行税务法院跨区域单列，从而保障税收司法的独立。[⑥]孙隆英(2017）认为，法院和税务机关各有其职责，而税收征管的需要使这两个原本独立的部门产生了交集，如何加强对法院执行中涉税事项的监管，成为税务机关应重点关注的问题。[⑦]

---

①李大庆，侯卓. 我国税务司法制度改革的契机与展望——以税务法院为中心［J］. 国际税收，2015(10).

②陈张莉. 我国税务法院的设立：必要性及功能设计——以美国税务法院观察为视角［D］. 北京大学，2012.

③廖仕梅. 设立税务法院的必要性和可行性［J］. 地方财政研究，2017(4).

④翟继光. 试论税务法庭在我国的设立［J］. 黑龙江省政法管理干部学院学报，2003(4).

⑤宋槿篱，凌曼. 设立税务法庭的理性思考［J］. 税收征纳，2005(5).

⑥苏如飞. 从税权配置看跨行政区划税务法院设立［J］. 经济研究参考，2016(59).

⑦孙隆英. 构建涉外案件“税务机关+法院”税收征管协作机制的设想［J］. 中国税务，2017(1).

7.2 各国税务法庭实践的比较分析

就各国实践而言，运作类型、法官体系和小额案件处理程序这三个方面，更具跨国比较的分析价值。

1.税务法庭的运作类型

依据其处理税务案件的方式，各国税务法庭（院）的运作类型大致可以分为以下两种：

第一种，基于区域的税务法庭（院）。其优点在于，区域税务法庭（院）往往对本辖区较为了解，并且在取证调查上不需要耗费过多的人力物力。但需要注意的是，如果按照行政区域进行划分，可能产生经济发达区域税务案件集中（甚至过载）的现象。德国的财政法院设有两级，包括州财政法院（district fiscal court）和联邦财政法院（federal fiscal court）。联邦财政法院是根据《基本法》第 95 条设立的五个联邦最高法院之一，是联邦在税收和海关事务中的最高法院；①而州财政法院则分设在各州，负责税务案件的一审。联邦财政法院只负责通过法律解释确保法律的适用和执行的一致性，州财政法院则既负责调查案件的相关事实，也负责正确地解释和适用法律。②

第二种，巡回税务法庭（院）。法官们每年在全国的某些城市巡回处理税务案件，然后汇集意见反馈给总部。这种工作方式可以灵活地处理各地的税务纠纷，方便法官结合地方实际做出审判意见，也为法官们之间的交流提供了便利。比如，美国的税务法官全年平均会对每个州的一到两个城市进行巡回，听取纠纷，他们有时会在审讯地点发表工作意见，但通常

①德国联邦财政法庭[EB/OL]. https://www.bundesfinanzhof.de/content/information-english.

②胡翔. 德国税务司法制度特点及借鉴[J]. 国际税收,2016(9).

会返回华盛顿，再撰写提交给税务法院院长的意见。[①]加拿大税务法庭负责听取联邦政府与纳税人之间的争议，总部设在渥太华，但法官们全年在约 60 个地点进行巡回和集会，处理税务案件。[②]

此外，还有极少数税务法庭（院）的案件听取，是依据案件所涉及的税种不同进行区分的。其优点在于，可以分类型对税务案件进行处理，有利于结合税种的特点高效处理案件，在一定程度上可以降低案件审理难度，但可能导致不同业务科室的工作量不平衡。比如，巴西的税务行政理事会（CARF）是隶属于经济部的行政法院，负责分析纳税人和国家税务局对区域司法小组（DRJ）发布的决定提出的上诉。CARF 分为三个科室，分别负责不同税种的税务案件。每个科室分为四个分庭，每个分庭分为 2~4 个小组。[③]

2.税务法庭的法官体系

从法官体系的构成及工作职责来看，各国税务法庭（院）的法官人数均较少，各种类型的法官分工及责任明确。美国税务法院的法官共有19 名，法官们可以得到年满 70 岁或任期届满的高级法官以及由税务法院总法官任命的特别审判法官的协助。特别审判法官的职能类似于美国地方法院裁判官的职务，可以听取超额支付高达 5 万美元的案件。此外，税务法院的 19 名法官，每位有两名“法律顾问”，每位高级法官和特别审判法官有一名“法律顾问”。[④]加拿大税务法院的法官由首席法官、副首席法官和大约 20 名其他法官组成，此外，还设有若干书记官。书记官负责协助法

---

①Nicholls S S. The Valuation Analyst´s Role in U.S. Tax Court Trials [EB/OL].(2014-12-22)[2018-03-15]. https://www.wealthmanagement.com/valuations/valuation-analyst-s-role-us-tax-court-trials.

②Courts and Other Bodies Under Federal Jurisdiction [EB/OL]. http://www.justice.gc.ca/eng/csj-sjc/ccs-ajc/03.html.

③ Overview on Federal Administrative Tax Disputes in Brazil [EB/OL]. http://www.acc.com/legalresources/quickcounsel/federal-administrative-tax-disputes-in-brazil.cfm.

④Nicholls S S. The Valuation Analyst´s Role in U.S. Tax Court Trials [EB/OL].(2014-12-22)[2018-03-15]. https://www.wealthmanagement.com/valuations/valuation-analyst-s-role-us-tax-court-trials.

官处理加拿大各地的上诉、安排听证会的文书工作，并就法院的工作和程序向纳税人提供专家指导和咨询意见。[①]德国联邦财政法院有11个审判庭，60名法官。州财政法院有18个，每个州财政法院的审判庭通常由3名职业法官和2名荣誉法官组成。[②]荷兰最高法院（Hoge Raad）的税务庭由11名税务法官，以及4名监督组成。[③]

在法官的选任资格方面，设立严格规范的用人标准是各国的统一做法。日本的国税审判官需曾经担任律师、税务师、公认会计师、大学教授或副教授、法官或检察官并具有国税方面的学识经验；或需为行政职俸给表或税务职俸给表规定的8级以上或者相当于8级以上的公务员并具有国税方面的学识经验；再或者是经国税厅长官确认具有前两项学识经验的人士。[④]加拿大要求法官必须拥有普通法或民法学位及国家认证委员会颁发的资格证书，充分了解税法和商业交易并且完成了税法课程。[⑤]德国要求法官必须具有两年以上法律工作经验，并且能够通过两次国家统一组织的大型考试。

在法官的任命和再任命方面，由于这会直接影响到纳税人对于税务系统的信任程度，各国法官基本都是由国家高层管理者直接任命，任期多为十年左右，少数国家为永久任期。美国的19名税务法院法官直接由总统任命，任期15年并经参议院确认。加拿大税务法院的首席法官、副首席法官和其他法官均由内阁提名，总督任命，任期永久。关于法官的再任命问题，由于新的法官不会像有经验的法官那样高效地处理复杂的案件，因

①冀保旺. 加拿大税务司法体系的特点及启示[J]. 涉外税务，1999(8).

②https://www.bundesfinanzhof.de/gericht/organisation/rechtsprechung.

③Wattel P J. Tax Litigation in Last Instance in The Netherlands: The Tax Chamber of the Supreme Court[J]. Bulletin for International Taxation, 2016(1/2).

④见日本《国税通则法施行令》第31条。

⑤Statement of Merit Criteria [EB/OL]. http://cas-cdc-www02.cas-satj.gc.ca/portal/page/portal/tcc-cci_Eng/About/Law_Clerk/merit.

此再任命制度的确立是非常有必要的。[①]美国的做法是任期届满的法官不会被自动续任，但如果任期将满的法官有意愿接受再任命，可以在任期届满前 6~9 个月内以书面形式告知总统。澳大利亚的税务总监在任期届满后，也可以被重新任命。退休及职务革除上，美国的任职 15 年且不接受再次任命的法官可以全薪退休，“低效率，玩忽职守或在职事务中的渎职”可以由总统对其革除职务。

3.小额案件处理程序

为了向纳税人提供处理税法案件的简化和相对非正式的途径，许多国家均设置了小额案件诉讼程序。比如，美国的小案件司（Small Claim Court）、澳大利亚的小额税务索赔法庭（Small Taxation Claims Tribunal, STCT）[②]、巴西的小额索赔法庭，加拿大的非正式申诉程序（Informal Procedure of the Tax Court of Canada，TCC）等。

针对小额案件处理程序，值得我们关注的方面有两个：

一是小额税务案件的判定标准。各国均有明确的条例规定小额税务案件的涉税金额上限。以美国为例，小额税务必须符合以下标准：

（1）在任何一个纳税年度或纳税事宜中，该案件不得涉及超过 50 000 美元的争议；[③]

（2）小额税务争议的金额应在包括所得税、遗产税和赠与税等税收和相关罚款情况下，仍然不超过 50 000 美元；[④]

---

①Cords D. Tax Court Appointments and Reappointments Improving the Process［J］. University of Richmond Law Review, 2012(2).

②2015 年 7 月 1 日“2015 年法庭合并法”废除了 STCT 的概念，将其合并到了 AAT 中，自此之后 STCT 所处理的申请由 AAT 税务和商业司听取。

③1969 年小额税务诉讼程序确立之初至今几乎没有发生变化。1998 年，为扩大使用小额税务诉讼程序，国会将限制从 1000 美元大幅提高到 5 万美元。

④Badum C J. The Small Tax Case Procedure: How it Works--Does it Work?［J］. Fordham Urban Law Journal, 1976(2).

(3) 纳税人如果选择小额诉讼程序，税务法庭不得反对允许案件作为小额税务案件进行。此外，如果小额诉讼程序显示争议金额超过5万元的限额（例如通过追加刑罚的方式），法院必须撤销小额案件地位。①巴西的小额索赔法庭分为联邦小额索赔法庭和属于国家司法机构的小型索赔法庭。后者可细分为两类法院：特别民事法庭和特别刑事法院。特别民事法庭的民事索赔涉及最多40个月最低工资或约合一万美元，特别刑事法院可以处理涉及小规模犯罪行为的索赔。②加拿大的非正式诉讼程序要求满足：所有相关金额的合计（不含利息）为25 000美元或以下；根据所得税第152（1.1）条确定的损失金额为50 000美元以下；上诉的唯一主题是根据所得税法评估的利息金额。③

二是小额诉讼的成本费用不能过高。实际上，如果纳税人解决小额税务争议需要付出的成本超过了可以获得的赔偿，有可能会出现有罪不罚现象，即纳税人解决税务争议的意愿被解决冲突的高昂成本“烧毁”。以各国申请费为例，加拿大根据一般程序提出上诉的一方，在提出上诉时必须支付以下申请费：

(1) 所涉金额少于5万美元的案件申请费用为250美元；

(2) 所涉金额在5万美元以上但少于15万美元的案件申请费用为400美元；

(3) 所涉金额为15万美元或以上的案件费用为550美元，而非正式程序则没有申诉申请费用。

---

①Brian P. Trauman. A Practical Guide to Small Tax Cases in The United States Tax Court[Z]. The Practical Tax Lawyer, 2006.

②见巴西法典 Law No. 9,099/1995 （in Portuguese） http://www.planalto.gov.br/ccivil_03/leis/l9099.htm.

③ “Full History of the Court”[EB/OL]. http://cas-cdc-www02.cas-satj.gc.ca/portal/page/portal/tcc-cci_Eng/About/Full_history.

澳大利亚的小额税务诉讼申请费用非常低，仅为77美元。[①]英国的一级税务室（First-tier Tax Chamber）没有申诉申请费用。[②]

7.3 建立税务法庭制度的启示与建议

1.建立合理的司法辖区和层级

由于目前税收与税源相背离的情况较为严重，如果完全按照行政区域划分来确定税务法庭的辖区，可能会导致在涉税案件较为集中的区域，其税务法庭工作量超载的局面。可以综合前述的三种税务法庭运作类型的特点，借鉴美国、加拿大、德国的做法，结合区域经济发展状况及经济结构等特点，设立跨行政区划的司法辖区，设置固定地点由法官进行巡回，并在每年的固定时间进行法官集会交流。巡回法官最大的好处在于，可以最大限度地避免行政干预，进而能够保障案件审理的公平性，也能够加强法官之间的经验沟通。

2.建立专业化的税务司法队伍

最高人民法院《关于全面深化人民法院改革的意见》指出，要"推进法院人员的正规化、专业化、职业化建设"。税务法庭因为其专业性，要求法官不仅应该具有法律知识，也必须具有相应的税收、会计、贸易等经济知识，特别是应该具有税务专业方面的知识和一定的行政工作经验。因而，建立税务法庭应该先做好专业人才储备的培养工作，培养选拔具备税法和税务专业知识的税务法官和专职的税务律师。

在法官体系的构成方面，应当做到分工责任明确，且法官体系不宜过

---

①Law Council of Australia. Statutory Review of the Tribunals Amalgamation Act 2015［EB/OL］.（2018-08-27）［2021-11-23］. https://www.lawcouncil.asn.au/publicassets/479bcaf6-ceb0-e811-93fc-005056be13b5/3495%20.

②Maples A J. Resolving Small Tax Disputes in New Zealand-Is There a Better Way［J］. J. Australasian Tax Tchrs. Ass´n，2011(6).

于庞大。目前，国际上通用的做法是，主法官配备若干名助手共同完成审判工作，整个系统中的工作人员加在一起不超过百人。若将这一系统应用到我国，应当考虑到全国范围内司法辖区的划分和辖区数量，每个辖区的税务法庭配备1名主法官，视辖区工作强度设置2名以上的副法官，并给每名法官配备1~2名法律监督助理。

在法官的任命与再任命方面，法官的任命可以考虑采用由最高人民法院指定，经由全国人民代表大会通过的方式。考虑到我国国情，任期不宜像加拿大那样采取终身制，可以综合借鉴美国、澳大利亚等国的任期长度，采用十年任期制。再任命程序是必要的，可确保有资格、经验丰富的税法法官得到保留，并防止由于任命期经过一段固定的时间后导致的不必要的空缺。但也需要考虑到再任命如果被滥用，同样可能导致法庭的有效运作受到干扰。此外，渎职行为应当明确地进行界定，不能正常履行职责的法官应该受到应有的处罚。

3.建立小额涉税纠纷解决机制

小额诉讼程序在一定程度上可以合理配置司法资源，实现对案件进行繁简分流的功能。在小额涉税诉讼的审查标准方面，应当注意两点：一是，小额诉讼的准入门槛不宜过高，否则小额诉讼便没有了意义，不仅不能够简化税务法院的处理程序和工作强度，还会影响纳税人进行申诉的积极性，进而可能直接导致税务司法公信力的动摇。二是，应当结合区域特征，做到小额涉税纠纷门槛因司法辖区的经济水平而异。以加拿大的做法为例，安大略省索赔金额限制为25000美元，而魁北克省的索赔金额限制则为15000美元。①

在小额税务诉讼的成本费用方面，一定要考虑到成本费用与税务诉讼门槛的关系。如果申请诉讼的费用过高，将使得纳税人感觉所需投入的成

①Ontario's Regulatory Registry. Courts of Justice - Small Claims Court Appeal Limit[EB/OL]. (2010-04-19)[2022-04-22]. https://www.ontariocanada.com/registry/view.do?postingId=3304&language=en.

本过高，而更倾向于直接放弃申诉的机会。尽管无论争议的数额如何，税务局均可确保利用其规模庞大且经验丰富的工作人员来处理案件，但纳税人很少有信心或有能力代表自己来进行争辩。而且，如果纳税人的申请和提供的材料不符合规定的程序要求，可能会在法庭上被质疑。此外，尽管争议只涉及少量的金钱，也并不意味着这些问题不复杂，纳税人很可能需要法律志愿者的服务，这也是需要考虑到的争议成本。

第 8 章　面向信息化时代的税收征管模式变革[①]

- 税收征管模式的演进：点状—线状—网状
- 公共产品边界位移对税收征管模式的挑战
- 基于信息流动和资金流动的可税边界移动
- 税收征管参与主体协同治理的变革趋势

税收征管作为现代税收制度的重要内容，是税务机关根据相关法律法规，进行税收征收、管理、检查等多方面的活动。在大历史的视野中，税收征管模式受到税制结构、信息分布等多方面的影响，随着人类文明的不断跃升而呈渐进或突进的变化。

①本章由马蔡琛和赵笛合作完成。

早在80多年前，南开大学经济学科的创始人何廉先生在其《财政学》一书中，对于税务行政问题就曾有过精辟的论述："甲、地势方面。使一国地域辽阔，人烟稀薄，则在国中各内地，不宜有周密之租税行政组织，只宜在各商埠为政府官吏所易及者设课征机关。乙、政治方面。课征一税，使一国之舆情，为政治原因群起反对，虽此税在其他方面可以实施，然因有此反对，则必不易实行。丙、行政之力量。租税之能行与否，有时完全视行政自身之力量为转移。使行政方面，久已采用考试制度，则较之在分赃制度下之行政，必易于采行新税。丁、人民之性情。德人对于政府官吏之诘查及问难，率能忍受，故累进之制，行之独早。法人不欲有租税之负担，故新税之行，阻力甚巨。"①即使以现代的眼光来加以审视，其中的某些观点也是颇多真知灼见的。

随着互联网、大数据、人工智能等新兴科技的不断涌现和发展，信息化的概念逐渐走入公共部门。我国在2015年国务院发布的《国务院关于积极推进"互联网+"行动的指导意见》中进一步指出，推动"互联网+"发展，提高公共产品和公共服务的"双引擎"，实现中国经济提质增效升级。在信息化的时代背景下，传统财政学理论乃至国家治理理论都受到了挑战，税收征管模式也将随之而不断演化。

8.1 税收征管模式的演进：点状—线状—网状

在人类文明演化的不同发展阶段中，税制结构不断变迁和演化。基于不同的生产力水平、生产关系结构以及信息分布与传导机制变化，相应的税收征收管理模式也存在着较大的差异。从农业社会到工业社会再到后工业社会的演进过程中，税制呈现从传统直接税到现代间接税再到以直接税

①何廉，李锐. 财政学[M].北京：商务印书馆，2011：180（原书于1935年由商务印书馆出版）。

为主导的多元复合税制的结构变化，信息分布呈现从“点状”到“线状”再到“网状”的发展变化趋势，税收征管模式也随之不断变化。

在传统农业社会，信息传递方式落后，信息网络难以建立，区域与区域之间相对隔绝，信息存在“点状”分布的特点，“点”与“点”之间信息传递困难，这使得税收征管模式也存在以税务人员和税务机构为核心的“点状”征管模式。同时，由于传统农业社会生产力发展水平的局限，往往采用原始直接税（也就是土地税和人头税）。这种以直接税为主体的税制结构，方便了各“点”的征税人员对应缴税额、税收收入的收集和管理。中国古代、古罗马、法国、英国、普鲁士、奥斯曼帝国以及一些东南亚地区均曾实行过包税制（Tax Farming），由国家将政府的征税活动拍卖给私人承包者，竞标者以私人利益最大化原则来加以运作。[①]此外，20世纪50年代以来，我国还一度实行过“一员进厂、各税统管、征管查合一”的税收专管员“管户制”的征管模式。一名专管员负责对一组纳税户的税收征收、管理和检查，征、管、查三项工作都由一人负责。[②]这种“点状”的信息分布模式，将纳税人根据经济性质、行业或者地段进行划分，虽然存在征纳双方相互了解的便利条件，但随着纳税人的不断增加，纳税规模的不断增大，各“点”之间沟通困难，这种“点状”征管模式逐渐力不从心。

自工业革命以来，随着社会分工的深化和各种专业化管理手段的不断涌现，以增值税为代表的现代间接税成为工业文明的标志性税种。以增值税的征管为例，这就需要在征收管理过程中联系前序征收环节，各征收机关需要信息的纵向和横向沟通，故而信息分布呈“线性”发展。各条线机构（line-item）之间信息沟通逐渐顺畅，从而在各国税收征管的过程中呈

---

①Stella，P. Tax Farming: A Radical Solution for Developing Country Tax Problems? Staff Papers (International Monetary Fund)[J]，1993.40(1).

②《福建税务》编辑部. 专管员管户制何去何从[J]. 福建税务，1996(2).

现了以纳税服务为代表的“线性”征管模式。OECD成员国普遍将促进纳税遵从作为税务机关的核心理念和任务目标，提出“视公众为顾客，把管理当服务”的新公共服务理念。美国国内收入署也在其五年规划中提出“服务+执法=纳税遵从”的战略目标。①我国的税收征管模式在1988年改为“征管查分离”的“管事制”模式，实行专业化管理，制定了管理、征收、检查、处理各环节以及多层次的办事规程；建立征收管理厅，实行柜台作业。②但是随着信息体量、种类以及传播方式的不断增加，新兴的互联网及大数据技术对税收征管模式的改变，提出了新的挑战，“线性”征管模式逐渐落后于时代发展的需要。

进入信息化时代，各种新兴业态目不暇接，各种服务性产品的供给方式千变万化，各种新兴交易手段层出不穷，各种信息存储量和数据处理能力远远快于经济的增长速度。从这个意义上讲，传统的商品流转环节变得越来越模糊，征税节点变得越来越难以捕捉，税源结构越来越复杂多样。以增值税为代表的现代间接税体系，日渐难以适应信息化时代的税制改革诉求。这或许已不仅是一种理论上的探讨，而成为各国税制变革中不可抗拒的发展趋势。随着计算机网络的不断发展，越来越复杂的税源结构信息，越来越复杂的纳税主体之间借助着计算机网络相互错综复杂的联系，带来了“网状”的税收信息发展方式，使得税收征管方式向“网状”演化。美国国内收入署（Internal Revenue Service，IRS）构建了信息化管理体系、德国涉税数据信息化建设的“电子税务模式”、意大利的纳税人信息全覆盖，以及我国1996年明确的“以纳税申报和优化服务为基础，以计算机网络为依托，集中征收，重点稽查”的税收征管模式，都是应对信息化不断发展而采取的新措施。

①李晓曼. 税收征管改革的国际借鉴[J]. 中国外资，2013(4).

②张政珉，徐敏. 管户制改为管事制是征管改革的核心[J]. 江南论坛，1997(3).

8.2 公共产品边界位移对税收征管模式的挑战

公共产品之所以由公共部门提供，是因为在产品的消费过程中，每个使用者从中的获益量难以相对准确地界定，以至于存在“搭便车”的现象，私人厂商提供公共产品的动力不足，故而公共产品往往由政府来提供。在信息化的时代背景下，随着大数据、区块链、人工智能等技术的不断发展，公共产品与私人产品之间可能发生转化，使得传统的公共产品边界因之而发生位移。

1.传统公共产品的私人产品化趋势

公共产品因每个人对其使用的受益量难以衡量而不得不由政府提供，但是随着大数据以及互联网技术的快速发展，通过大数据和区块链技术来判别公共产品中每个人的受益量逐渐成为可能，从而每位受益者可以根据使用产品过程中的受益量来负担产品费用，由此一来，公共产品便可以转化为私人产品。

灯塔作为经济学上对于公共产品的代表，经济学家一度认为，如果私人灯塔所有者试图向船主收取灯塔服务费用，将导致“搭便车”问题。然而十九世纪英格兰沿海的灯塔都是私有的，他们将灯塔的服务卖给了附近港口的业主和商人，没有向灯塔业主付钱来打开灯的港口商人，很难将船只吸引到港口。同样，湖泊作为公共产品，对于湖泊污染的治理应该由政府提供，但私人拥有的水体在不列颠群岛很常见，湖泊的所有者通过向渔民、船民、娱乐用户和从湖中受益的其他人收取费用来获得利润。[①]在互联网时代，如果可以通过大数据等现代技术判断受益者使用灯塔（如设定相应的范围，通过雷达测定进入该范围内则视为使用灯塔）、使用水源而

①Tyler Cowen. Public Goods and Externalities [J]. The Concise Encyclopedia of Economics. 2007 (3).

从中获得的利益，受益者根据受益量划分产品的价格而负担其相应成本，那么传统意义上的公共产品就有可能变成了私人产品。

2.私人产品的公共产品趋势

在数字经济的时代背景下，大数据的出现增加了数据的体量以及数据的可获得性，相应的数据产品不断涌现，其方便性、快捷性使得人们越来越容易形成产品依赖。然而，相应数据终端的私有制在当前是普遍存在的现象，人们由于对数据产品的依赖，而被迫地“被获取”个人隐私数据，形成了大公司垄断数据平台的现实。谷歌占有美国在线搜索的70%，在欧洲占90%。Facebook拥有超过20亿用户，占全球人口的1/4。六家公司（Facebook、谷歌、雅虎、美国有线、推特和亚马逊）约占数字广告市场的53%（仅谷歌和Facebook就占39%）。[①]这种主导地位意味着在线巨头可以垄断拥有客户的数据信息，并将其条件强加于用户。

大数据时代公共产品边界的变化，归根到底是讨论大数据以及相应的数据平台、数据技术是否可以变成公共产品而被政府使用。2014年，美国总统行政办公室提交了名为《大数据：把握机遇，维护价值》的报告，就提出将大数据的使用权转移到公共部门，从而通过大数据技术满足公共服务的需求。政府对大数据平台进行管理和控制，可以减少私人企业通过垄断数据而获取高额不当利润，同时在一定程度上也保护了公民的信息安全。从这个意义上讲，我国的“滴滴打车”“支付宝”等利用网络信息资源提供有偿服务的平台公司，已然具备了通过政府赎买而转化为无偿性提供的公共产品的现实可能性。

当上述两大趋势有望成为现实的时候，现行税收征管模式将有必要加以适当重塑，税收制度也极有可能需要重新设计，实际上，整个财政学的

①Tyler Cowen. Public Goods and Externalities［J］. The Concise Encyclopedia of Economics. 2007（3）.

基础理论可能都需要进一步修订或重构。

3.公共产品边界变动对税收征管模式的挑战

公共产品和私人产品之间相互转化的两种趋势，都可能对税收征管产生潜在的巨大影响。

首先，税务机关和纳税人信息不对称的减弱、消失甚至倒置。税务机关掌握越来越多、越来越全面、甚至比纳税人本人记忆得更为准确的涉税信息。从征管层面来看，这意味着“推送确认自动扣税”有可能逐步（甚至全面）取代现有的“申报缴纳”模式。在利润最大化的个人利益原则驱使下，每个人自然而然地会想方设法减少自己的应纳税额。但在大数据时代下，当一切所得额、流转额等都被数据记录之后，在纳税过程中就可以考虑淘汰纳税申报这种主观性强的方式，转而由计算机推送确认自动扣税，从而使得纳税过程更加客观合理。

其次，涉税数据监管将成为税收征管部门的核心职能。数据在给税收征管过程带来便利的同时，其准确性、完整性和及时性也成为税收征管最为重要的基础条件。从这个意义上讲，当前在发票开具过程中，有时候需要由每一个纳税人提供本单位纳税人识别号的做法，无疑是对大数据时代税收征管的一种嘲讽。这不仅大大增加了纳税人的税收遵从成本，也使得对于税收信息化工程所花费的大量资金，开展进一步之绩效结果评价，成为更具现实必要性的理性选择。

8.3 基于信息流动和资金流动的可税边界移动

1.信息流动与资金流动的互联网监测

在任何时代背景下，信息流与资金流都是税制设计与税收征管模式的基础性影响因素。无论是以流转税为代表的间接税，还是以所得税为代表的直接税，资金流都是判断应纳税额的重要条件，信息不对称构成了税收征管中的重要问题。然而，在互联网时代，对信息流以及资金流的数据监测变得更加方便、智能。通过互联网对资金流动的每一个步骤、每一项信息进行记录，并通过大数据技术进行归纳整理，并完成数据的存储与记录，在征税过程中可以直接追溯以往数据，从而对应税所得、应纳税额等进行更加客观准确的确定。

互联网、大数据的不断发展，使纳税人更多地使用网络平台对涉税信息进行登记。各国税务部门建立的网络税务信息平台，不仅方便了纳税人提取税务表格，进行纳税登记并且完成相应税收的上缴，同时也详细记录了纳税人的涉税资金信息。互联网对于信息流动和资金流动的监测，在一定程度上保证了应纳税额的正确性，可以有效防止偷税漏税的发生。

2.可税边界的移动与扩张

在“互联网+”的时代背景下，相应的信息流和资金流的速度加快、规模增加，对资金流和信息流的数据监控和记录将改变税基的规模，促使可税边界移动或扩张。

一方面，对于税收资金流的详细记录，减少了偷漏税的情况。2010年，英国皇家税务与海关总署建立了“Connect”系统，记录相应纳税数据，为填补税收缺口过程中的数据收集与调查奠定了基础。印度建立了政府机构共享的在线平台，实施统一的商品和服务税（GST）以及建立全国性的商品及服务税网络（GSTN），有效地对税务信息进行了分享和跟踪。[①]根据印度所得税部门2018—2019年度的计划可以看出，印度政府正在积极利用大数据来扩大税基。2017—2018年度，通过大数据的使用增加了1000多万新的纳税人以及1250万卢比的税收收入，由于系统对数据

①Ashish Gupta. Data Analytics to Widen Tax Base［EB/OL].(2017-10)［2018-07-30].Fortune. https://www.fortuneindia.com/macro/data-analytics-to-widen-tax-base/101388 .

的调查，识别了新的潜在纳税人。[①]大数据对资金流的详细记录，为税务部门提供了更加客观具体的涉税信息，减少了税收缺口。

另一方面，大数据的使用可以使得以前定义模糊的税种设立更加具体。由于之前对于应税资金的详细使用过程了解困难，所以在部分税种的征收上存在概括性，不能具体到每一笔资金的使用，不能具体到每一个纳税人的涉税过程。但在大数据的背景下，对于涉税资金的监控更加具体，可以明确了解资金的使用情况，这些变化将会促使原有的税基发生相应的位移。

8.4 税收征管参与主体协同治理的变革趋势

在税收征管的发展史上，从古代的“包税人”制度到现代的第三方涉税服务，税收从来不仅仅是单纯涉及征纳双方的简单命题。从早期以税务机关为核心的“点状”征管模式，到后来以纳税服务为代表的“线性”征管模式，再到以互联网时代社会多元共同治理的“网状”征管模式，体现了税收征管模式中参与主体的内在演化趋势。

1.税收征管多元治理主体的必要性

随着互联网、大数据的不断发展，在税收征管的演化过程中，参与征管过程的不仅是征纳双方，“网状”的征管模式必涉及多元的税收参与主体，这是一种“多中心”的发展方向。“多中心治理理论”是由诺贝尔经济学奖得主、美国印第安纳大学（布鲁明顿）的埃莉诺·奥斯特罗姆（Elinor Ostrom）与其先生文森特·奥斯特罗姆（Vincent Ostrom）共同创立的。该理论认为，强化层级节制、权责界限清晰、同一件事情必须交由一

①Dipak M，N Delhi. Here′s how data analytics is helping government in increasing tax base[EB/OL]. （2018-02）[2018-07-30].https://www.businesstoday.in/current/economy-politics/here-is-how-data-analytics-is-helping-government-in-increasing-tax-base/story/280489.html.

个部门完成的、集权的政府单中心统治，未必能够保证或提高效率。

多元治理主体是税收征管现代化的重要体现，表现为1+N中心治理模式。其中，1是指税务机关，是税收治理结构的核心力量，N是指除了税务机关以外的参与主体，包括纳税人、非营利组织、中介机构、行业协会、税收志愿者、公众、媒体等都可以成为税收征管的参与主体。[①]在这样的模式中，中介机构可以为纳税人提供具体的纳税服务，而公众、志愿者、媒体等可以作为监督主体而参与到税收协同治理中来。这种多元治理主体的征管模式，摆脱了征纳双方一对一的传统征管格局，使得税收征管过程更加客观、透明、公开。

2.基于多元治理主体的未来税收征管模式

（1）第三方涉税机构

美国、日本、加拿大等多个国家都实行不同模式的税务代理制。美国有50%以上的工商企业和95%以上的个人所得税都是委托税务代理机构或代理人申报纳税，日本约有85%以上的企业通过税理士办理相关纳税事宜。[②]相应的法案对税务代理人的资格进行了界定，同时规定了税务代理人必须为纳税人检查税收遗漏事项，并及时向税务部门汇报。此外，美国国会于2015年12月颁布的"修复美国地面运输法案"（FAST法案）第32102节，要求美国收入总署聘用私人收款机构收取未偿还的应收税款，聘请第三方私人机构进行税务追查和催收，并对第三方机构的行为进行了约束。[③]

第三方涉税机构作为提供纳税服务或者第三方涉税信息的主体，独立于纳税人与税务机构之外，是税收征管的多元参与主体之一。第三方涉税

①王秀芝. 税收能力提升的必由之路:税收征管现代化建设[J]. 中国人民大学学报,2015(6).

②杨华. 纳税服务的国际经验借鉴[J]. 地方财政研究,2011(12).

③Internal Revenue Service. Private Debt Collection [EB/OL].(2018-04-23)[2018-07-30]https://www.irs.gov/businesses/small-businesses-self-employed/private-debt-collection.

机构的出现，在一定程度上完善了税收征管的服务流程，保证了税收征管的公平性。

（2）纳税信息系统

随着信息技术的不断发展，形成了一系列的电子政务信息平台，其中电子税务信息平台是最发达的电子政务之一。电子税务平台提供纳税申报表的在线备案和评估、电子支付税款、不同政府部门之间税务评估的信息共享，可以解答纳税人相应的税务处理问题。互联网纳税信息系统在完成纳税服务、帮助纳税人解答问题、进行纳税申请的同时，可以直接收集相应的税收数据信息，且节省了相应的采购、印刷、存储等成本。①

英国皇家税务与海关总署在 2010 年设计并推出了“Connect”系统，为税务部门的税务征收和调查提供了大量原始数据。“Connect”系统将来自土地登记处、福利局、境内和离岸银行等 30 个数据源的超过 10 亿条信息整合在一起。英国皇家税务与海关总署花费 8000 万英镑建立了这一系统，但从目前来看已确保增加了 30 亿英镑的税收收入。并且在对税务案例进行查询时，超过 80%是由“Connect”系统的线上调查选出的。从 2016 年 9 月起，该系统开始与英国海外领土的财务信息进行交互，主要聚焦于一些避税天堂。从 2017 年开始，开始与约 60 个其他 OECD 成员国进行涉税信息交流。②

（3）公众和媒体的互联网监督

公众和媒体一方面是纳税人本身，而另一方面也是监督税收征收、管理以及使用情况的重要参与主体。公众的监督和参与，促进政府对税收数据进行公开、报告，同时对其他纳税主体的税务合规性进行监督。

---

①Dečman Mitja. The Impact of Information Systems on Taxation: A Case of Users´ Experience With an e-Recovery Information System[J]. Electronic Journal of e-Government, 2015(13).

②Roy Baldwin. How Revenue investigators use their state-of-the-art computer system[EB/OL]. (2014-09)[2018-07-30]. https://www.taxation.co.uk/Articles/2014/09/02/330221/well-connected.

随着网络平台的不断发展，越来越多的公民选择使用网络了解信息，各国也越来越注意公众的网络监督作用，积极在网络上公开相应的政务信息。英国、澳大利亚、欧盟等国家和地区的税务部门每年对纳税种类、纳税金额等进行汇报，具体到各地区、各税种的征收额，以及近期的税收收入趋势。荷兰税务与海关总署 2005 年引入了一种“横向”纳税监督形式，由居民、企业和机构对其他纳税主体进行监督，从而建立个人责任与税务机构之间的共同利益关系，该形式逐渐从大企业推广到中小企业和个人。[①]公众和媒体在征管流程中起到的监督作用，促使税收征管过程更加公开、透明。

① Committee Horizontal Monitoring Tax and Customs Administration. Tax Supervision-Made to Measure[R].2012.

参考文献

[1]《税收学》编写组. 税收学[M]. 北京:高等教育出版社,2021:227.

[2]安体富,刘翔. 可持续发展视角下的资源税改革研究[J]. 会计之友,2014(32).

[3]安体富. 扩大再生产的外延和内含同基本建设的关系——兼论"把国民经济转到以内含为主的扩大再生产轨道上来"[J]. 经济理论与经济管理,1982(3).

[4]安仲文. 我国烟叶税存在的问题与对策[J]. 税务研究,2008(5).

[5]白文周,刘银国,卢学英. 沪渝房产税扩围房价效应识别——基于反事实分析的经验证据[J]. 财贸研究,2016(1).

[6]白永秀,王颂吉,何昊,等. 丝路驼铃——丝绸之路经济带[M]. 重庆:重庆大学出版社,2019.

[7]白永秀,王颂吉. 丝绸之路经济带的纵深背景与地缘战略[J]. 改革,2014(3).

[8]蔡贵丽. 基于马克思两大部类视角下我国经济双循环的发展研究[J]. 中小企业管理与科技(下旬刊),2021(5).

[9]蔡宇平,高放. 马克思两大部类原理对当前我国扩大内需的启示[J]. 黄河科技大学学报,2000(2).

[10]曹润林,陈海林. 税收负担、税制结构对经济高质量发展的影响[J]. 税务研究,2021(1).

[11]曾康华. 当代西方税收理论与税制改革研究[M]. 北京:中国税务出版社,2011:327.

[12]曾留中. 从国际税制比较谈个人所得税与企业所得税的一体化[J]. 河南税务,2001(16).

[13]曾启贤. 我国发展国民经济总方针与马克思的再生产理论[J]. 江汉学报,1963(2).

[14]曾文革,白玉. 论“一带一路”战略下我国对外投资的税收制度安排[J]. 江西社会科学,2017(5).

[15]曾中天. 我国存量房房产税的成本和效用分析[J]. 中国乡镇企业会计,2017(7).

[16]钞小静,薛志欣. 新时代中国经济高质量发展的理论逻辑与实践机制[J]. 西北大学学报(哲学社会科学版),2018(6).

[17]陈斌,邓力平. 对我国环境保护税立法的五点认识[J]. 税务研究,2016(9).

[18]陈功. 房产税难解地方财政之忧[J]. 中国报道,2012(9).

[19]陈共. 论以再生产为前提建立社会主义财政学[J]. 财政研究,1982(3).

[20]陈洁. G20围剿“避税天堂”[N]. 国际金融报,2013-09-10.

[21]陈少克. 税制结构转型与经济发展方式转变——中国税制与经济发展方式转变的协调性研究[M]. 北京:中国经济出版社,2019.

[22]陈双专. 国际税讯[J].国际税收,2012(9).

[23]陈松青. 西方最优税收理论对我国税制设计的启示[J]. 财经研究,2003(1).

[24]陈兴源. 全面理解马克思再生产理论保持两大部类协调发展[J]. 四平师院学报(哲学社会科学版),1982(2).

[25]陈有湘,董强. 构建“一带一路”战略下的国际税收风险应对机制[J],税收经济研究,2015(6).

[26]陈展,等. 税收服务“一带一路”战略的有关问题探析[J]. 税务研究,

2016(3).

[27]程宇丹,龚六堂. 财政分权框架下的最优税收结构[J]. 金融研究,2016(5).

[28]崔景华,李浩研. 碳税与能源税之制度协调模式分析[J]. 税务研究,2012(2).

[29]崔景华. 资源税费制度研究[M]. 北京:中国财政经济出版社,2014:174.

[30]崔晓青,葛震明. 改革土地增值税预征办法 合理调控房地产二级市场[J]. 价格理论与实践,2005(11).

[31]崔泽田,李庆杨. 马克思科技创新驱动生产力发展思想及其当代价值[J]. 理论月刊,2015(5).

[32]邓子基. 马克思的再生产理论与社会主义财政——读《资本论》第二卷札记[J]. 厦门大学学报(哲学社会科学版),1982(2).

[33]丁茜茜. 拥抱数字经济,共促服贸发展高质量[N]. 新华日报,2021-09-03(009).

[34]董锁成,等. 丝绸之路经济带经济发展格局与区域经济一体化模式[J]. 资源科学,2014(12).

[35]董玮,秦国伟. 对森林开征资源税的理论依据、现实基础与制度设计[J]. 税务研究,2021(5).

[36]杜莉. 世界主要国家税制改革述评——基于近五年 OECD 税收政策改革报告[J]. 国际税收,2021(5).

[37]杜萌昆. 在我国建立税务法院或行政法院的探讨[J]. 国际税收,1996(7).

[38]樊丽明,李昕凝. 世界各国税制结构变化趋向及思考[J]. 税务研究,2015(1).

[39]冯秀娟. 卡普洛关于异质性偏好下的最优商品税理论及启示[J].

税务与经济,2014(5).

[40]付大永. 烟草税调整产生的负面效应与解决路径[J]. 现代经济信息,2015(10).

[41]盖凯程,冉梨.《资本论》视域下的供给侧结构性改革——基于马克思社会总资本再生产理论[J]. 财经科学,2019(8).

[42]干春晖. 新常态下中国经济转型与产业升级[J]. 南京财经大学学报,2016(2).

[43]高培勇,等. 高质量发展背景下的现代化经济体系建设:一个逻辑框架[J].经济研究,2019(4).

[44]高培勇,等. 高质量发展的动力、机制与治理[J]. 经济研究参考,2020(12).

[45]高培勇. 站在新时代的平台上讨论直接税改革[J]. 河北大学学报(哲学社会科学版),2019(1).

[46]高亚军. 中国地方税研究[M]. 北京:中国社会科学出版社,2012.

[47]葛察忠,等. 环境税收与公共财政[M]. 北京:中国环境科学出版社,2006.

[48]葛新锋,朱易捷. 我国实施环保税面临的问题及国际经验借鉴[J]. 金融纵横,2018(3).

[49]各国税制比较研究课题组. 增值税制国际比较[M]. 北京:中国财政经济出版社,1996.

[50]龚辉文. 后金融危机时代世界税收政策比较研究[M]. 北京:中国税务出版社,2012.

[51]龚六堂. 数字经济就业的特征、影响及应对策略[J]. 国家治理,2021(23).

[52]顾华详. "一带一路"共建与比较法学研究[J].湖南财政经济学院学报,2018(4).

[53]广西财政厅课题组,等. 促进广西经济高质量发展的财政政策研究[J]. 经济研究参考,2019(22).

[54]郭朝晖. 关于我国环境保护税制设计的思考[J]. 地方财政研究,2011(5).

[55]郭庆旺. 论加快建立现代财政制度[J]. 经济研究,2017(12).

[56]郭周明,张晓磊. 高质量开放型经济发展的内涵与关键任务[J]. 改革,2019(1).

[57]国家税务总局"一带一路"税收合作机制课题组. 秉持"道同"的税收治理理念 构建"一带一路"税收合作机制[J].财经智库,2019(2).

[58]韩飞. 服务业与马克思社会生产两大部类的关系[J]. 南华大学学报(社会科学版),2014(6).

[59]郝春虹. 税收分配伦理、福利命题评价与社会福利最优状态研究[J]. 财经理论研究,2017(3).

[60]郝昭成,等. 财税:体制突破与利益重组[M]. 北京:中国财政经济出版社,1993.

[61]何廉,李锐. 财政学[M]. 上海:商务印书馆,1935.

[62]何杨,王文静. 增值税税率结构的国际比较与优化[J]. 税务研究,2016(3).

[63]何振一. 理论财政学 (第二版)[M]. 北京:中国财政经济出版社,2005.

[64]荷兰国际财税文献局. IBFD 国际税收辞汇[M].《IBFD 国际税收辞汇》翻译组,译. 北京:中国税务出版社,2016.

[65]贺晓宇,沈坤荣.现代化经济体系、全要素生产率与高质量发展[J]. 上海经济研究,2018(6).

[66]胡鞍钢. 中国实现 2030 年前碳达峰目标及主要途径[J]. 北京工业大学学报(社会科学版),2021(3).

[67]胡怀邦. 第三产业与两大部类之间的关系初探[J]. 陕西财经学院学报,1986(2).

[68]胡翔. 德国税务司法制度特点及借鉴[J]. 国际税收,2016(9).

[69]黄凤羽,刘维彬,张瑞红. 个人所得税预缴税款制度对纳税遵从的影响研究——基于前景理论的心理效应分析[J]. 当代经济科学,2017(1).

[70]黄凤羽. 个人所得税费用扣除需求的分层次动态分析[J]. 广东社会科学,2012(5).

[71]黄凤羽. 亲历美国销售税[J]. 新理财(政府理财),2009(1).

[72]霍志远,杨雷东. 我国"走出去"企业税收风险管控的思考[J]. 税务研究,2016(11).

[73]冀保旺. 加拿大税务司法体系的特点及启示[J]. 涉外税务,1999(8).

[74]贾康. 资源税改革时机已到 可促相关经济关系优化调整[J].中国财政,2010(10).

[75]贾文婷. 构建中国环境税法律体系之设想[J]. 中国环境管理干部学院学报,2011(6).

[76]江平. 民法学[M]. 北京:中国政法大学出版社,2000.

[77]江苏省国际税收研究会. 国际税收征管协作中的问题和对策[J]. 国际税收,2017(1).

[78]姜景亮. 关于建立税务法庭问题的探讨[J]. 现代情报,1996(6).

[79]蒋震. 中国消费税改革研究[M]. 北京:中国税务出版社,2017.

[80]焦娇. 论公司代表人的法律性质[J]. 河南财经政法大学学报,2014(2).

[81]杰弗里·欧文斯. 新丝绸之路发展中的税收问题研究[J]. 国际税收,2017(4).

[82]金碚. 关于"高质量发展"的经济学研究[J]. 中国工业经济,2018

(4).

[83]金戈. 最优税收与经济增长:一个文献综述[J]. 经济研究,2013(7).

[84]荆文君,孙宝文. 数字经济促进经济高质量发展:一个理论分析框架[J]. 经济学家,2019(2).

[85]孔丹阳,王宝杰. 服务"一带一路"战略从树立税收风险理念开始[J]. 国际税收,2016(4).

[86]况伟大,朱勇,刘江涛. 房产税对房价的影响:来自 OECD 国家的证据[J]. 财贸经济,2012(5).

[87]李大庆,侯卓. 我国税务司法制度改革的契机与展望——以税务法院为中心[J]. 国际税收,2015(10).

[88]李刚,朱智跃. 美国公司所得税制的实践及其对我国的启示[J]. 税务与经济,2008(6).

[89]李海燕,兰永红.海上丝绸之路沿线国家税务风险防控的国际借鉴研究[J]. 国际税收,2017(4).

[90]李浩民. 新时代高质量发展框架再探讨:理论内涵、制度保障与实践路径[J]. 现代管理科学,2019(2).

[91]李华. 高质量发展目标下税收体系构建与减税降费再推进[J]. 税务研究,2019(5).

[92]李江帆. 第三产业与两大部类的关系试析[J]. 改革,1986(3).

[93]李娜,栗海燕. 浅析马克思经济增长理论中科技进步在我国的应用[J]. 新西部,2010(5).

[94]李升. 直接税与间接税改革的难点解析及对策思考[J]. 中央财经大学学报,2017(12).

[95]李世清. 坚持马克思的社会生产两大部类平衡理论[J]. 江汉论坛,1990(5).

[96]李淑,李松龄. 新时代高质量发展的理论认识与制度安排——基于

劳动价值论的深化认识[J]. 湖南大学学报(社会科学版),2019(6).

[97]李玮. 丝绸之路经济带发展报告(2014)[M]. 北京:社会科学文献出版社,2014.

[98]李香菊,王雄飞. "一带一路"战略下企业税收风险与防控研究[J]. 华东经济管理,2017(5).

[99]李香菊,杨欢. 助推我国经济高质量发展的税收优化研究[J]. 税务研究,2019(5).

[100]李宛姝,马蔡琛. 企业所得税与个人所得税的衔接路径——基于法人拟制说与法人实在说的考察[J]. 税务研究,2018(12).

[101]李永刚. 最优商品税理论与我国商品税设计实践[J]. 税务研究,2009(11).

[102] 李正图. 中国城镇住房制度改革四十年 [J]. 经济理论与经济管理,2018(12).

[103]励贺林.无形资产转让定价规则发展趋势及对我国应对 BEPS 的启示[J].税务研究,2014(8).

[104]梁进社,王红瑞,王天龙. 中国经济社会发展的资源瓶颈与环境约束[J]. 经济研究参考,2011(1).

[105]廖仕梅. 设立税务法院的必要性和可行性[J]. 地方财政研究,2017(4).

[106]林亚清,等. 供给侧结构性改革:现实依据与财税政策选择[J]. 财政研究,2017(4).

[107]林兆木. 关于中国经济高质量发展的几点认识[N]. 人民日报,2018-1-17.

[108]刘爱明,周娟.高管持股、现金股利与代理成本——基于 2015 年差别化股利税政策的实证检验[J]. 金融与经济,2018(5).

[109]刘都庆. 三大部类关系探讨——学习马克思再生产理论一得[J]. 中

南财经大学学报,1988(4).

[110]刘峰. 税改:寻求现实约束下的理论“最优解”[N]. 中国财经报,2018-02-13(006).

[111]刘行,张艺馨,高升好.股利税与资本结构:中国的经验证据[J]. 会计研究,2015(10).

[112]刘甲炎,范子英. 中国房产税试点的效果评估:基于合成控制法的研究[J]. 世界经济,2013(11).

[113]刘军,郭庆旺. 世界性税制改革理论与实践研究[M]. 北京:中国人民大学出版社,2001.

[114]刘蓉,王鑫,毛锐. “一带一路”沿线国家税收征管竞争力比较[J]. 税务研究,2017(2).

[115]刘尚希,樊轶侠. 论高质量发展与税收制度的适应性改革[J]. 税务研究,2019(5).

[116]刘世锦. 我国增长阶段转换与发展方式转型[J]. 国家行政学院学报,2012(2).

[117]刘淑春. 中国数字经济高质量发展的靶向路径与政策供给[J]. 经济学家,2019(6).

[118]刘思华. 我国经济和社会发展战略目标理论的新发展[J]. 生态经济,1986(2).

[119]刘馨颖. 日本继承税和赠与税:调节社会财富再分配[J]. 国际税收,2015(1).

[120]刘元生,杨澄宇,李建军. 基于异质性世代交替模型数值模拟的个人所得税改革分析[J]. 财政研究,2017(5).

[121]刘志彪. 理解高质量发展:基本特征、支撑要素与当前重点问题[J]. 学术月刊,2018(7).

[122]刘佐. 中国直接税与间接税比重变化趋势研究[J]. 财贸经济,

2010(7).

[123]龙卫球. 民法总论[M]. 北京:中国法制出版社,2001:360.

[124]罗宏,陈煌,杨占红. 环境保护税与中国实践[M]. 北京:中国环境出版集团,2019.

[125]吕冰洋,陈志刚. 中国省际资本、劳动和消费平均税率测算[J]. 财贸经济,2015(7).

[126]吕冰洋. 政府间税收分权的配置选择和财政影响[J]. 经济研究,2009(6).

[127]吕守军,代政. 新时代高质量发展的理论意蕴及实现路径[J]. 经济纵横,2019(3).

[128]吕思勉. 吕著中国通史[M]. 上海:华东师范大学出版社,1992.

[129]吕炜. 市场化进程与税制结构变动[J]. 世界经济,2004(11).

[130]马蔡琛,黄凤羽. 国家治理视野中的现代财政制度——解读十八届三中全会《决定》中的深化财税体制改革问题[J].理论与现代化,2014(3).

[131]马蔡琛,管艳茹."一带一路"税收征管合作机制研究[J]. 国际税收,2022(1).

[132]马蔡琛,桂梓椋. 丝绸之路经济带沿线各国税收政策的国际协调[J]. 湖南财政经济学院学报,2019(5).

[133]马蔡琛,桂梓椋. 税务法庭建设的国际经验与启示[J]. 税收经济研究,2018(2).

[134]马蔡琛,李宛姝. 我国资源税改革思辨[J]. 税务研究,2014(10).

[135]马蔡琛,刘辰涵. 税收政策中的社会性别因素——基于个人所得税视角的考察[J]. 经济与管理研究,2012(12).

[136]马蔡琛,苗珊. 后哥本哈根时代全球环保税制改革实践及其启示[J]. 税务研究,2018(2).

[137]马蔡琛,苗珊. 各国税制公平改革的最新进展及其启示[J]. 税务

研究,2017(4).

[138]马蔡琛,苗珊. 有力有效防范丝绸之路经济带的税收风险[J]. 理论探索,2019(2).

[139]马蔡琛,尚妍. 关税政策演变的反思及其启示[J]. 税务研究,2012(5).

[140]马蔡琛,隋宇彤. 社会性别视野中的个人所得税改革[J]. 华南师范大学学报(社会科学版),2017(4).

[141]马蔡琛,赵笛. 基于高质量发展的资源税改革研究[J]. 税务研究,2022(5).

[142]马蔡琛,赵笛. 构建以环境保护税为基础的绿色税收体系[J]. 税务研究,2020(11).

[143]马蔡琛,赵青. 浅谈我国消费税改革的若干问题[J]. 税务研究,2019(6).

[144]马蔡琛,朱旭阳."以税控烟"视角的烟草税制改革[J]. 税务研究,2017(9).

[145]马蔡琛,朱旭阳. 关于我国房地产税收问题的若干思考[J]. 税务研究,2020(4).

[146]马蔡琛. 略论单一税视野中的新一轮税制改革[J].经济问题,2007(10).

[147]马蔡琛. 免除经济性重复征税的方式及对我国的借鉴[J]. 山西财经大学学报,2003(1).

[148]马培,杜爽."十四五"时期的税制结构转型[J]. 税务研究,2021(2).

[149]孟莹莹. 我国消费税的经济效应分析[M]. 北京:经济科学出版社,2018:30.

[150]苗勃然,周文. 经济高质量发展:理论内涵与实践路径[J]. 改革与

战略,2021(1).

[151]潘春阳,袁从帅. 税收协定与中国对外直接投资——来自"一带一路"沿线国家的经验证据[J]. 国际税收,2018(10).

[152] 潘石. 关于社会生产两大部类的平衡发展问题——学习马克思《资本论》第二卷的体会[J]. 社会科学战线,1982(2).

[153]庞凤喜,贺鹏皓. 基于反避税要求的税制改革国际视野[J]. 税务研究,2015(7).

[154]庞凤喜. 税收原理与中国税制(第五版)[M]. 北京:中国财政经济出版社,2017.

[155]逄锦聚,林岗,杨瑞龙,黄泰岩. 促进经济高质量发展笔谈[J]. 经济学动态,2019(7).

[156]彭海艳. 最优非线性所得税率结构影响因素:论争焦点及评析[J]. 财经论丛,2014(4).

[157]彭加亮,高雅琦,胡金星. 房产税对上海房价的调控效应分析——基于LLS模型的实证研究[J]. 华东经济管理,2015(2).

[158]邱丹. 农业是基础、工业是主导和马克思关于两大部类的原理[J]. 江汉学报,1963(2).

[159]任保平,李禹墨. 新时代我国经济从高速增长转向高质量发展的动力转换[J]. 经济与管理评论,2019(1).

[160]沈坤荣,滕永乐. "结构性"减速下的中国经济增长[J]. 经济学家,2013(8).

[161]沈娅莉,李小梦,杨国军.税制结构研究演进脉络及对我国税制结构改革的启示[J].税务研究,2018(10).

[162]师博,张冰瑶. 新时代、新动能、新经济——当前中国经济高质量发展解析[J]. 上海经济研究,2018(5).

[163]施本植,梁柯. 西方国家税制结构的演变及其对我国的启示[J].

财贸经济,2004(12).

[164]施晓红. 公司法人的法人所有权探讨——以英美法系公司法人本质理论为视角[J]. 武汉大学学报:哲学社会科学版,2008(5).

[165]石坚,等. 提高中国烟草税税负的经济影响分析[J]. 财贸经济,2010(2).

[166]宋槿篱,凌曼. 设立税务法庭的理性思考[J]. 税收征纳,2005(5).

[167]宋美喆,叶琛,成进,等. 垂直财政不平衡对经济高质量发展的影响[J]. 湖南财政经济学院学报,2021(5).

[168]宋洋. 经济发展质量理论视角下的数字经济与高质量发展[J]. 贵州社会科学,2019(11).

[169]苏如飞. 从税权配置看跨行政区划税务法院设立[J]. 经济研究参考,2016(59).

[170]孙刚. 税制改革、税负异质性与中国上市公司股利政策研究[M]. 杭州:浙江大学出版社,2013.

[171]孙隆英. 构建涉外案件“税务机关+法院”税收征管协作机制的设想[J]. 中国税务,2017(1).

[172]汤凤林,陈涵. “一带一路”背景下我国双边税收协定的现状、问题与完善建议[J]. 国际税收,2020(5).

[173]唐登山. 关于我国设置税务检察院和税务法院的研究[J]. 税务研究,1998(10).

[174]王诚尧. 改革烟叶税,严控烟叶和卷烟生产与消费[N]. 中国税务报,2012-08-15.

[175]王宏杰. 最优税收结构选择及其经济效应[J]. 河北科技师范学院学报,2016(1).

[176]王家庭,曹清峰. 房产税能够降低房价吗——基于 DID 方法对我国房产税试点的评估[J]. 当代财经,2014(5).

[177]王今朝,萨米. 西方发展经济学的三大范式比较(下)[J]. 当代经济研究,2019(12).

[178]王敏,黄滢. 限购和房产税对房价的影响:基于长期动态均衡的分析[J]. 世界经济,2013(1).

[179]王一鸣. 百年大变局、高质量发展与构建新发展格局[J]. 管理世界,2020(12).

[180]王雍君. 税制优化原理[M]. 北京:中国财政经济出版社,1995.

[181]王增文,管理定,胡国恒. 经济增长效率机制与社会福利共享机制均衡的结构性分析:资本课税与劳动课税的最优税制结构 [J]. 财政研究,2021(6).

[182]王智烜. OECD 环境税发展趋势及政策启示[J]. 国际税收,2017(4).

[183]魏志梅. 企业所得税与个人所得税一体化的国际比较与借鉴[J]. 税务研究,2006(9).

[184]文雷,张淑惠. "丝绸之路经济带"的税收协调问题[J]. 税务研究,2015(6).

[185]吴大磊,赵细康,王丽娟. 美国首个强制性碳交易体系(RGGI)核心机制设计及启示[J]. 对外经贸实务,2016(7).

[186]吴道科. 县政府强制农民种烟当被告[J]. 山东人大工作,2006(5).

[187]吴建,程莹. 国际税收协调路径探讨——基于区域性反有害税收竞争实践[J]. 现代财经,2011(10).

[188]吴健,陈青. 环境保护税:中国税制绿色化的新进程[J]. 环境保护,2017(Z1).

[189]吴维嵩. 第三产业的兴起和社会再生产两大部类理论的发展[J]. 福建师范大学学报(哲学社会科学版),1986(2).

[190]吴文晖. 农业是我国社会主义国民经济发展的基础[J]. 中山大学学报(哲学社会科学版),1977(6).

[191]吴志峰,石赟,季洁. 优化"一带一路"税收情报交换机制 提升征管合作质效[J]. 国际税收,2020(12).

[192]奚兆永. 正确理解两大部类的划分——学习马克思主义再生产理论札记[J]. 财经问题研究,1980(4).

[193]席七万. 新时代税制改革:现实最需与理论最优的双重考量[J]. 税务研究,2018(2).

[194]肖学旺,赵军,岳学元,马艳文. 中国与中亚国家税收合作机制研究[J]. 税收经济研究,2020(6).

[195]谢鸿飞. 论民法典法人性质的定位 法律历史社会学与法教义学分析[J]. 中外法学,2015(6).

[196]谢莹萍. 新科技革命下的马克思劳动价值论再认识[J]. 经济研究导刊,2020(33).

[197]熊鹭. 对外投资税制国际比较与借鉴[J. 金融与经济,2012(7).

[198]许倬云. 万古江河:中国历史文化的转折与开展[M]. 上海:上海文艺出版社,2006:95,101-105.

[199]许晖. 税制结构分析:以消费、劳动和资本课税为视角[J]. 国际税收,2020(6).

[200]许生,张霞. 改革财税体制 促进经济高质量发展[J]. 财政科学,2018(12).

[201]许毅. 计划经济与经济体制——生产方式、经济规律和经济体制的关系[J]. 财政研究,1984(1).

[202]闫坤,鲍曙光."十四五"时期我国财政可持续发展研究[J]. 财贸经济,2020(8).

[203]严成樑,龚六堂. 最优资本税收研究评述[J]. 经济学动态,2009(12).

[204]颜鹏飞,李酣. 以人为本、内涵增长和世界发展——马克思主义关

于经济发展质量的思想[J]. 宏观质量研究,2014(2).

[205]杨宝,刘莎. 股息税"减半"征收影响了公司分红决策吗?——财税〔2005〕102 号文件的经验证据[J].税务与经济,2015(5).

[206]杨斌. 对西方最优税收理论之实践价值的质疑[J]. 管理世界,2005(8).

[207]杨春梅. 经济全球化与世界所得税制改革[J]. 涉外税务,2001(1).

[208]杨建新. 从古代丝绸之路的产生到当代丝绸之路经济带的构建——亚欧大陆共同发展繁荣和复兴之路[J].烟台大学学报(哲学社会科学版),2016(5).

[209]杨姝影,蔡博峰,曹淑艳. 国际碳税研究[M]. 北京:化学工业出版社,2011.

[210]杨耀武,张平. 中国经济高质量发展的逻辑、测度与治理[J] .经济研究,2021(1).

[211]姚键,王周飞,陈爱明. 基于大数据背景的税收风险管理[J]. 税务研究,2015(11).

[212]尹吉明. OECD 国家的经济增长与税收结构变化[J]. 湖北经济学院学报,2012(2).

[213]俞云峰. 西方国家个人所得税制改革的经验及启示[J]. 经济体制改革,2012(1).

[214]原伟鹏,孙慧,闫敏. 双重环境规制能否助力经济高质量与碳减排双赢发展?:基于中国式分权制度治理视角[J]. 云南财经大学学报,2021(3).

[215]岳树民,李静. 对我国劳动、资本、消费课税的比较及分析[J]. 涉外税务,2011(6).

[216]张春燕. "一带一路"建设中的国际税收合作机制研究[J]. 经济研究导刊,2018(30).

[217]张富强. 论强国战略下"一带一路"国际税收争议解决机制的完善

[J]. 法学杂志,2018(8).

[218]张海星,许芬. 促进产业结构优化的资源税改革[J]. 税务研究,2010(12).

[219]张健,钱震,陈玉武,董洋. 企业所得税改革的国际趋势研究与借鉴[J]. 国际税收,2018(5).

[220]张俊山. 对经济高质量发展的马克思主义政治经济学解析[J]. 经济纵横,2019(1).

[221]张莉,马蔡琛. 碳达峰、碳中和目标下的绿色税制优化研究[J]. 税务研究,2021(8).

[222]张圣兵,刘伟杰,周绍东. 新科技革命推动的生产方式演进——基于马克思主义政治经济学视角的解读[J]. 改革与战略,2018(6).

[223]张学瑞. 美国税务案件司法管辖概况[J]. 税务研究,1989(5).

[224]张亚斌,刘俊,李城霖. 丝绸之路经济带贸易便利化测度及中国贸易潜力[J]. 财经科学,2016(5).

[225]赵崔莉. 明清丝路贸易与对外开放[M]. 北京:人民出版社,2016.

[226]赵剑波,史丹,邓洲. 高质量发展的内涵研究[J]. 经济与管理研究,2019(1).

[227]赵丽娜. 世界经济格局大调整与我国外贸高质量发展[J]. 理论学刊,2021(1).

[228]赵凌."一带一路"背景下税收协定仲裁机制发展评析[J]. 云南财经大学学报,2019(10).

[229]郑榕,高松,胡德伟. 烟草税与烟草控制——全球经验及在中国的应用[J]. 财贸经济,2013(3).

[230]郑志国. 国民经济三大部类结构演化规律——马克思的社会再生产理论继承与创新[J]. 马克思主义研究,2017(2).

[231]周波,吕思锜. 资源税改革仍有待解决的三个基本问题[J]. 财经

问题研究,2020(5).

[232]周文,李思思. 高质量发展的政治经济学阐释[J]. 政治经济学评论,2019(4).

[233]朱大旗,何遐祥. 论我国税务法院的设立[J]. 当代法学,2007(3).

[234]朱方明,刘丸源. 马克思的经济发展理论与西方经济发展理论比较——兼论中国经济高质量发展的路径[J]. 政治经济学评论,2019(1).

[235]朱华,莫骄. 唐代间架税及其相关问题简论[J]. 唐史论丛,2016(1).

[236]朱为群. 消费课税的经济分析[M]. 上海:上海财经大学出版社,2001:7.

[237]朱珍,郑云峰. 构建新发展格局的政治经济学逻辑[J]. 经济问题,2021(3).

[238]祝黄河. 中国道路的理论基础、历史进程与价值维度[J]. 马克思主义研究,2020(1).

[239]左婧. 法哲学视界下的法人本质理论——兼论多重法人本质说的法哲学依据[J]. 沈阳工业大学学报(社会科学版),2017(4).

[240][丹麦]哥斯塔.埃斯平-按德森. 福利资本主义的三个世界[M]. 北京:商务印书馆, 2010.

[241][荷]塞伯仁·科诺森. 消费税理论与实践——对烟、酒、赌博、污染和驾驶车辆征税[M]. 李维萍,译. 北京:中国税务出版社,2010.

[242][美]哈维·S.罗森,特德·盖亚.财政学(第十版)[M]. 郭庆旺,译. 北京:中国人民大学出版社,2015.

[243][美]约翰·L.米克塞尔. 公共财政管理:分析与应用(第九版)[M]. 苟燕楠,马蔡琛,译. 北京:中国人民大学出版社,2020.

[244][英]马歇尔. 经济学原理(上)[M]. 朱志泰,译. 北京:商务印书馆,1964.

[245][英]迈尔-舍恩伯格,[英]库克耶.大数据时代[M]. 杭州:浙江人民出版社,2013.

[246][英]亚当·斯密. 国富论(下卷)[M]. 杨敬年,译. 西安:陕西人民出版社,2006.

[247]Abel A.B. Optimal Capital Income Taxation [R]. Nber Working Papers, 2007.

[248]Ahmad S, Sial H M, Ahmad N. Indirect Taxes and Economic Growth: An Empirical Analysis of Pakistan [J]. Pakistan Journal of Applied Economics, 2018(1).

[249]Alarie B. The Challenge of Tax Avoidance for Social Justice in Taxation [M]. Philosophical Explorations of Justice and Taxation. Springer International Publishing, 2015.

[250]Albi E, Martinez-Vazquez J. The Elgar Guide to Tax Systems[M]. UK:MPG Books Group, 2011: 37.

[251]Albrizio B S, Botta E. Do Environmental Policies Matter for Productivity Growth?: Insights from New Cross -Country Measures of Environmental Policies [R]. OECD Economics Department Working Papers, 2014.

[252]Alesina A, Ichino A, Karabarbounis L. Gender-based Taxation and the Division of family Chores [J]. American Economic Journal: Economic Policy, 2011(2).

[253]Almy R. A Survey of Property Tax Systems in Europe [R]. The Ministry of Finance Republic of Slovenia, 2001: 13-23.

[254]Amiram D, Bauer A M, Frank M M. Tax Avoidance at Public Corporations Driven by Shareholder Demand: Evidence from Changes in Shareholder Dividend Tax Policy[R], Working Paper. 2014.

[255]Anand R, Mishra M S, Peiris M S J. Inclusive growth: Measurement and determinants[R]. International Monetary Fund, 2013.

[256]André M C, Prates Magalhaes Daniela, Fernando F F. Brazil Responses to the International Financial Crisis: A Successful Example of Keynesian Policies?[J]. Panoeconomicus, 2011 (5).

[257]Apps P. Income Taxation, Labour Supply and Saving [R]. Tax and Transfer Policy Institute, 2015:15.

[258]Ardanaz M, Tolsa N. A Subnational Resource Curse? Revenue Windfalls and the Quality of Public Spending in Colombian Municipalities[C]. Santa Cruz:20th LACEA Annual Meeting, 2015: 15-17.

[259]Arlinghaus J. Dender K V. The Environmental Tax and Subsidy Reform in Mexico[R]. OECD Taxation Working Papers, 2017: 8.

[260]Arora N,Ghose J,Bakshi S K. Managing Revenue from Natural Resources: A Multi-country Analysis of Sharing Resource Revenue with Sub-national Levels[R]. Vaulx-en-Velin:IPPA Working Paper, 2017: 2.

[261]Atkeson A, Chari V V, Kehoe P J. Taxing Capital Income: A Bad Idea[J]. Federal Reserve Bank of Minneapolis Quarterly Review, 1999(3).

[262]Atkinson A B , Stiglitz J E. The Design of Tax Structure: Direct Versus Indirect Taxation[J]. Journal of Public Economics, 1976(6).

[263]Auerbach A J, King M A. Taxation, Portfolio Choice, and Debt-Equity Ratios: A General Equilibrium Model [J]. The Quarterly Journal of Economics, 1983(4).

[264]Ault H J. Corporate Integration, Tax Treaties and the Division of the International Tax Base: Principles and Practices [J]. Tax Law Review, 1991 (47).

[265]Avais M M A, Shaikh M S, Mahesar H A, et al. China-Pak

Economic Corridor: Social Analysis For Pakistan [J]. The Government-Annual Research Journal of Political Science, 2016(5).

[266]Aviyonah R S, Halabi O. Double or Nothing: A Tax Treaty for the 21st Century[R]. Law & Economics Working Papers, 2012.

[267]Badum C J. The Small Tax Case Procedure: How it Works-Does it Work?[J]. Fordham Urban Law Journal, 1976(2).

[268]Bahl R. Fiscal Decentralization as Development Policy [J]. Public Budgeting & Finance, 1999(2).

[269]Baker P L. An Analysis of Double Taxation Treaties and Their Effect on Foreign Direct Investment [J]. International Journal of the Economics of Business, 2014(3).

[270]Bank S A. Anglo-American Corporate Taxation: Tracing the Common Roots of Divergent Approaches [M]. New York: Cambridge University Press, 2011: 5.

[271]Bankman J, Griffith T. Social Welfare and the Rate Structure: A New Look at Progressive Taxation[J]. California Law Review, 1987(6).

[272]Bargain O, Callan T, Doorley K, et al. Changes in Income Distribution and the Role of Tax-benefit Policy During the Great Recession: An International Perspective[C]. Economic and Social Research Institute (ESRI), 2014.

[273]Barro R J. On the Determination of the Public Debt [J]. Journal of political Economy, 1979(5).

[274]Barro R O J. Government Spending in a Simple Model of Endogenous Growth[J]. Journal of Political Economy, 1990(5).

[275]Bauer A, Gankhuyag U. Manley, et al. Natural Resource Revenue Sharing[R]. New York:Natural Resource Governance Institute, 2016: 25.

[276]Bauer A,Iwerks R,Pellegrini M,et al. Subnational Governance of Extractives:Fostering National Prosperity by AddressingLocal Challenges[R]. New York: Natural Resource Governance Institute,2016: 6.

[277]Bayer P, Aklin M. The European Union Emissions Trading System Reduced CO2 Emissions Despite Low Prices [J]. Proceedings of the National Academy of Sciences. 2020(16).

[278]Benjamin H. Harris,Brian David Moore. Residential Property Taxes in the United States[R]. Urban-Brookings Tax Policy Center,2013:1-2.

[279]Benos N. Fiscal Policy and Economic Growth: Empirical Evidence from EU Countries[R]. University Library of Munich, Germany, 2009.

[280]Bernheim B D, Rangel A. Beyond Revealed Preference: Choice Theoretic Foundations for Behavioral Welfare Economics [J]. Quarterly Journal of Economics, 2009(1).

[281]Bing Yuan,Katrina Connolly,Michael E. Bell. A Compendium of Countries with an Area-Based Property Tax [R]. Lincoln Institute of Land Policy Working Paper,2009:78-80.

[282]Bird R M, Jun J. Earmarking in Theory and Korean Practice[R]. Toronto:International Tax Program Paper 513, 2005.

[283]Blobel D, Gerdes H, Pollitt H, et al. Implications of ETR in Europe for Household Distribution[A]. In P.Ekins, S.Speck eds. Environmental Tax Reform: A Policy for Green Growth [C]. Oxford: Oxford University Press, 2010.

[284]Blöchliger H. Reforming the Tax on Immovable Property:Taking Care of the Unloved[R]. OECD Economics Department Working Paper, 2015: 11-12.

[285]Boadway R W,Flatters F. The Taxation of Natural Resources:

Principles and Policy Issues[R]. Washington, DC: World Bank Policy Research Working Paper, 1993: 1.

[286]Bosquet B. The Role of Natural Resources in Fundamental Tax Reform in the Russian Federation [R]. Washington, DC: World Bank Policy Research Working Paper, 2002: 7.

[287]Brown D A. Race, Class, and Gender Essentialism in Tax Literature: The Joint Return[J]. Wash. & Lee L. Rev., 1997(54).

[288]Brown R C. The Nature of the Tax Court of the United States[J]. U. Pitt. L. Rev., 1948(10).

[289]Bruno R L. Tax Enforcement, Tax Compliance and Tax Morale in Transition Economies: A Theoretical Model [J]. European Journal of Political Economy, 2019(C).

[290]Bryson P J. The Economics of Centralism and Local Autonomy[R]. London: Palgrave Macmillan, 2010: 23-36.

[291]Burke J M, Friel M K. Understanding Federal Income Taxation[M]. LexisNexis, 2010.

[292]Burki S J, Pasha A G, Pasha H A, et al.The Economics of Tobacco and Tobacco Taxation in Pakistan[R]. Campaign for Tobacco-Free Kids, 2013.

[293]Burlando, R., & Tartaglia, A. Physical Limits to economic Growth: Perspectives of Economic, Social, and Complexity Science [M]. Routledge, 2017.

[294]Cammenga J. State Corporate Income Tax Rates and Brackets for 2019[R]. Washington, DC: Tax Foundation, 2019.

[295]Caron P L, Repetti J R. Occupy the Tax Code: Using the Estate Tax to Reduce Inequality and Spur Economic Growth [J]. Pepperdine Law Review, 2013(5).

[296]Cebula R J, Foley M, Houmes R. Empirical Analysis of the Impact of Cigarette Excise Taxes on Cigarette Consumption: Estimates from Recent State-level data[J]. Journal of Economics & Finance, 2014(1).

[297]Chamley C. Optimal Taxation of Capital Income in General Equilibrium with Infinite Lives [J]. Econometrica: Journal of the Econometric Society, 1986(3).

[298]Chetty R, Saez E. Dividend Taxes and Corporate Behavior: Evidence from the 2003 Dividend Tax Cut[J]. The Quarterly Journal of Economics, 2005(3).

[299]Choné P, Laroque G. Negative Marginal Tax Rates and Heterogeneity[J]. American Economic Review, 2010(5).

[300]Cnossen S. Reform And Harmonization of Company Tax Systems in the European Union[M]. London: Research Centre for Economic Policy, 1996: 5, 15.

[301]Coady M H, Chan C A, Sacks R, et al. The Impact of Cigarette Excise Tax Increases on Purchasing Behaviors among New York City Smokers [J]. American Journal of Public Health, 2013(6).

[302]Cogan D. The Wartime Origins of the Irish Corporation Tax [J]. Irish Journal of Legal Studies, 2013(3).

[303]Colonna F, Marcassa S. Taxation and Female Labor Supply in Italy [J]. IZA Journal of Labor Policy, 2015(1).

[304]Congressional Research Service. Carbon Tax and Greenhouse Gas Control: Options and Considerations for Congress [R].Washington, DC: CRS Report for Congress, 2009: 7-16.

[305]Cords D. Tax Court Appointments and Reappointments Improving the Process[J]. University of Richmond Law Review, 2012(2).

[306]Cremer H, Pestieau P, Rochet J C. Direct versus Indirect Taxation: the Design of the Tax Structure Revisited [J]. International Economic Review, 2001(3).

[307]Cremer H, Pestieau P. Wealth Transfer Taxation: A Survey [R]. CESifo Working Paper, 2003.

[308]Crivelli E, De Mooij R, Keen M. Base Erosion, Profit Shifting and Developing Countries[J]. Finanz Archiv: Public Finance Analysis, 2016(3).

[309]Cummings R G, Martinez-Vazquez J, McKee M, et al. Tax morale affects tax compliance: Evidence from surveys and an artefactual field experiment[J]. Journal of Economic Behavior & Organization, 2009(3).

[310]Curti D, Shang C, Ridgeway W, et al. The Use of Legal, Illegal, and Roll -you -own Cigarettes to Increasing Tobacco Excise Taxes and Comprehensive Tobacco Control Policies-Findings from the ITC Uruguay Survey [J]. Tobacco Control, 2015(Supplement 3).

[311]Da Costa C E, Werning I. On the Optimality of the Friedman Rule with Heterogeneous Agents and Nonlinear Income Taxation [J]. Journal of political Economy, 2008(1).

[312]Daly H E. Toward a Steady-state Economy [M]. San Francisco: WH Freeman, 1973: 8.

[313]Daly M C. Raising the Speed Limit on Future Growth [R]. Federal Reserve Bank of San Francisco, 2018: 09.

[314]Damle S V. Specialize the Judge, Not the Court: A Lesson from the German Constitutional Court[J]. Virginia Law Review, 2005(5).

[315]Davis P, McCluskey W, Grissom T V, et al. An Empirical Analysis of Simplified Valuation Approaches for Residential Property Tax Purposes[J]. Property Management, 2012(3).

[316]Del Portal X R. Two Reasons for Not Using Commodity Taxation in the Presence of an Optimal Income Tax [J]. Hacienda Publica Espanola, 2020 (1).

[317]Denu R A. Estimates of Cancer Deaths Prevented by Raising Cigarette Taxes[J]. Jama Internal Medicine, 2017(5).

[318]Devereux M B, Love D R F. The Dynamic Effects of Government Spending Policies in a Two-Sector Endogenous Growth Model [J]. Journal of Money, Credit, and Banking, 1995(1).

[319]Diamond P, Spinnewijn J. Capital Income Taxes with Heterogeneous Discount Rates[J]. American Economic Journal: Economic Policy, 2011(4).

[320]Diaz de Sarralde S, von Haldenwang C, Hentze T, et al. Tax Certainty: Proposals for the Short Term and the Long Term [R]. Economics Discussion Papers, 2018: 10.

[321]Dissou Y, Eyland T. Carbon Control Policies, Competitiveness, and Border Tax Adjustments[J]. Energy Economics, 2011(3).

[322]Dulude L. Taxation of the Spouses: A Comparison of Canadian, American, British, French and Swedish Law[J]. Osgoode Hall L J, 1985(1).

[323]Dumiter F, Jimon Ş. Double Taxation Conventions in Central and Eastern European Countries[J]. Journal of Legal Studies, 2016, 18(32): 1-12.

[324]Duncan D R, Sabirianova Peter K. Unequal Inequalities: Do Progressive Taxes Reduce Income Inequality? [C]. Institute for the Study of Labor (IZA), 2012.

[325]Dziemianowicz R. Tax Policy in OECD Countries in 2007-2016: Trends and Challenges[J]. Ekonomia i Prawo. Economics and Law, 2019(4).

[326]ECOTEC. Study on the Economic and Environmental Implications of the Use of Environmental Taxes and Charges in the European Union and its

Member States[R]. Birmingham:ECOTEC, 2001:4.

[327]Edgeworth F Y.The Pure Theory of Taxation [J].The Economic Journal, 1897(28).

[328]Eissa N, Hoynes H W. Behavioral Responses to Taxes: Lessons from the EITC and Labor Supply[M]//Tax Policy and the Economy, Volume 20. The MIT Press, 2006: 73-110.

[329]Eissa N,Hoynes H. Redistribution and Tax Expenditures: The Earned Income Tax Credit [J]. National Bureau of Economic Research, 2011 (2).

[330]Eissa N. Taxation and Labor Supply of Married Women: The Tax Reform Act of 1986 as a Natural Experiment[R]. NBER Working Paper, 1995.

[331]Elinder M. Inheritance and Wealth Inequality: Evidence from Population Registers[J]. Social Science Electronic Publishing, 2016(3).

[332]European Court of Auditors. Energy Taxation, Carbon Pricing and Energy Subsidies[R]. European Court of Auditors, 2022: 18.

[333]EUROSTAT. Environmental Taxes:A Statistical Guide[R]. Brussels: European Commission, 2013:28.

[334]Eurostat. Transport Taxes and Charges in Europe [R]. Brussels: European Commission, 2019: 14.

[335]EY. Worldwide VAT, GST and Sales Tax Guide 2018 [R]. EY, 2018: 5.

[336]Fahey D L. Is the United States Tax Court Exempt from Administrative Law Jurisprudence When Acting as a Reviewing Court [J]. Cleveland State Law Review, 2010(3).

[337]Feenberg D R, Rosen H S. Recent Developments in the Marriage Tax[J]. National Bureau of Economic Research, 1995(1).

[338]Fleckenstein T., Lee S C. The Politics of Postindustrial Social Policy Family Policy Reforms in Britain, Germany, South Korea, and Sweden[J]. Comparative Political Studies, 2014(4).

[339]Fullerton D, Hong I, Metcalf G E. A Tax on Output of the Polluting Industry is not a Tax on Pollution: The Importance of Hitting the Target[M]// Behavioral and Distributional Effects of Environmental Policy. Chicago: University of Chicago Press, 2001: 13–44.

[340]Gale W G, Brown S. Tax Reform for Growth, Equity, and Revenue [J]. Public Finance Review, 2013(6).

[341]García –Miralles E, Guner N, Ramos R. The Spanish personal income tax: facts and parametric estimates[J]. SERIEs, 2019(3).

[342]Gardner T. Limits To Growth? A Perspective on the Perpetual Debate[J]. Environmental Sciences, 2004(2).

[343]Goldberg D S. The US Consumption Tax: Evolution, Not Revolution [J]. Tax Law., 2003(1).

[344]Golosov M, Kocherlakota N, Tsyvinski A. Optimal Indirect and Capital Taxation[J]. The Review of Economic Studies, 2003(3).

[345]Gong L, Zou H. Optimal Taxation and Intergovernmental Transfer in a Dynamic Model with Multiple Levels of Government [J]. Journal of Economic Dynamics and Control, 2002(12).

[346]Goodchild M, Nargis N, d'Espaignet E T. Global Economic Cost of Smoking–attributable Diseases[J]. Tobacco Control, 2018(1).

[347]Goodchild M, Zheng R. Early Assessment of China's 2015 Tobacco Tax Increase[J]. Bulletin of the World Health Organization, 2018(7).

[348]Govind S, Turcan L. Cross–Border Tax Dispute Resolution in the 21st Century: A Comparative Study of Existing Bilateral and Multilateral

Remedies[J]. Derivatives & Financial Instruments, 2017(5).

[349]Graetz M, Warren Jr A. Dividend Taxation in Europe: When the ECJ Makes Tax Policy[J]. Common Market Law Review, 2007(44).

[350]Griswold E N. The Need for a Court of Tax Appeals [J]. Harvard Law Review, 1944(8).

[351]Guindon G E, Driezen P, Chaloupka F J, et al. Cigarette Tax Avoidance and Evasion: Findings from the International Tobacco Control Policy Evaluation (ITC) Project[J]. Tobacco Control, 2014(3).

[352]Gustafsson S, Jacobsson R. Trends in Female Labor Force Participation in Sweden[J]. Journal of Labor Economics, 1985(1).

[353]Gustafsson S. Separate Taxation and Married Women's Labor Supply [J]. Journal of Population Economics, 1992(1).

[354]Güth W, Sausgruber R. Tax Morale and Optimal Taxation [R]. CESifo Working Paper, 2004.

[355]Ha S K. Housing Crises and Policy Transformations in South Korea [J]. International Journal of Housing Policy, 2010(3).

[356]Haderlein T M, Cunningham R J, Naveen R S, et al. Small Cases in the Tax Court[J]. American Bar Association Journal, 1971(12).

[357]Hallerberg M. The Political Economy of Taxation in Prussia, 1871-1914[J]. Jahrbuch fur Wirtschaftsgeschichte. 2002(2).

[358]Hanushek E A, Kim D. Schooling, Labor Force Quality, and Economic Growth[R], NBER Working paper. 1995.

[359]Heaps T,Helliwell J F. The Taxation of Natural Resources [M]// Auerbach A J,Feldstein M. Handbook of Public Economics. North-Holland: Elsevier Science Publisher, 1985: 421-472.

[360]Hong Y. The Quality of Economic Growth and the Effect of

Population[J]. Chinese Journal of Population Science, 1994(1).

[361]Horodnic I A. Tax Morale and Institutional Theory: a Systematic Review[J]. International Journal of Sociology and Social Policy, 2018(9/10).

[362]Hugh Waters, Hana Ross, Luz MyriamReynalesShigematsu. The Economics of Tobacco and Tobacco Taxation in Mexico [R]. Campaign for Tobacco-Free Kids, 2010.

[363]Ian Parry. Putting a Price on Pollution Carbon-pricing Strategies could Hold the Key to Meeting the World's Climate Stabilization Goals [J]. Finance & Development, 2019(4).

[364]Ianchovichina E, Lundstrom S. Inclusive Growth Analytics: Framework and Application [R]. World Bank Policy Research Working Paper, 2009.

[365]IMF, OECD. Update on Tax Certainty[R]. OECD, 2018: 28.

[366]IMF. Fiscal Monitor : Taxing Times[R]. IMF, 2013:48.

[367]Inchauste G, Maboshe M, Purfield C. The Distributional Impact of Fiscal Policy in South Africa[R]. Policy Research Working Paper, 2015(2).

[368]Irmen A, Kuehnel J. Productive Government Expenditure and Economic Growth[J]. Journal of Economic Surveys, 2009(4).

[369]Ishi H. A Design of Environmental Taxes in Japan [J]. Hitotsubashi Journal of Economics, 1995(1).

[370]Jacquet L, Lehmann E. Optimal Income Taxation with Composition Effects[J]. Journal of the European Economic Association, 2021(2).

[371]Jiang T. Earmarking of Pollution Charges and the Sub-Optimality of the Pigouvian Tax [J]. Australian Journal of Agricultural and Resource Economics, 2001(4).

[372]Johansson Å, Arnold J, Brys B, et al. Tax and Economic Growth.

Summary and Main Findings[R].OECD, 2009.

[373]Johnson P, Stoye G. Fuel for thought: the What, Why and How of Motoring Taxation[R]. Institute for Fiscal Studies, 2012.

[374]Jha P, Chaloupka F. Tobacco Control in Developing Countries[M]. Oxford: Oxford University Press, 2000.

[375]Johnson S R. Reasoned Explanation and IRS Adjudication[J]. Duke Law Journal, 2014(8).

[376]Jones A, Posnett J. The Revenue and Welfare Effects of Cigarette Taxes[J]. Applied Economics, 1988(9).

[377]Jones L E, Manuelli R E, Rossi P E. Optimal Taxation in Models of Endogenous Growth[J]. Journal of Political Economy, 1993(3).

[378]Jorgenson D W, Goettle R J, Ho M S, et al. Carbon Taxes and Fiscal Reform in the United States[J]. National Tax Journal, 2015(1).

[379]Kamin D. Taxes and Inequality: Reducing Poverty, Not Inequality: What Changes in the Tax System Can Achieve[J]. Tax L Rev, 2013(Summer).

[380]Kassen M. E-government in Kazakhstan: A Case Study of Multidimensional Phenomena[M]. Routledge, 2016: 60-61.

[381]Kay J A, King M A. The British Tax System [M]. Oxford: Oxford University Press, 1990:164.

[382]Kingston S. A Light in the Darkness: Recent Developments in the ECJ's Direct Tax Jurisprudence[J]. Common Market Law Review, 2007(5).

[383]Kleven H J, Kreiner C T,Saez E. The Optimal Income Taxation of Couples[J]. Econometrica 2009(2).

[384]Kocherlakota N R. Zero expected wealth taxes: A Mirrlees Approach to Dynamic Optimal Taxation[J]. Econometrica, 2005(5).

[385]Kopányi M,Deborah Wetzel and Samir El Daher. Intergovernmental

Finance in Hungary: A Decade of Experience 1990—2000 [R]. The World Bank, 2004: 261.

[386]Krajňák M. Evaluation the Impact of the Personal Income Tax Reform in the Czech Republic in 2021 on Effective Tax Rate and Tax Progressivity[J]. Journal of Tax Reform, 2021(2).

[387]Lai Y B. Environmental Policy Competition and Heterogeneous Capital Endowments[J]. Regional Science and Urban Economics, 2019(C).

[388]Lalumia S. The Effects of Joint Taxation of Married Couples on Labor Supply and Non-wage Income[J].Journal of Public Economics, 2008(7).

[389]Lederman L. Tax Appeal: A Proposal to Make the United States Tax Court More Judicial[J]. Washington University Law Review, 2008(6).

[390]Lee J M. Effect of a Large Increase in Cigarette Tax on Cigarette Consumption: An Empirical Analysis of Cross-sectional Survey Data[J]. Public Health, 2008(10).

[391]Legler J B, Shapiro P. The Responsiveness of State Tax Revenue to Economic Growth[J]. National Tax Association, 1968(1).

[392]Liebman H M, Heyvaert W, Oyen V. Countering Harmful Tax Practices: BEPS Action 5 and EU Iniciatives-past Progress, Current Status and Prospects[R]. European Taxation, 2016.

[393]Liu J, Xu Z, Li Z, et al. Social Spending, Taxes and Income Redistribution in Uruguay[R]. Working Papers, 2012.

[394]Lustig N. Inequality and Fiscal Redistribution in Middle Income Countries: Brazil, Chile, Colombia, Indonesia, Mexico, Peru and South Africa [J]. Journal of Globalization & Development, 2015(1).

[395]Lutz B F. The Connection between House Price Appreciation and Property Tax Revenues[J]. National Tax Journal, 2008(3).

[396]Magidenko G. Tax Exceptionalism: Wanted Dead or Alive [J]. University of Michigan Journal of Law Reform Caveat, 2012(1).

[397]Mankiw N G, Weinzierl M, Yagan D. Optimal Taxation in Theory and Practice[J]. Journal of Economic Perspectives, 2009(4).

[398]Maples A J. Resolving Small Tax Disputes in New Zealand-Is There a Better Way[J]. J. Australasian Tax Tchrs. Ass´n, 2011(6).

[399]Marrero G A. Tax-mix, Public Spending Composition and Growth [J]. Journal of Economics, 2010(1).

[400]Marron D B, Morris A C. How to Use Carbon Tax Revenues [R]. Social Science Electronic Publishing, 2016.

[401]Marshall G P, Walsh A J. Marital Status and Variations in Income Tax Burdens[J]. Brit. Tax Rev., 1970(4).

[402]Martinez-Vazquez J, Moreno-Dodson B, Vulovic V. The Impact of Tax and Expenditure Policies on Income Distribution: Evidence from a Large Panel of Countries [J]. Andrew Young School of Policy Studies Research Paper Series, 2012(12-30).

[403]McCluskey W J, Franzsen R. An Evaluation of the Property Tax in Tanzania[J]. Property Management, 2005(1).

[404]Mckibbin W J, Morris A C, Wilcoxen P J, et al. Carbon Taxes and U.S. Fiscal Reform[J]. National Tax Journal, 2017(1).

[405]Meadows D H, Meadows D L, Randers J. The Limits to Growth[M]. New York: Universe Books, 1972.

[406]Messere K. The tax System in Industrialized Countries [M]. New York: Oxford University, 1998.

[407]Mikesell J L. Fiscal Administration: Analysis and Applications for the Public Sector (Ninth Edition)[M]. Wadsworth: Cengage Learning, 2014:

493, 495–496.

[408]Miller R W. Productive Forces and the Forces of Change: A Review of Gerald A. Cohen, Karl Marx's Theory of History: A Defense [J]. The philosophical review, 1981(1).

[409]Mirrlees J A. An Exploration in the Theory of Optimum Income Taxation[J]. The Review of Economic Studies, 1971(2).

[410]Musgrave R A. The Theory of Public Finance: A Study in Public Economy[M]. Kogakusha Co., 1959.

[411]Nakhooda S. Carbon Tax in South Africa—The Political and Technical Challenges of Pricing Carbon[R]. ODI Working Paper, 2014: 3.

[412]Nenkova P S, Metalova D S. An Overview of Tax Policy and Taxation Trends in Bulgaria During the Period 2005 –2017 [J]. Научные вести, 2019(7).

[413]Neumark D,Schweitzer M,Wascher W. Minimum Wage Effects throughout the Wage Distribution[J]. Journal of Human Resources, 2004(2).

[414]Nicholls S S. The Valuation Analyst's Role in U.S. Tax Court Trials [R]. Trusts & Estates, 2015.

[415]Norregaard J, Khan T S. Tax policy: Recent trends and coming challenges[R].IMF Working Paper, 2017.

[416]OECD. Car Purchase Tax: Green Reform in Israel[R]. OECD, 2016.

[417]OECD. Consumption Tax Trends 2016: VAT/GST and Excise Rates, Trends and Policy Issues[R]. OECD, 2016.

[418]OECD. Environmental Taxation:A Guide for Policy Makers [R]. Paris: OECD, 2011: 8.

[419]OECD. Environmentally Related Taxes in OECD Countries:Issues and Strategies[R]. Paris: OECD, 2001: 26, 51.

[420]OECD. Harmful Tax Competition: An Emerging Global Issue[R]. OECD, 1998.

[421]OECD. Tax Administration 2019: Comparative Information on OECD and Other Advanced and Emerging Economies [M]. Paris: OECD Publishing, 2019: 70, 95.

[422]OECD. Tax Challenges Arising from Digitalisation—Interim Report 2018[R]. OECD, 2018.

[423]OECD. Tax Policy Reform in the OECD 2016[R]. OECD, 2016: 51.

[424]OECD. Tax Policy Reforms 2017: OECD and Selected Partner Economies[R]. OECD, 2017: 76.

[425]OECD. Taxing Energy Use 2015: OECD and Selected Partner Economies[R]. OECD, 2015.

[426]OECD. Taxing Energy Use for Sustainable Development[R]. OECD, 2021:11.

[427]OECD. Taxing Energy Use: A Graphical Analysis[R]. OECD, 2013.

[428]OECD. The Economic Significance of Natural Resources: Key Points for Reformers in Eastern Europe, Caucasus and Central Asia [R]. OECD, 2011: 13.

[429]Oliviero T, Sacchi A, Scognamiglio A, et al. House Prices and Immovable Property Tax: Evidence from OECD Countries[J]. Metroeconomica, 2019(4).

[430]Pearce F L. Trends in Federal Tax Procedure [J]. Journal of Accountancy, 1940(5).

[431]Pechman J A. Tax Reform: Theory and Practice [J]. Journal of Economic Perspectives, 1987(1).

[432]Persson T, Tabellini G. Federal fiscal Constitutions: Risk Sharing

and Moral Hazard[J]. Econometrica, 1996(3).

[433]Phillips B, Gray M. Distributional Modelling of the Australian Tax and Social Security System Changes: 2005-2015 and beyond [R]. ANU Centre for Social Research and Methods, Australian National University, 2017.

[434]Pigou A C. The Economics of Welfare (4th ed.)[M]. London: Macmillan, 1932.

[435]Piva M, Vivarelli M. Technological Change and Employment: Were Ricardo and Marx Right?[R]. Institute of Labor Economics (IZA), 2017.

[436]Pokrovskaia N V, Belov A V. Tax Revenues of Local Budgets in Unitary States: A Case Study of Japan[J]. Journal of Tax Reform, 2020(1).

[437]Pomerleau K. Eliminating Double Taxation through Corporate Integration[J]. Economist, 2015(453).

[438]Pope T, Waters T. A Survey of the UK Tax System[R]. Institute for Fiscal Studies, 2016: 32-34.

[439]Popkova E G, Tinyakova V I. New quality of economic growth at the present stage of development of the world economy[J]. World Applied Sciences Journal, 2013(1).

[440]Portnov B A, McCluskey W J, Deddis W G. Property Taxation in Israel: A Non Ad Valorem Approach[J]. Land Use Policy, 2001(4).

[441]Prest A R. The Royal Commission on the Taxation of Profits and Income[J]. Economica, 1956(92).

[442]Raheem I D, Isah K O, Adedeji A A. Inclusive Growth, Human Capital Development and Natural Resource Rent in SSA [J]. Economic change and restructuring, 2018(1).

[443]Ramsey F P. A Contribution to the Theory of Taxation [J]. The Economic Journal, 1927(145).

[444]Renström T I, Spataro L. Population Growth: A Pure Welfarist Approach[J]. Journal of Public Economic Theory, 2019(1).

[445]Rodrigues C F, Andrade I. Robin Hood Versus Piggy Bank: Income Redistribution in Portugal 2006–2010[J]. Panoeconomicus, 2014.

[446]Roy Kelly. Making the Property Tax Work [R]. International Center for Public Policy Working Paper, 2013: 8, 28.

[447]Saez E, Stantcheva S. Generalized Social Marginal Welfare Weights for Optimal Tax Theory[J]. American Economic Review, 2016(1).

[448]Saez E. Optimal Progressive Capital Income Taxes in the Infinite Horizon Model[R]. NBER Working Paper 2002.

[449]Saez E. The Desirability of Commodity Taxation under Non–Linear Income Taxation and Heterogeneous Tastes [J]. Journal of Public Economics, 2002(2).

[450]Saez E. Using Elasticities to Derive Optimal Income Tax Rates[J]. The Review of Economic Studies, 2001(1).

[451]Saha P, Nath A K, Salehi–Sangari E. Evaluation of Government E–Tax Websites: an Information Quality and System Quality Approach [J]. Transforming Government People Process & Policy, 2012(3).

[452]Salanie B. The Economics of Taxation [M]. USA: The MIT Press, 2003.

[453]Schroten A, Scholten P, VAN Wijngaarden L, et al. Transport Taxes and Charges in Europe [R]. Brussels: European Commission, 2019: 22–23.

[454]Schuetze H J. Income Splitting among the Self –employed [J]. Canadian Journal of Economics, 2006(4).

[455]Shin K. International Differences in Tax Ratio [J].Review of

Economics and Statistics, 1969(5).

[456]Slack E, Bird R M. The Political Economy of Property Tax Reform. OECD Working Papers, 2014.

[457]Slack E. Property Tax Reform in Ontario: What Have We Learned? [J]. Canadian Tax Journal, 2002(2).

[458]Slack E. The Property Tax in Theory and Practice [R]. Institute on Municipal Finance and Governance Working paper, 2010: 11.

[459]Slemrod J. Is this tax reform, or just confusion? [J]. Journal of Economic Perspectives, 2018(4).

[460]Slemrod J. Optimal Taxation and Optimal Tax Systems[J]. Journal of Economic Perspectives, 1990(1).

[461]Smith P. Lessons from the British Poll Tax Disaster[J]. National Tax Journal, 1991(4).

[462]Smith T. Women and Tax in South Africa [J]. The Women's Budget Series, 2000.

[463]Southeast Asia Tobacco Control Alliance. SEATCA Tobacco Tax Index: Implementation of WHO Framework Convention on Tobacco Control Article 6 in ASEAN Countries 2021 [R]. Southeast Asia Tobacco Control Alliance, 2021: 3

[464]Sørensen P B. The German Business Tax Reform of 2000: A General Equilibrium Analysis [J]. German Economic Review, 2002(4).

[465]Spataro L, Renström T I. Optimal Taxation, Critical-level Utilitarianism and Economic Growth[J]. Journal of Public Economics, 2012, 96(9-10): 727-738.

[466]Stavins R N. Experience with Market-Based Environmental Policy Instruments[M]// Handbook of Environmental Economics. Cambridge: Elsevier,

2003: 355–435.

[467]Steiner V, Wrohlich K. Household Taxation, Income Splitting and Labor Supply Incentives: A Microsimulation Study for Germany [J]. CESifo Economic Studies, 2004(3).

[468]Stephens J M, Ward–Batts J. The Impact of Separate Taxation on the Intra–household Allocation of Assets: Evidence from the UK [J]. Journal of Public Economics, 2004(9).

[469]Steurer A, Jaegers T, Todsen S. Environmental Taxes in the EU [R]. Eurostat, 2000:1.

[470]Stotsky J, Mariam A W. Central American Tax Reform: Trends and Possibilities[R]. IMF Working Paper, 2002.

[471]Streeck W. Engels′s Second Theory: Technology, Warfare and the Growth of the State[J]. New Left Review, 2020(123).

[472]Sundström M, Stafford F P. Female Labour Force Participation, Fertility and Public Policy in Sweden[J]. European Journal of Population/Revue Europeenne de Demographie, 1992(3).

[473]The Treasury of New Zealand. Increase in Tobacco Excise and Equivalent Duties[R]. The Treasury of New Zealand, 2012.

[474]Thomas V. The Quality of Growth [M]. World Bank Publications, 2000.

[475]Torgler B, Schaltegger C A. Tax morale and fiscal policy [R]. CREMA Working Paper, 2005.

[476]Tran –Nam B, Walpole M. Tax Disputes, Litigation Costs and Access to Tax Justice[J]. eJournal of Tax Research, 2016(2).

[477]Turnovsky S J. Fiscal Policy, Elastic Labor Supply, and Endogenous Growth[J]. Journal of Monetary Economics, 2000(1).

[478]U.S. Department of the Treasury Office of Tax Analysis. Treasury's Distribution Methodology and Results [R]. U.S. Department of the Treasury Office of Tax Analysis, 2015.

[479]UN, EC, IMF, OECD. Handbook of National Accounting: Integrated Environmental and Economic Accounting 2003 [R]. New York: United Nation, 2005: 220.

[480]UNDP. Taxes on Renewable Natural Capital [R]. New York: Financing Solutions for Sustainable Development, 2015: 1.

[481]United States Dept of the Treasury. Report of the Department of the Treasury on Integration of the Individual and Corporate Tax Systems: Taxing Business Income Once[M]. US Government Printing Office, 1992.

[482]Van Baal P H, Brouwer W B, Hoogenveen R T, et al. Increasing Tobacco Taxes: A Cheap Tool to Increase Public Health [J]. Health Policy, 2007(2).

[483]Verbist G, Figari F. The Redistributive Effect and Progressivity of Taxes Revisited: An International Comparison across the European Union[J]. Finanzarchiv Public Finance Analysis, 2013(3).

[484]Vlassenko I. Evaluation of the Efficiency and Fairness of British, French and Swedish Property Tax Systems [J]. Property Management, 2001 (5).

[485]Walsh A, Sanger C. The Historical Development and International Context of The Irish Corporate Tax System [J]. A report commissioned by the Irish Department of Finance, EY, 2014.

[486]Wattel P J. Tax Litigation in Last Instance in The Netherlands: The Tax Chamber of the Supreme Court [J]. Bulletin for International Taxation, 2016(1/2).

[487]Whitford W C. The Small]Case Procedure of the United States Tax Court: A Small Claims Court That Works [J]. Law & Social Inquiry, 1984 (4).

[488]WHO. WHO Report on the Global Tobacco Epidemic, 2015: Raising Taxes on Tobacco[R]. WHO, 2015.

[489]WHO. WHO Report on the Global Tobacco Epidemic, 2021: Raising Taxes on Tobacco[R]. WHO, 2021.

[490]WHO. WHO Technical Manual on Tobacco Tax Administration[R]. WHO, 2010.

[491]Williams III R C. Environmental Taxation [R]. Cambridge: National Bureau of Economic Research Working Paper, 2015: 7.

[492]World Bank. Engendering Development: Through Gender Equality in Rights, Resources, and Voice[R], World Bank Group, 2000:205.

[493]Worthy K M. The Tax Litigation Structure [J]. Ga. L. Rev., 1970 (5).

[494]Zelenak L. Maybe Just a Little Bit Special, After All?[J]. Duke Law Journal, 2014 (8).

[495]Zhang B, Cohen J, Ferrence R, et al. The Impact of Tobacco Tax Cuts on Smoking Initiation among Canadian Young Adults[J]. American Journal of Preventive Medicine, 2006(6).

[496]Zhang L, Ru Y, Li J. Optimal Tax Structure and Public Expenditure Composition in a Simple Model of Endogenous Growth [J]. Economic Modelling, 2016(59).

[497]Zhang W B. Ramsey Taxation in the Solow-Uzawa Growth Model with Public Goods [J]. Review of Politics and Public Policy in Emerging Economies, 2020(2).

[498]Zodrow G R, Mieszkowski P. Pigou, Tiebout, Property Taxation, and the Underprovision of Local Public Goods[J]. Journal of Urban Economics, 1986(19).

后 记

《面向高质量发展的当代税制改革》一书即将付梓。本书可以说是我 2017 年出版的《变革世界中的当代中国税制改革》（经济科学出版社，2017）一书的姊妹篇。本书系统总结了近几年来我带领的研究团队对于税制改革问题的一些思考与心得。

如同我近年来完成的其他系列研究成果一样，本书的主体部分也是我在南开大学带领的研究团队共同完成的。尽管这些合作者的姓名已经在相关章节中做出了标注，但我还是想在此向大家再次表示感谢。参与本书写作的人员主要包括：赵笛、桂梓椋、朱旭阳、苗珊、管艳茹、张莉、李宛姝、赵青、隋宇彤等同志，马刘丁、朱雯瑛、白铂、黄少含等同志协助进行了书稿的后期整理与校对工作。感谢大家为之付出的辛勤和汗水！

感谢南开大学文科发展基金科学研究类项目和南开大学经济行为与政策模拟实验室所给予的支持与资助。

感谢山西经济出版社曹恒轩老师多年来的鼓励，并为本书的编辑出版付出了大量心血。

因时间和水平所限，本书中难免有不尽如人意之处，恳请读者朋友们批评指正。

马蔡琛

2023 年 9 月 于 白河之津 北运河畔

图书在版编目(CIP)数据

面向高质量发展的当代税制改革 / 马蔡琛等著. --
太原：山西经济出版社, 2024.3
(现代财政制度与国家治理前沿文库 / 马蔡琛主编)
ISBN 978-7-5577-1291-4

Ⅰ. ①面… Ⅱ. ①马… Ⅲ. ①税收改革-研究-中国
Ⅳ. ①F812.422

中国国家版本馆 CIP 数据核字(2024)第 065016 号

面向高质量发展的当代税制改革
MIANXIANG GAOZHILIANG FAZHAN DE DANGDAI SHUIZHI GAIGE

著　　者：马蔡琛　等
出 版 人：张宝东
选题策划：马蔡琛
责任编辑：曹恒轩
装帧设计：谢　成

出 版 者：山西出版传媒集团·山西经济出版社
地　　址：太原市建设南路 21 号
邮　　编：030012
电　　话：0351-4922133(市场部)
0351-4922085(总编室)
E - mail：scb@sxjjcb.com(市场部)
zbs@sxjjcb.com(总编室)

经 销 者：山西出版传媒集团·山西经济出版社
承 印 者：山西出版传媒集团·山西新华印业有限公司

开　　本：787mm × 1092mm　1/16
印　　张：19.5
字　　数：335 千字
印　　数：1—1600 册
版　　次：2024 年 3 月 第 1 版
印　　次：2024 年 3 月 第 1 次印刷
书　　号：ISBN 978-7-5577-1291-4
定　　价：69.80 元